上海研究院
智库报告系列 | 丛书主编　李培林

互联网与中国青少年

多维视角下的网络使用与网络安全

INTERNET AND CHINESE YOUTH:
MULTIDIMENSIONAL PERSPECTIVE OF NETWORK USAGE
AND NETWORK SECURITY

郭冉　田丰　朱迪／著

社会科学文献出版社
SOCIAL SCIENCES ACADEMIC PRESS (CHINA)

目 录
CONTENTS

导　言 / 001

　　一　研究缘起 / 001

　　二　章节安排 / 003

第一部分　基础研究

第一章　研究背景、目标和研究意义 / 007

　　一　研究背景：网络发展和青少年网络使用 / 007

　　二　研究目标 / 012

　　三　研究意义 / 013

第二章　相关政策梳理和以往研究回顾 / 015

　　一　国内外青少年保护政策梳理 / 015

　　二　青少年网络使用行为研究 / 020

　　三　述评 / 024

第三章　互联网使用与青少年社会化的理论图景 / 026

　　一　符号互动论与青少年社会化 / 026

二 结构功能主义理论 / 028

三 规训理论与青少年社会化 / 030

四 嵌入理论与青少年社会化 / 034

五 总结：互联网对青少年的影响 / 036

第二部分 青少年网络使用和网络风险的多维度描述分析

第四章 青少年网络使用调查的总体情况 / 041

一 本次调查的基本情况 / 041

二 网络使用情况 / 043

三 网络风险 / 059

四 父母上网活动和子女教育 / 073

第五章 不同城市类型青少年网络保护状况 / 085

一 网络使用情况 / 086

二 网络风险 / 107

三 父母教育 / 115

第六章 不同年龄段青少年的网络保护状况 / 124

一 初、高中生的网络使用 / 124

二 行走在网络风险中的初、高中生 / 135

三 初、高中生父母的网络介入 / 153

第七章 不同居住类型青少年网络保护状况 / 166

一 网络使用情况 / 166

二 网络关注情况 / 174

三　网络活动的强度 / 186

四　生活时间安排与网络依赖 / 198

五　网络风险 / 200

六　父母沟通和行动 / 211

第三部分　青少年网络使用和网络风险的机制研究

第八章　青少年网络依赖影响因素分析 / 217

一　研究背景 / 217

二　文献综述 / 218

三　研究设计 / 220

四　主要分析结果 / 222

五　结论与讨论 / 227

第九章　青少年网络娱乐影响因素分析 / 230

一　研究背景 / 230

二　研究设计 / 231

三　主要分析结果 / 234

四　结论与讨论 / 245

第十章　青少年网络风险影响因素 / 248

一　研究背景 / 248

二　文献综述 / 249

三　研究设计 / 251

四　主要分析结果 / 254

五　结论与讨论 / 259

第十一章　研究结论和政策建议 / 262

　　一　主要研究发现 / 262

　　二　青少年网络保护的政策建议和具体措施 / 272

　　三　关于家庭和学校在青少年网络保护中角色的讨论 / 276

参考文献 / 280

导　言

一　研究缘起

伴随着网络社会的崛起以及互联网及其经济形态对经济社会的全面融入，我们生活的现实世界与互联网越来越紧密地连接在一起了。互联网成为社会系统的重要组成部分，甚至在一定程度上重组了社会结构，这使得以往的社会规范、行动方式、角色系统都发生了重大的变化。

新的现象带来新的问题。在互联网大举介入社会生活这个宏观的背景之下，许许多多的新问题也应运而生，尤其是有关青少年的网络使用和网络安全问题，如青少年网络成瘾机制、青少年上网都在做什么等。青少年网络使用和网络安全的问题也为青少年保护这个主题扩展了新的内涵和研究领域，也是本书最关心的问题。

以往研究多从以下几个方面着手：第一，从青少年网络使用行为的习惯和特点着手，利用若干调查数据加以分析，并进行相应的列联表分析；第二，从宏观的总体人群网络使用着手，将青少年作为其中的一个子总体进行分析；第三，政策研究，从中外相关青少年保护政策着手，进行制度和文本分析；第四，进行小规模的访谈和个案分析，对部分青少年及其家长、老师进行深度访谈，并得到相应的结论。综合来看，尚未有对这些问题进行全面研究的文本。而且，从调查数据来讲，也没有专门针对青少年网络使用和网络安全的综合性的、公开的大型数据集。这都在一定程度上制约了对此问题的深入研究。

2018 年，共青团中央维护青少年权益部和中国社会科学院社会学研究所等机构共同开展了"2018 年度中国青少年互联网使用及网络安全情况调查"研究。本研究主要涵盖了全国 4 ~ 18 岁儿童和青少年，并主要侧重于 12 ~ 18 岁青少年的网络使用行为和网络安全研究，将青少年网络使用行为类型、时间、特点、遭遇的网络风险等纳入调查范畴；并将分析单位扩展到家庭和学校，考察家庭结构、父母文化程度、家庭和学校保护等；进而从社会化角度分析青少年各种网络使用行为的特点和类型，从因果推论的角度来看其网络使用行为和遭遇网络风险的影响因素。

本书的出发点以及最为关注的问题就是青少年互联网使用行为和网络安全。但正如前文所言，这个问题是一个非常宏大且综合的问题。因此，在撰写过程中，笔者也抱着"战战兢兢，如临深渊，如履薄冰"的态度，力图将青少年网络使用行为及遭遇的网络安全问题进行细致的描画，并结合我国社会转型的现实背景，对青少年在互联网世界的社会化过程中遭遇的种种问题进行深入分析。通过理论阐释和实证研究，二者并行推进，力图保持研究的严谨性、全面性和可信性。我们也抱着开放的态度，希望能在未来的研究中，对相关问题进行更深入的探讨，对青少年保护工作提出更多有价值的建议。

二　章节安排

全书的章节大致可以分为三个部分。

第一部分为理论性和政策性的综述和思考，也是本书的研究基础，共分为三章。第一章为导言，主要分析当前青少年互联网使用的总体情况和面临的新形势。第二章为研究综述，包括实证部分和政策实践部分，重点关注国内外相关学者对于青少年网络使用的行为习惯、特点以及影响因素的分析，进而从政策梳理的角度来看各个国家如何通过制定法律和规章制度来保护青少年的合法权益。第三章为理论研究，主要从社会学相应理论中寻找青少年社会化过程、互动理论、身体规训等理论对于其网络使用行为及调整的解释。

第二部分为基于"青少年网络保护数据"进行的多维度描述分析，具体呈现青少年网络使用的方方面面特点。分析视角从总体到城市级别，再到青少年群体细分，再到居住类型，总共有四个维度；在四章中分别加以论述。第四章从调研总体对青少年网络使用的方方面面行为和网络使用风险、父母教育和规训等进行呈现。第五章对青少年所在城市的级别进行划分，看不同发达程度地区的青少年在网络使用方面存在何种差异。第六章从青少年群体细分着手，主要关注两个中学生群体（初中生、高中生）互联网使用方面的差异。第七章则从青少年与父母（或其他监护人）是否同住出发，来看亲情是否缺失、有无父母陪伴等因素对青少年上网行为、身心健康等的影响。

第三部分为基于"青少年网络保护数据"进行的因果推断和模型分析，为机制分析。主要分析青少年网络依赖、网络娱乐行为和网络风险的影响因素，分别在第八、第九、第十章中进行论述。研究中采用的变量主要有四组：社会人口学变量，主要包括性别、年龄、城乡属性、受教育年限四个变量；家庭层面变量则包括了父母的受教育程度、是否与父母同住，为考察不同家庭类型（如留守青少年家庭等），分析中加入了家庭类型和城乡属性的交互项；个体网络使用行为变量则包括触网年龄、网络使用能力、网络学习行为、生活/网购行为、网络社交行为、青少年对于娱乐和学习的关注，借此考察网络依赖的"积极"和"消极"因素如何影响网络娱乐行为；父母对子女的网络了解与规训则包括父母是否使用网络、父母的网络使用强度、父母知晓子女的上网内容。

最后一部分为思考和总结。主要从青少年网络使用中存在的问题、家庭和学校在其中扮演的角色等角度，为未来的研究和政策制定提出相应的建议。

第一部分

基础研究

第一章 研究背景、目标和研究意义

一 研究背景：网络发展和青少年网络使用

1. 我国网民总数和互联网覆盖率大幅增加

近 20 年来，无论从软件、硬件方面，还是从互联终端方面，以互联网为代表的信息科技取得了巨大的进步，互联网逐渐融入人们的社会生活。互联网方便、快捷、高效，融合了信息、传媒、资讯、娱乐等多方面的内容，从最初的单方面传输信息的"互联网 1.0"时代，发展到了人机互动、线上线下交互的"互联网 3.0"时代。互联网的长足发展表明我国网络普及水平的提升，以及网络使用人口的大幅度增长。根据中国互联网络信息中心（CNNIC）第 41 次《中国互联网络发展状况统计报告》，截至 2017 年 12 月，我国网民规模达到 7.72 亿人，网络普及率达到 55.8%，较 2010 年分别增加了 3.15 亿人和 21.5 个百分点。

中国社会进入移动互联时代，一个重要的技术推手就是智能手机的普及。近 10 年来，智能手机的功能不断完善，性能不断提升，逐渐消除了电脑和手机的界限。此外，平板电脑、电视机的智能化也功

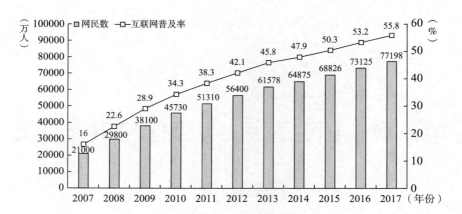

图1-1 中国网民规模和互联网普及率

数据来源：中国互联网络信息中心（CNNIC）第41次《中国互联网络发展状况统计报告》。

不可没。统计数据显示：2017年，通过手机上网的网民占比达到97.5%，高居第一位，远超台式计算机的53.0%以及笔记本电脑的35.8%；使用电视机和平板电脑上网的网民数量则分别占比28.2%和27.1%。可以说，智能手机的普及在客观上促进了互联网的普及。

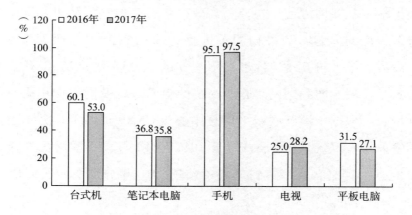

图1-2 互联网接入设备使用情况

数据来源：中国互联网络信息中心（CNNIC）第41次《中国互联网络发展状况统计报告》。

2. 谁在上网：中国网民性别和年龄结构

互联网服务场景不断多元化，移动终端规模不断提升、数据量不断扩大，因此网络覆盖人群也趋向多元。无论男女老幼，都能够使用手机、平板电脑等接入互联网，享受各种网络服务。截至 2017 年 12 月，中国网民男女比例为 52.6:47.4，二者比例接近。而从年龄结构来看，10~49 岁网民群体为网民主体。其中，20~29 岁人群所占比重最高，达到 30.0%；30~39 岁群体所占比重居于第二位，为 23.5%；10~19 岁群体所占比重居于第三位，为 19.6%；40~49 岁网民占比为 13.2%；其余网民群体所占比重较低。

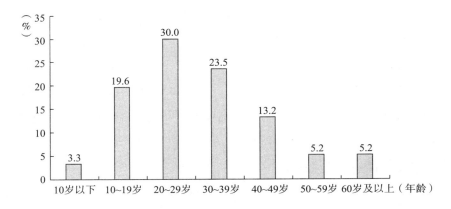

图 1-3　中国网民年龄结构

数据来源：中国互联网络信息中心（CNNIC）第 41 次《中国互联网络发展状况统计报告》。

互联网的发展，使得网络接入的成本大幅下降。即便是经济条件相对贫困的中国家庭，也能够支付起接入互联网的费用。以往由互联网接入瓶颈和硬件设备造成的网络鸿沟已经不复存在，取而代之的是网络生活的无处不在，互联网的服务场景千差万别。无论是在繁华的都市，还是在偏远的山村；无论是在拥挤的地铁内，还是在奔驰的高铁上，人们都可以随时随地享受互联网带来的便利。中国进入了"人人互联"的网络时代。

3. 青少年网络安全及隐患

在"人人互联"的网络时代，青少年也不可避免地被卷入网络生活世界。中国互联网络信息中心（CNNIC）第41次《中国互联网络发展状况统计报告》显示，截至2017年12月，我国网民群体中，20岁以下网民群体所占比重达到22.9%，亦即接近四分之一的网民来自的青少年群体。

网络是一把双刃剑，在给我们的生活带来便利、精神带来愉悦和满足的同时，也会给我们的人身、精神和财产带来安全隐患。网络看似精彩万分、光怪陆离，但被技术光环遮蔽的风险和陷阱几乎无处不在，而青少年有时候就成为网络黑手眼中"待宰的羔羊"。青少年在网络世界中，可能会遭受多种多样的网络风险和问题，比如网络暴力、网络色情信息、诈骗信息等的。因此，对于尚未发展出健全的人格、对网络负面信息不能免疫的青少年来讲，网络世界并不是绝对安全的。最近几年，青少年由于网络行为而引发的各种负面事件被媒体频繁曝光，例如，"蓝鲸游戏"导致青少年在他人的"鼓励"和"指导"下，一步步自残甚至险些自杀。相比之下，更多的报道则是青少年沉迷网络游戏导致身心健康受到负面的影响，这些负面影响一方面是时间和精力的巨大消耗，另一方面是身体的透支。8岁男孩偷偷使用母亲手机里的支付宝账号，花8万多元"打赏"直播间里的女主播；与陌生人交友的少女被侵害，却不知道对方的真实姓名；少女妈妈在网络上被吹捧成网红……这些在网络世界发生的负面事件也反映了当前青少年网络保护严重缺失的现状。

青少年受到网络负面影响的原因是多方面的，但根本原因，第一，是社会变迁速度过快，而相关法律法规和制度建设相对滞后，无法及时应对互联网社会的变化。当然，不仅是中国，世界上任何一个国家在快速的社会变迁过程中都会出现法律制度与社会现实相脱节的现象。因此，在全世界范围内出现青少年网络负面事件也是难以避免的。

第二，除了社会相关法律法规和制度的滞后，中国的一些互联网平台缺乏相应的自律，为了经济利益而牺牲青少年等群体的保护和权益。尤其一些新兴的互联网平台在规模急剧膨胀的过程中，为了获取更多的流量和收益，往往不惜突破社会伦理道德的底线，采取各种手段和措施推广自己的产品，而不考虑平台逐利行为给青少年带来的伤害。

第三，青少年出现种种社会问题，与家庭、学校教育等方面的原因也是密不可分的。对中国而言，在实行严格计划生育政策的背景之下，核心家庭成为社会当中家庭结构类型的主体。对于大部分家庭而言，家里唯一的孩子在遭遇网络侵害时，受到伤害的不只是青少年个体，整个家庭都会遭到毁灭性打击。例如，在一些破裂家庭和留守青少年家庭，由于父母无法直接监管或者监管不到位，青少年接触及使用互联网的时间相对较多，受到网络伤害的可能性也更大。青少年本身由于心智尚不成熟，对事物的识别能力比较弱，却又对新奇的事情充满了好奇心和探索的欲望，这就造成了他们比其他人更容易踏入他人早已布好的网络陷阱。此外，在负责青少年教育的学校，网络安全教育还停留在台式计算机时代，并没有跟上时代的潮流。其网络安全教育的核心内容还是如何防病毒、保护电脑，而不是教会青少年在移动互联网时代如何保护自己、防止网络不良信息的侵害。因此，这种网络安全教育像是在现代社会塑造一个只会钻木取火的原始人。

综上所述，青少年网络安全保护工作可以说是任重而道远，青少年网络环境的改善需要政府部门、互联网企业和平台、家庭和家长、学校和老师等多方面的共同努力。为此，共青团中央维护青少年权益部、中国社会科学院社会学研究所等几个单位，共同开展了"2018年度中国青少年互联网使用及网络安全情况调查"研究。本项研究从了解青少年网络使用行为、网络使用风险和网络安全的现状、家庭结构和父母教育等角度出发，分析青少年在网络使用方面的各种特征，探究网络风险的种类、发生频率和发生场景，同时分析父母和家庭在青少年网络使用过程中发挥的重要作用，并针对其中的问题，条分缕析，为青少年网络环境的改善建言献策。

二 研究目标

保护青少年网络安全是国家、政府、社会、企业和研究机构义不容辞的责任。因此，为了规范青少年网络使用行为，切实保障青少年网络安全，应从政策的角度加大保护力度，切实、妥善处理互联网企业的不规范运营，多管齐下形成合力，打造青少年网络使用的良好环境和氛围。

2017年《中长期青年发展规划（2016 – 2025 年）》中明确提出：完善维护青少年权益的法律法规和政策，针对青年权益保障中的突出问题，制定修改相关法律法规和政策，在现有法律法规和政策体系中增加有利于维护青年普遍性权益的内容，加快制定电子商务、个人信息保护、互联网信息服务管理等法律法规，出台《未成年人网络保护条例》，严格落实互联网服务提供者的主体责任，有效防范暴力、色情、赌博、毒品等信息传播。

如前所述，保护青少年网络使用安全是社会每一个成员的责任。因此，此次由共青团中央维护青少年权益部和中国社会科学院社会学研究所共同开展了"2018 年度中国青少年互联网使用及网络安全情况调查"研究。本次联合调研以 12 ~ 18 岁的青少年为主要目标群体①，在全国范围内采集了 6373 个青少年调查样本数据，具有较好的代表性。

基于本次调研材料（包括问卷、访谈记录、数据收集等），"2018 年度中国青少年互联网使用及网络安全情况调查"研究试图实现三个主要目标。

第一，在全国范围内实施一次系统、全面、科学的调查研究，了解和分析青少年网络生活的现状，包括接触网络的时间、场所、工具、内容等。

第二，通过深入的调查研究，了解青少年在网络生活中遭遇网络暴力、网络欺诈、网络色情、网络性骚扰等诸多网络风险的可能性，并对青少年在遭遇网络风险时所采取的应对策略加以分析。

第三，从积极防御的视角分析青少年网络保护的可能性，从政府、企业、家庭、学校等不同相关者的工作出发，为保证青少年网络安全提出相应的对策建议和工作思路。

三 研究意义

如前所述，"2018 年度中国青少年互联网使用及网络安全情况调查"研究是首次由政府主管部门、行业龙头企业和权威研究机构共同开展的调查研究，也是全国范围内第一次专门针对青少年网络安全开展的全国性社会调查，此项研究成果在学术界和研究机构中也颇具开

---

① 在调查的实际操作过程中，也会有较少量的低于 12 岁的样本（约占总样本的 0.77%）进入研究。由于其比重较小，不具备较好的代表性，在本书中如无重点标识和提及，则不涉及此群体。

创性。尽管受时间限制，此次调研还存在诸多不足，但向中国社会各界昭示了保护青少年合法权益、为青少年塑造良好网络环境的现实性和紧迫性。希望通过此次联合调研，能够促使更多有责任的企业、机构、家庭、学校和个人齐心协力地做好青少年网络安全的保护工作，这一旗帜鲜明的社会倡导意义有目共睹。

本次联合调研以 12～18 岁的青少年为主要目标群体，主要考虑到这部分青少年基本具备了独立回答问卷和思考社会问题的能力，且在使用互联网方面具有一定的自主性和选择性，对网络风险、网络暴力、网络欺凌等现象具备了一定的识别能力，能够配合调查。另外，本项研究可以深入了解青少年真实的网络生活环境，对于帮助青少年防范网络风险、警惕网络陷阱具有一定的现实意义。

第二章　相关政策梳理和以往研究回顾

一　国内外青少年保护政策梳理

　　人类社会自古代起就有善待青少年、保护青少年的历史传统。除了在社会上形成基本的优待青少年的风俗习惯，各个国家也在法律层面对青少年的保护进行了规定。如我国的儒家经典著作《周礼》中规定"未龀者，皆不为奴"，战国时代魏国的《法经》中则规定"罪人年十五以下，罪高三减，罪卑一减"，《孟子·梁惠王上》中孟子所提出的"幼吾幼，以及人之幼"等，均体现了我国古代社会对青少年的保护。国外古罗马帝国的《十二铜表法》中也提出要给青少年特殊的待遇，青少年犯罪的处罚标准应当与成年人的不同。

　　进入20世纪后，随着世界各国经济和社会的发展，有关人权保护的思想也逐渐受到世界各国的关注。国际社会纷纷展开对国际人权保护的商讨和研究工作，同时以立法的形式对人权保护进行了正式的规定。国际人权法在国际社会得到了快速发展和广泛的认可。在国际人权法迅速发展的基础之上，国际儿童权利法也逐渐形成并得到发展。其中尤为重要的是1989年联合国大会通过的《儿童权利公约》，它是国际社会第一部有关保障儿童权利并且具有法律约束力的约定。我国也已于1990年正式签署了《儿童权利公约》，成为第105个签约国。随着全球化的深入发展，世界各国对青少年保护工作展开了广泛的交流与合作，国际社会先后通过了一系列有关青少年保护的国际性文件，同时在这些国际性法律文件的指导下，世界各国也相应形成了本国关于青少年保护的法律文件。各国学者也纷纷对青少年的权利保护进行了大量相关理论研究，以期对青少年权利保护提供进一步的学术指导和政策建议。

进入21世纪以来，互联网取得了巨大的发展，对社会的方方面面也进行了重塑。在这个背景之下，青少年的健康成长面临了不同于以往的社会化环境和挑战。尤其是针对青少年发生的网络安全事件，更是牵动社会各界的神经。因此，针对青少年网络使用安全，各国政府也都推出了各种保护措施，如通过相应教育政策的修订来提升青少年的网络素养，降低网络使用和网络暴力、色情信息等风险因素之间的关联程度（Worthen，2007；方伟，2017；冯姣，2018）。

（一）国际相关研究及青少年保护政策梳理

国际上有关青少年保护的法律政策相对完善。自第二次世界大战之后，国际上颁布了一系列有关青少年权利保护的公约和法律规定。其中一般性的国际公约主要有1948年的《世界人权宣言》、1966年的《公民权利和政治权利国际公约》与《经济、社会、文化权利国际公约》等。专门针对青少年权利保护的公约有1924年国际联盟颁布的《儿童权利宣言》、1959年联合国颁布的《儿童权利宣言》、1989年的《儿童权利公约》及两个任择议定书——《关于儿童卷入武装冲突问题的任择议定书》和《关于买卖儿童、儿童卖淫和儿童色情制品问题的任择议定书》。另外还有国际劳工组织所通过的儿童权利保护公约以及海牙国际私法会议通过的保护儿童权利的公约等。

　　此外，全球一些地区也相应颁布了区域性公约。如欧洲地区先后颁布《欧洲人权公约》（1950 年）、《欧洲社会宪章》（1961 年）、《欧洲儿童收养公约》（1967 年）、《欧洲非婚生儿童法律地位公约》（1975 年）、《儿童权利运用公约》（1996 年）以及《承认与执行有关儿童监护裁决和恢复儿童监护的欧洲公约》（1980 年）等。美洲地区先后颁布《美洲国家组织宪章》（1948 年）、《美洲人的权利和义务宣言》（1948 年）、《美洲人权公约》（1969 年）和《美洲国家间关于未成年人收养的法律冲突公约》（1984 年）。非洲地区先后颁布《非洲人权和民族权利宪章》（1981 年）及 1990 年通过的《非洲儿童权利与福利宪章》。另外，一些典型的发达国家也根据本国国情颁布了各国的青少年权利保护法规：如美国《儿童虐待预防和处理法案》（1974 年）和《儿童保护法案》（1984 年）等，英国的《未成年人监护法》（1971 年）、《儿童法案》（1989 年）和《儿童抚养法》（1991 年）等，瑞典的《儿童及少年福利法》（1960 年）、《儿童照顾法》（1961 年）和《学前教育法》（1975 年）等，荷兰的《青少年法》（2015 年）等，西班牙的《青少年保护法》（2015 年修订）等，日本的《儿童福利法》（1947 年、1971 年）、《少年法》（1948 年）、《对利用网络异性介绍业务诱引儿童的行为等进行规制的法律》（2003 年）以及《儿童福利法》（2011 年修订）等。

　　在青少年权利保护的理论研究方面，西方学者有着相对丰富和前沿的研究。国外较早有关青少年权利保护的研究也是基于《儿童权利公约》，如 Philip Alston 等人对"儿童最大利益原则"进行了深入的探讨和分析（Alston，1994；Steiner et al.，2008）。Geraldine van Bueren 不仅对国际儿童权利的形成过程进行了研究，而且对《儿童权利公约》中的各项重要的权利一一进行了分析（Van Bueren，1998）。

Eckhardt Fuchs 梳理了第一次世界大战和第二次世界大战前后，全球关于青少年权利保护的状况和发展，并分析了全球化规则之下的国际青少年权利保护的发展（Fuchs，2007）。之后一些学者则主要针对一些具体的青少年权利保护进行了相应的分析和研究。如在青少年虐待方面，Maryann Ayim 对加拿大的家庭和法律进行了相关研究，认为加拿大家庭中的父母、继父/继母、养父/养母、法律监护人对青少年过度的保护或者忽视都需要通过社会对其进行强制干预，以保障青少年的权利（Ayim，1986）。María Alejandra Guerrón-Montero 等人对智利父母体罚子女状况进行了研究，认为对青少年权利的尊重和保护不仅仅依赖机构或者组织，而是首先依赖于家庭，因为父母对子女的发展承担主要职责（Guerrón-Montero & Guerrón-Montero，2002）。Guadalupe Salazar 提出由于社会地位不同，流浪儿童相较于其他儿童来说，其享受的权利也存在差异，政府需要加强对流浪儿童的权利保护（Salazar，2008）。综上所述，可以发现，西方国家的青少年权利保护无论是在政策制定还是理论研究方面，都相对成熟一些。

尽管这些青少年权利保护研究并没有直接针对其网络使用安全保障的研究，但对于青少年网络保护研究指明了有益的方向。如青少年保护的核心在于其基本利益的保障，家庭结构、父母监督和成员关系等对于青少年保护至关重要。Liau 等人的研究表明，家长对子女上网行为的监督有助于降低青少年上网遭遇的风险（Rogers et al.，2006），但是这种监督要建立在充分了解子女的上网行为的基础上，否则会适得其反（Liau et al.，2008）。大众传媒、资本的力量、流行文化等也可能对青少年产生负面影响，如不适宜其年龄的广告投放（如各种形式的赌博广告）（Monaghan et al.，2008），各种形式的网络自杀（Naito，2007）、自残行为（Whitlock et al.，2006），会导致其在使用网络时过早接触此类信息，产生各类安全问题。因此，在家庭保障、父母教养出现问题的时候，公共政策和法律力量的介入就显得非常必要。此外，针对互联网使用的立法，也有助于减轻网络霸凌的影响，给青少年健康成长创造更好的环境（Brown et al., 2006；Chen et al., 2012）。

（二）国内相关研究及青少年保护政策梳理

与国外有关青少年的权利保护的研究相比而言，国内目前关于青少年权利保护的政策和理论研究还存在一定差距（安秋玲，2012）。但不可否认的是，无论是在政策制定还是理论研究方面，我国最近几十年对青少年的权利保护工作均有了较大的提高和发展。

在法律制定方面，我国颁布了一系列有关青少年保护的法律法规。1986 年，第六届全国人民代表大会通过并颁布了我国第一部《义务教育法》；2006 年，全国人大常委会对该法做出了修订。1991年 9 月第七届全国人民代表大会常务委员会第 21 次会议通过了我国第一部《未成年人保护法》，并于 2006 年和 2012 年对《未成年人保护法》进行了修订。1991 年，我国第一部《收养法》由全国人大常委会审议并通过，1998 年对《收养法》进行了修订。1999 年 6 月第九届全国人大常委会第十次会议通过了我国第一部《中华人民共和国预防未成年人犯罪法》，2012 年对其进行了修订。此外，还有其他一些针对青少年具体权利保护的相关规定也陆续制定颁布，如《最高人民法院关于审理未成年人刑事案件具体应用法律若干问题的解释》、《关于公益性文化设施向未成年人免费开放的实施意见》、《关于加强流浪未成年人工作的意见》、《关于进一步加强和改进未成年人校外活动场所建设和管理工作的意见》、《关于依法处理监护人侵害未成年人权益行为若干问题的意见》等。这些具体的青少年权利保护政策的颁布实施，一方面缩小了我国与国际社会青少年保护政策方面的差距，另一方面也从立法层面切实保障了我国青少年的权利。

最近几年，国内学者结合西方有关青少年权利保护的理论研究，开展了较为丰富的分析研究（杨银霞，2013）。针对我国具体国情，对我国的青少年保护研究开展了大量工作，包括对国外有关青少年权利保护的法律制度的梳理以及与国内制度的比较研究，还对我国目前青少年保护工作在法律层面存在的缺陷和不足进行了分析研究。若干学者分别对德国、荷兰、英国、美国、日本、瑞典和西班牙的青少年保护制度进行了分析（陈苇、王鹍，2007；李盛之，2012；王葆莳，2013；张华，2012），认为这些国家的青少年保护体系相对完善，并对当前我国青少年保护法律体系的现状及问题进行了深入的研究和思考，值得我国在青少年保护工作中加以借鉴。

此外，值得注意的是，随着最近几年互联网的快速发展，越来越多的青少年成为互联网大军中的一员，而目前我国在互联网监管方面的相关法律法规建设尚不健全，很多青少年受到一些负面网络信息（如色情、暴力等）的影响，对其正常社会化进程造成不利影响（王娟等，2010），导致其身心健康发展受到损害甚至产生违法犯罪倾向（李春华，2006）。因此，如何在互联网这一低管控的虚拟环境下保护青少年的权利也成为国内社会各界研究和关注的重点话题。

二　青少年网络使用行为研究

在网络时代，每个人都被卷入了互联网大潮中，青少年自然也不例外。青少年时期是人生的重要阶段，青少年的健康成长是社会各界密切关注的话题。青少年网络使用行为的特点、具体网络使用行为的种类、面临的网络使用风险，都是研究的重中之重。因此，在青少年面临网络环境中的不安全因素时，相应的青少年安全政策、法律法规等研究就成为必要的保障。

（一）一般网络使用行为研究

在以往研究中，通常将青少年视为一个整体，进行宏观、综合的分析（王冬梅，2016；许传新、许若兰，2007）。但青少年的网络使用行为也并非完全同质，而是体现出方方面面的差异。一方面，已有的"数字鸿沟"就体现在不同人群中（邱泽奇等，2016；韦路、张明新，2006）。互联网基础设施完善程度的不同、发展阶段的不同，会导致不同人群的互联网使用行为存在巨大差别。例如，由于"数字鸿沟"的存在，经济发达的城市地区网络使用者多于农村地区（Kutscher et al.，2005）。另一方面，则是青少年自身的不同，即体现于性别之间、代际、社会阶层之间等诸多社会人口学特征的差异（Helsper & Eynon，2013；Holmes，2011；Jackson et al.，2008；Mcmillan & Morrison，2006）。如，不同性别的青少年网络使用过程中存在动机的不同，女性倾向于沟通，男性倾向于搜索信息和娱乐行为（Eynon & Malmberg，2011）；良好的父母教育、融洽的家庭氛围、朋友和同辈群体的积极影响，对青少年互联网使用行为有正向积极影响，更少产生风险因素（黄少华、武玉鹏，2007）；较高受教育水平的青少年更倾向于使用互联网提高自己，而自尊心和自控能力强的青少年更易于有积极的网络行为。

网络使用者存在学习、检索资料等行为，因此网络使用时间与网络成瘾并没有必然的关系（林绚晖、阎巩固，2001）。但使用网络搜索进行学习的行为，则主要受到社会支持网络（是否有较强网络使用能力的同伴、父母等）的影响，也受到个体特征、信心以及网络使用能力的影响（Eynon & Malmberg，2011；Cheong，2008）。这些有关网络素养的因素对于网络使用都有积极的促进作用（王国珍，2013）。

因此，从这个角度出发，可以看出青少年在面临网络风险时，有诸多差异和特点。当然，青少年面临的网络风险也不是同质性的，包括了许多的要素。例如网络依赖和网络成瘾、网络暴力、网络色情信息和性骚扰信息等，不一而足。

（二）网络风险研究

关于网络风险，并没有一个严格的界定。因此在本书中，将青少年网络风险界定为青少年网络使用过程中遭遇的内部和外部风险；内部风险是指在青少年网络使用过程中，自身面临的网络成瘾、网络依赖风险；外部风险则是青少年在网络使用过程中可能遇到的不良信息及其负面影响，如网络暴力、网络色情信息、网络诈骗信息、网络性骚扰信息等。

1. 网络成瘾和网络依赖

首先分析的是网络成瘾和网络依赖。网络成瘾一词来源于精神病学术语"网络成瘾综合征"（Internet Addition Disorder，IAD），又称病理性网络使用（Problematic Internet Use，PIU），是指在没有成瘾物质的作用之下，仍然表现出一定的行为冲动和失控（Chou et al.，2005）。网络成瘾会导致成瘾者对生活失去兴趣，使得个人和家庭生活受到严重影响，也会造成一定的社会、心理损害（多宏宇、康顺利，2014）。从社会人口学属性来看，男孩网络成瘾的发生比例要高于女孩（侯其锋等，2013）。

相比之下，网络依赖则更侧重于网络的使用层面，包含了一定的积极意义。由于主观和客观的原因，使用者利用和依赖网络手段，进行交流、学习和生活。片面的"网络成瘾"的研究忽视了青少年积极使用互联网的行为，忽略了青少年网络使用行为的差异（王平，

2016；中国青少年研究中心课题组等，2010）。因此，本文中将青少年网络使用频率较多、使用强度较大的行为界定为"网络依赖"而非"网络成瘾"，这样可以更准确地测量青少年网络使用行为的维度和差异，且价值立场更为客观。

2. 网络暴力和网络色情

关于网络使用风险的国内已有研究中，对其本身和影响因素关注较多。这其中主要包括两个方面。一个是侧重于青少年网络霸凌、网络违法犯罪行为、网络暴力（辱骂、人身攻击等）行为的研究（陈钢，2011；高中建、杨月，2017；江根源，2012），以及对这些行为的影响因素、发生场景（张凯、吴守宝，2017）[例如电子邮件、网络社区、社交软件、微信微博等即时通讯软件（张凯、吴守宝，2017）]、行为后果（唐冰寒，2015；杨奎臣、章辉美，2002）等的研究。而针对网络犯罪的研究中，较多关注青少年所实施的犯罪行为，而较少关注青少年遭受的网络犯罪行为侵害。有关网络色情信息的研究则是另一个重点议题。色情信息对青少年身心方面的负面影响、作用机制以及对青少年犯罪的潜在作用等都得到了较多探讨（贺金波等，2010；刘亚丽，2015；王娟等，2010；杨智平，2011）。部分研究则关注如何降低网络色情信息对青少年心理健康的危害，包括采取多渠道的措施，通过家庭、社会、学校等提供帮助，以降低或者规避网络色情信息的影响（王小荣，2017）。

综合来看，以往国内研究对网络色情和网络暴力都有较多的研究，但对于对青少年遭遇网络性骚扰则缺少相应的研究文献。这可能有几个方面的原因。首先，我国社会中普遍存在对于"性"的禁忌，因而与"性"相关的话题较为敏感。尤其是青少年的家长担心孩子过早接触相关的信息，因而"谈性色变"，对青少年成长中的性问题讳莫如深，增加了研究难度。其次，青少年缺少足够、有效的性安全教育，这就导致青少年在面临性方面的问题时束手无策，在遭受某些侵害行为，尤其是网络性骚扰行为时，显得无所适从。青少年对遭遇网络性骚扰的认知存在偏误，对于可能的性骚扰行为缺乏清晰的辨识能力。因此，青少年遭遇网络性骚扰的调查难度较大，难以取证。另外，既有研究对网络诈骗的关注，也主要集中于青少年通过网络诈骗方式犯罪方面，缺少对青少年遭遇诈骗的研究。

3. 国外关于网络风险的研究议题

比较而言，国外针对青少年网络风险有几个主要的研究议题。第一，互联网作为连接社会各个方面的新型媒介，如何发挥中介的作用，如何作为"桥梁"与其他社会媒介、其他社会活动主体进行连接（Valkenburg & Peter，2011），进而影响青少年的行为，如网络参与、互动，乃至暴力、违法、欺凌等行为（Patton et al.，2014；Ybarra & Mitchell，2004；Ybarra，Dierer-Westet al.，2008）。具体而言，对涉及的主要社会媒体因素，如电视、视频、电子游戏等，也有诸多探讨（Funk et al.，2004）。第二，从青少年作为网络风险的受害者，在不同的时期和年龄队列之间，对不同青少年遭遇网络风险可能性、种类、作用效果等的区别（Jones et al.，2012）。第三，具体的网络风险因素，如网络暴力和色情等内容对于青少年心理健康的影响和社会危害（Barak，2005；Mitchell et al.，2007；Ybarra et al.，2007）。第四，在青少年遇到网络风险的同时，也存在其自我调整、完善心智和社会整合的机遇（Guan & Subrahmanyam，2009）。

三　述评

每个人都生活在社会中，青少年使用互联网的行为同样也属于社会行动的范畴，他们通过互联网建立的媒介和沟通平台进行社会交往和娱乐。进入 20 世纪后，中国社会转型进程如火如荼。知识经济、网络社会的崛起塑造了青少年社会化的新路径（王冬梅，2016）。因而在新型社会化媒介的崛起过程中，传统的社会化场景在青少年社会化过程中发挥的作用也在逐渐减弱。在网络世界与现实世界逐渐交融的过程中，作为社会化主体的青少年也面临着更为自主化、多元化的选择，从使用学习功能和社交功能，进而逐渐接触到影视娱乐、游戏、网络购物等功能，不一而足。

尽管这种丰富的信息流可以快速地充实青少年的思想和精神，但同时过量的信息对其可能造成信息过载。一方面，网络资讯泥沙俱下，青少年如果缺少相应的引导和辨别力，就很容易被其中的不良信息（色情信息、教唆自杀等）误导。另一方面就是网络暴力行为的存在，包括语言暴力、人身攻击、人肉搜索，甚至发展到线下的安全威胁。还有就是大众传播的影响和资本的力量，这些影响都会对青少年健康和网络安全产生深远影响。正如以往研究所展示的，青少年遭遇网络风险的可能性会随着其社会化进程一直存在。

尽管以往研究对于青少年网络使用行为和网络风险、网络安全保障进行了诸多的研究，但由于缺少更为细致的微观数据，难以对青少年上网行为和网络风险内在的异质性进行更深入的探讨，政策制定也缺乏针对性。因此，对于青少年网络安全的保护，首先应该认识到青少年上网行为本身的多样性，准确了解其网络使用行为的特征。其次，需要引入多元的分析主体，如在家庭和社会结构层面青少年网络使用行为的群际差异，从这些差异中寻找保护青少年网络安全的不同进路。最后，则是需要从宏观的政策方面进行考虑，针对不同青少年群体的安全风险，采取有针对性的政策。

第三章　互联网使用与青少年社会化的理论图景

"人人生而自由，却无往而不在枷锁之中。"卢梭一语道破人与社会的关系：每个人都生活在社会中，都会受到各种社会纽带、社会关系的联结和羁绊。对于涉世未深的青少年群体而言，学校、家庭、同辈群体、媒体和其他一切产生社会关联的因素，都是其社会化的重要因素。因此，逐渐了解社会的一般规则，逐渐习得各种行为方式并接受、扮演各项社会角色，融入社会关系中，正是青少年社会化的重要意涵。

20 世纪末至 21 世纪初，中国经历了如火如荼的社会转型过程。伴随着迅速而激烈的社会变革，知识经济、网络社会的崛起塑造了青少年社会化的新路径（王冬梅，2006）。在这个进程中，新旧社会化媒介所发挥的作用也在此消彼长，完成其角色的渐变和更替。因而青少年在社会化过程中也面临着更多的可能性与不确定性。

一　符号互动论与青少年社会化

1. 米德等人的符号互动理论

符号互动理论（symbolic interaction theories）是当代社会学理论

中有很大影响力的流派。它非常注重社会行为中，心理因素和社会性因素的相互作用，并注重探讨这种作用在青少年社会化过程中的重要作用（黄晓京，1984）。

美国哲学家詹姆斯和杜威等人为符号互动论的形成奠定了理论基础，但真正从社会学理论、社会心理学角度加以深入研究的学者，首推库利（Herbert Cooley）。库利从个体和结构两个角度出发，认为社会是由这两个方面构成的整体，单一的社会观念、社会组成部分都无法解释真实的社会。而社会生活的基本要素，则是通过心理沟通形成并发挥功能的。由此，库利提出了"镜中自我"和"参照群体"的概念，没有参照群体，自我无法认识社会，反之亦然。社会心理学家托马斯（William Thomas）的"情境定义"概念亦是从这个角度出发，强调只有通过主体和客体的结合才能理解人的行为（黄晓京，1984）。

乔治·米德的《心灵、自我与社会》则是这一系列学说的集大成者。他的社会心理学观念是关于社会现实的动态过程研究，而非静态描述。人和社会的秩序都处于不断变化之中，二者通过互动进一步完善。在米德的理论中，他将自我（self）分为"主我"（I）和"宾我"（me）两个部分。前者代表人的自然属性，后者代表人的社会属性。主我在发展中处于前位，宾我则是后续发展的人格属性。通过不断地学习社会期望和社会规则，主我和宾我不断对话，不断地将社会规则和习惯内化。因此每个人都是自然属性的主我和社会属性的宾我的复合物，具备双重属性（米德，1992）。在互动中，人们不仅要理解他人，也要与他人进行符号互动，而语言则是最主要的符号。人们只有通过学习和使用这些符号，才能完成行为者的角色，当符号的意涵出现变更或者偏差时，可以通过互动来进行修正（毛晓光，2001；米德，1992）。

符号互动论的另一位代表人物是布鲁默，他的符号互动理论有三个假设前提：人类行动所指向的事物是因为那些事物具有意义，这种意义来自人们与同类的社会互动，意义可以通过解释过程加以修正。布鲁默重视互动过程与解释过程，并关注意义发展与改变的方式。他认为人类的行动充满了解释和意义，在互动过程中，人们互相了解彼此的行动意义，并在理解过程所获得意义的基础上进行行动和反馈（赵万里、李路彬，2009）。因此，这些意义产生于互动过程之中，是一种被创造的意识，而非实物所固有的，也并非固定的，可以通过自我解释过程加以修正。

2. 符号互动与青少年互联网使用

青少年使用互联网的行为同样也属于社会行动的范畴，他们通过互联网建立的媒介和沟通平台进行社会交往和娱乐。在这个过程中，某个群体的亚文化的形成、某种网络共识的形成、某种网络象征符号的形成，都可以看作在符号互动理论框架之下的有意义的行为。这些行为通过互动，为某些具体的意象赋予象征的含义，通过这种符号的作用，形成一定的网络社会规范，并在实际行动中不断地加以修正。这个逐渐形成意义、修正规则的过程，也正是青少年的社会化过程（苏振东，2011）。

二　结构功能主义理论

1. 结构功能主义理论

结构功能主义理论的代表人，首推帕森斯。在他的理论体系中，社会系统和行动系统都面临着一些基本功能需求。通过系统内部结构的运转，可以满足系统的功能和生存。构成社会系统的结构有四种基本功能：适应（Adaptation）、目标达成（Goal attainment）、整合（Integration）、模式维持（Latency），即 AGIL 架构。系统的运行规则则是通过内部功能的发挥，完成与外界环境的交流，包括对环境的适应，获取相应的资源。任何行动系统都具备一定的目标导向，系统有能力确定目标次序以及调动系统内部能量以完成目标；整合则是通过一系列规则的运行，完成系统内外的各个部分的整合，使之成为有效发挥功能的整体；在一切工作完成之后，系统的运行达到稳态，此时这种模式可以实现自己的维持和更新，并将这些文化、规则和价值观传递下去。

帕森斯的理论模型过于静态和保守，无法分析系统中出现矛盾和冲突的情形，故而默顿的功能主义在此基础上加入了"反功能"的概念，强调系统运行可能会出现预料之外的后果，甚至是负面的后果。与此同时，默顿将后果也区分为显功能和潜功能两种，分别是系统参与者可观测（认识、预测）到和不可观测到的客观后果。这些理论进展也可以进一步导向对社会问题和社会变迁的研究（张兆曙，2006）。

在结构功能主义的视角之下，青少年的社会化进程不仅与宏观的社会经济变迁密切相关，也与互联网世界自身的系统和结构紧密联系。首先，随着社会结构在近 40 年的剧烈转型，我国的社会结构和家庭结构也发生了巨大的变化，社会和家庭在青少年社会化过程中的角色也发生了天翻地覆的变化。社会的流动性变强，结构的分化变快，旧有的价值体系面临瓦解和重组，给青少年带来了价值观范的迷茫。家庭结构方面，以往以父子轴为核心的多重世代、较大规模的扩展家庭，逐渐变成了当下的以夫妻轴为核心的两重世代、规模较小的核心家庭为主的形态（关盛梅，2009）。青少年子女在家中扮演的角色悄然改变，在社会结构中扮演的角色也有了新的形式和内涵。

2. 结构功能主义、网络使用与青少年社会化

在当今社会，工业化和现代化使得家庭的生产功能弱化，而家庭的教育功能则随着公立教育的普及逐渐外化，养老功能也伴随着社会福利的提升而逐渐被剥离家庭的功能。因此，现代家庭功能的重心更多地是为青少年创造良好的生活环境，履行部分教育职责以及公民责任教育。此外，小型化的家庭结构尽管增强了核心家庭成员之间的情感纽带，但家庭关系重心的转移也容易影响青少年的人格发育，导致其自我认同危机的出现（关盛梅，2009；辛自强、池丽萍，2008）。

在此情境之下，互联网的出现给青少年社会化的场景增添了诸多的可能性和变数。信息化和蓬勃发展的互联网世界为青少年提供了多姿多彩的生活内容和可能，提供了社交的渠道，给予了其与同辈、不同辈的熟人和陌生人交往的场景。但互联网世界有其自身的规则和结构，其中行动和互动的方式，以及与现实世界密不可分的关联性，都给青少年社会化带来了巨大的机遇和挑战。

这种社会变迁的负面作用就是现代社会中部分不良价值观对于青少年价值观塑造的潜在影响，价值观的失范乃至崩溃重组，有可能导致青少年对社会的认知出现偏误，并引起角色失调。

三 规训理论与青少年社会化

1. 规训与安全机制

"规训"这个概念具有丰富的内涵，它不同于简单的惩罚和训斥，而是通过一定的作用机制将外在规范加以强化，进而将其内化进行为人的自身规则。而这个"作用机制"，在福柯的语境之下，就是权力和监视机制，这个机制的作用过程，便是"权力－知识"的运作

图景。

福柯在其一生的诸多著作中，都或多或少地谈及了权力－知识这一套关系，其中最有代表性的就是《规训与惩罚》（福柯，2012）。在本书中，福柯描绘了一幅"全景敞视监狱"的规训图景，并做出了相应的社会隐喻：整个社会无时不在监狱之中。在这种圆形的监狱中，"监视"和"被监视"成为宏大的、抽象的权力实体对于每个个体切身的压力。而这种权力，又作用在被监视者自身，使其有一种超脱于被监视者的视角，完成自我的驯化。处在这个"监狱"之中的人，在权力的监视之下，不断地完成规训与自我规训，最终使权力形成一种隐秘的自洽状态（张之沧，2004）。全景敞视监狱给福柯提供了一个审视权力在微观领域的作用机制的视角，它高效且隐蔽，身处其中的人，一方面自己沉浸在权力的辐射范围之内；另一方面则内化权力对自己的规制，进而将这种规制强化、外化。这种"内－外"之间的作用过程，也完成了权力在"宏观－微观"连续统的分布和生长。

当然，权力的作用不只是单一的监狱系统，这种权力作用和生长机制普遍存在于具有权力关系的社会网络和社会实体中，如医院、精神病院、学校、军队，不一而足。在每个社会网络中，都有自己相应的规则，一旦违反了规则，便要受到相应的惩罚（福柯，2012）。比如在学校中要遵守校规校纪，在军队中要绝对服从命令，精神病院的病人一定是在精神方面出现了"异常"和"偏差"，需要进行各种医疗手段的"矫正"（钟红艳，2007）。但是，在这些场所中，惩罚并不是最重要的，甚至不是最必要的手段。相反，最重要的则是这些"惩罚"措施背后的权力。权力通过施加潜在的惩罚对被监视者实施威慑，通过威慑使得被监视者意识到自己的处境——时时刻刻处于监控之中。他们意识到，自己无法逃离权力的掌控，唯一能做的，就是在权力之下，尽可能知悉惩罚的运作机制，及时调整/规训自己的行为，完成自我规训。直到他们已经忘却了这种规训机制的强制性，这些规则也将内化于心。"权力－知识"这一连续统的生成过程也将完成，新的社会治理秩序也在这种权力运作机制下得以实现（陈嫒，2014；李琦，2008；苏婉，2016）。

在福柯后续的研究中，"权力－知识"的关系得到了进一步的深化，并提出了"生命政治"这套理论体系。如前所述的各个社会关系系统，都具有其相对清晰的界限和规训机制。但这些社会子系统真的是独立的吗？并非如此。在《生命政治的诞生》和《不正常的人》中，福柯谈到了现代国家如何在"新自由主义"的旗帜之下，将具有生物性的个体纳入国家权力。在国家整体性的权力①面前，每个子系统无非其中介机制，最终还是要作用到每个个体。甚至国家理性可以直接通过各项政策的实施，直接作用到每个生物性的个体身上。在这个过程中，更为复杂的治理技术出现了，那就是作为"安全机制"的人口学和统计学（李乾坤，2018；王桂艳，2015）。统计学可以通过统计人口中某项指标，观察其分布情况。根据大样本的分布规律，通常这项具体的指标会呈现"正态分布"（normal distribution）②。居于曲线中部的绝大多数个体是属于"正态"分布的，在福柯的语境下，即为"正常"的；反之，则是异常的，需要进行矫正。这样，每个人就从具有主体性的"个人"，变成了具有统计学意义的"人口"，丧失了其自身的主体性，变成了权力运行机制和国家理性的客体（托马斯·雷姆科、梁承宇，2013）。这种运行机制渗透到我们生活的方方面面，最具代表性的就是流行病学和生育政策。流行病学则是通过控制某种传染病的发生率，完成对人口健康的干预。正如《不正常的

---

① 福柯称之为国家理性。

② 在统计分布中，正态分布为"钟形曲线"，以均值为对称轴，呈现轴对称形态。通常采取的统计量为 95% 和 99% 两项，在两端的 5% 或者 1% 为小概率事件。

人》中，对于麻风病和鼠疫的治理方式，通过从上到下的权力分割，以及从下到上的治理和运作，权力机制就从个体到集体的层面上生长了起来，且实现了更安全化的治理机制。

2. 互联网使用、规训与"知识－权力"连续统的形成

网络社会的出现，无疑提供了一个新的社会关系网络体系。尽管在网络早期的发展中，互联网世界被视为一个多元、开放且包容的新世界，但互联网随后的发展却离此目标渐行渐远。

互联网一个重要的特性就是匿名性，似乎匿名就意味着"不可见"，但事实并非如此。匿名并不意味着游离于监管之外，也不意味着完全的隐身状态。一方面，网络浏览会留下痕迹，即使清理掉浏览记录，在网站后台仍然能够看到；另一方面，后台具有更高权限的机构/监管者有能力在互联网用户匿名的前提之下，提取其个人信息。再加上部分网络用户在社交平台中分享自己日常的生活，这种行为本身就是将自己"暴露"在网络监控之下。伴随着互联网生活场景的多元化，互联网中的规训手段和治理技术也越加隐秘和多元（支运波，2015）。因此，网络使用痕迹、习惯、个人 ID、个人分享和信息流，结合后台的监管技术，形成了一个大型的、包含方方面面信息的数据库（黄桂萍、苏婉，2017）。

互联网的另一个特征是，网络是一个融合社交、娱乐、学习等多种元素的综合性的生活平台，网络世界的规则也在用户的使用和互动中逐渐生成、蔓延，并最终成为"知识－权力"连续统。但网络世界和真实世界并非截然对立，二者相辅相成，甚至互相融合。部分青少年网民在接触互联网的时候，都是使用其学习功能和社交功能，进而逐渐接触到影视娱乐、游戏、网络购物等功能。用户在互联网中从事各种活动，表达意见。从线上到线下，互动愈加频繁。网络成为生活和个体之间的媒介，甚至成为主要的生活场所，进而成长为新的公共

领域。权力的规训在这里从身体规训逐渐转化为心理规训、灵魂规训，对规则需要有更多的心理认同（李琦，2008；张一兵，2015）。互联网用户之间的关系也从原有的匿名、半匿名状态，逐渐变成在匿名状态下也存在明确的规则和行事逻辑。一旦线上出现违反互联网规则的行动，网络中必然掀起一阵口诛笔伐。而线下的活动，也未能逃过互联网的视线，例如诸多网络对社会热点事件的关注和讨论，甚至网络本身也制造了诸多的社会热点事件。在此时，网络世界的规则与现实生活的逻辑实现了统一。

互联网的存在逐渐模糊了公共领域与私人领域的界限，逐渐消解了个人与个人、国家与个人之间的界限。这对于青少年网络用户来讲，显然不是一个特别友善的局面。尽管这种丰富的信息流可以快速地充实青少年的思想和精神，但同时过量的信息对其可能造成信息过载。另外，就是在网络规训中，暴力行为的存在，包括语言暴力、人身攻击、人肉搜索，甚至发展到线下的安全威胁。此外，与现实世界相似，网络世界中的意见分布也是极化的，存在着掌握规则资源的意见领袖——所谓的"舆论大V"。在"知识-权力"连续统中，青少年所处的地位无疑是弱势的。

四 嵌入理论与青少年社会化

1."嵌入"理论与互联网使用行为的社会嵌入

"嵌入"理论最早由卡尔·波兰尼提出，后经过格兰诺维特的发展，成为新经济社会学最主要的概念之一。简言之，"嵌入"就是指经济系统是社会系统的一部分，经济行为也是嵌入在社会行为之中的，经济逻辑也要服从于社会逻辑（侯仕军，2011）。同样，人也不是脱离社会结构和社会关系而存在的，而是嵌入具体的社会结构和社会关系中，并在这些结构中做出最符合预期和目的的行为（臧得顺，2010）。经济学中假设的理性人并未完成社会化过程，而作为原子化个体存在并做出决策的情形也是不存在的。在《经济生活中的社会学》（马克·格兰诺维特、理查德·斯威德伯格，2014）一书中，提出了三个经济社会学的基本命题：第一，经济行动是社会行动的一种形式；第二，经济生活依赖于社会网络而运行；第三，经济制度是一种社会建构。

从严格意义上来讲，嵌入理论属于经济社会学理论，与互联网使用并无直接关联。但在分析互联网与社会化问题的过程中，"嵌入"这一思路未尝不可加以借鉴，并做出合理外延。嵌入概念的本意是指一个系统有机结合进入另一个系统之中，或者一个事物内生于其他事物之中的客观现象。网络使用行为作为人类行为的一个类型，自然也从属于广义的社会行动的范畴，它同样也遵从了人机互动中产生的信任、文化、声誉等作用机制，并且受到持续性的社会关系和社会结构的影响，正如经济行为之于社会结构和社会关系（侯仕军，2011）。互联网是一个复杂的系统，因此网络使用行为的社会性嵌入不仅包括关系嵌入，而且包括结构嵌入。

因此，借鉴格兰诺维特和斯威德伯格二位学者提出的几个命题，本章也提出网络使用行为的三个命题：第一，网络属于社会事实的一种，网络使用行为属于社会行动的一种形式；第二，互联网社区嵌入社会网络之中，网络行为依赖于社会结构和社会关系运行，与社会行为具有同构性；第三，网络使用规则是一种社会建构，这就意味着规则是通过互动生成的，且并非变动不居的。

2. 互联网的社会嵌入与青少年社会化

正如其他的社会子系统，互联网络的社会嵌入不仅与之具有共性，也具有自己独特的属性。一方面，互联网世界从属于社会系统，也是子系统的一员。另一方面，互联网又不同于经济、文化等子系统，它本身就是一个社会，是现实世界的镜像和投影，但又真实存在；它从属于社会系统，但也可以在某种程度上成为社会系统的替代品，甚至重构社会系统。因此，在这种复杂的情形下，青少年也要在现实世界和网络世界中实现双重社会化。与此同时，青少年也将面临认知失调、价值观念混乱和失范等风险。

五　总结：　互联网对青少年的影响

从经典社会学理论的角度来看，在"行动－结构"连续统中，青少年的行动体现以下特点。它是自由的，可以根据自由意志加以调整、更正。然而，在社会默认的"共享知识"中，青少年的行动是嵌入在社会行动的"巨网"之中的。因此，有着相似特性的互联网世界也同样是嵌入在社会世界之中的，二者相互交错，紧密关联。青少年使用互联网的行为同样也属于社会行动的范畴，他们通过互联网建立的媒介和沟通平台进行社会交往和娱乐。在这个过程中，某个群体的亚文化的形成、某种网络共识的形成、某种网络象征符号的形成、某种规训机制的作用，都可以看作各种复杂的社会系统和社会机制下的行为，或是"知识－权力"机制下的行为，而不仅仅是个体出于自身的"自由意志"来完成的行动。

随着四十年的经济社会转型，我国的社会结构和家庭结构也发生了巨变，同时价值观也发生了巨大变化。由此带来的社会流动性变强，结构分化变快，旧的价值体系面临瓦解和重组，都从各个角度对青少年的成长造成了全方位冲击。从家庭结构的变迁来看，核心家庭已经成为主流形态。家庭结构的主要形态从以父子轴为核心的扩展家庭，逐渐变成以夫妻轴为核心的规模较小的核心家庭（关盛梅，2009）。家庭越来越小型化、微型化，甚至独居家庭、单亲家庭等家庭形式的比重也越来越多，家庭观念和文化、价值观也发生了不可逆转的变化。这对于青少年的初期社会化会带来十分深远的影响。

与此同时，互联网也迎来了长足的发展，互联网对于社会生活的影响是全方位的。可以说，互联网既方便了生活，也重塑了生活。不仅如此，网络社会的存在会对原有社会结构进行冲击和重组，网络社会的交往和行动也会对社会价值进行重构。由于互联网本身就可以传播各种信息、符号，也通过各种符号来表达新的价值形态。这些给青少年带来了潜在的价值规范的迷茫。而伴随互联网与社会生活的进一步密切交融，互联网与日常生活的界线也越来越模糊：购物、社交、娱乐、银行转账、参与公共事务……都可以在互联网中完成。面临互联网对于社会生活的浸入和侵蚀，公共领域和私人领域的界线逐渐变得模糊，互联网中通过互动形成的社会规范也与现实世界的社会规范互相交融。

在这个背景下，青少年互联网使用中面临的网络安全问题就显得十分迫切了。一方面是饱和信息对青少年的冲击是不可估量的，尤其是在网络社会中，各种信息泥沙俱下，良莠不齐。网络暴力行为、网络色情信息、网络诈骗信息等的存在，包括语言暴力、人身攻击、人肉搜索、性骚扰等，不仅会威胁青少年的身心健康，更有甚者会发展到线下的安全威胁。另一方面，互联网中的"知识-权力"机制的不完善则进一步酝酿了青少年网络使用的风险。这种风险不仅是规范性的风险，也是各种观念和认知的风险，容易造成青少年社会行为的失范。

第二部分

青少年网络使用和网络风险的
多维度描述分析

第四章　青少年网络使用调查的
总体情况

一　本次调查的基本情况

"2018 年度中国青少年互联网使用及网络安全情况调查"，是由共青团中央维护青少年权益部和中国社会科学院社会学研究所共同发起的。本次联合调研以 12~18 岁的青少年为主要目标群体，使用的调研工具为腾讯问卷系统①，通过设置电子问卷，被访者可以通过微信、QQ 等手机客户端、电脑终端等途径访问填答。在全国范围内最终采集了 6956 个青少年调查样本数据，回收率为 61%，具有较好的代表性。

本研究主要关注青少年的网络使用行为、（可能）遭遇的网络风险、父母对于子女上网行为的了解及规训，并从家庭结构、父母社会经济地位、亲子沟通、所处城市发展阶段等角度全方位分析其特征和差异。最终期望能够发现青少年在互联网使用过程中面临的真正问题

---

① 网址：https://wj.qq.com/。

及解决问题的突破口，并尽可能降低网络风险，促进青少年健康成长。

1. 调查样本以初中和高中学生为主，地区分布较广泛

调查的样本中，集中在初中和高中学生，其中，初中生占54.83%，高中生占44.84%，大学及以上占0.33%。从年龄、性别结构来看，青少年的年龄在12~18岁，其中，12~15岁占48.89%，16~18岁占51.11%；男性占46.40%，女性占53.60%。

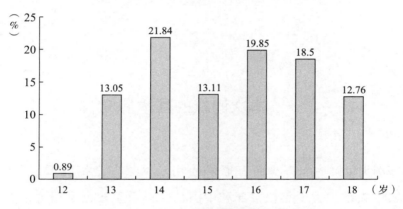

图 4-1　青少年样本的年龄分布情况

调查所涉及的青少年中，城市青少年占到大多数，为69.12%，农村青少年占30.88%。调查所涉及的青少年在全国六大区均有分布，北上广深一线城市的青少年占22.89%，准一线城市（发达地区省会城市，共15个，如杭州市、南京市等）的青少年占27.75%，二线城市（欠发达地区省会城市和发达地区部分城市，共30个，如昆明市、大连市等）和三线城市青少年分别占15.47%和14.23%，四线城市青少年占19.65%。

2. 青少年父母受教育程度较高，平均受教育年限12年

调查中，青少年的父母（监护人）平均受教育年限为12年，受教育程度集中在初中、高中及以上。父母（监护人）没有接受过正规教

育的占 0.69% ，小学教育程度占 6.40% ，初中教育程度占 31.87% ，高中教育程度占 32.43% ，大学及以上教育程度占 28.61% 。

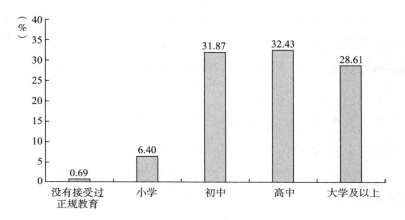

图 4 - 2　父母（监护人）的受教育程度分布情况

有 97.64% 的青少年表示独立完成了问卷，确保了数据较为真实地反映了青少年的情况。部分本身不具备答题能力的青少年在他人帮助下完成了调查，在受到他人帮助的情况里，父母帮助的占 80.70% ，哥哥姐姐帮助的占 8.77% 。

二　网络使用情况

1. 做作业和上网在青少年日常活动中占有重要地位

从表 4 - 1 中的数据可以看出，青少年日常生活可以分为线上活动（上网）和线下活动两种类型。尽管青少年的日常活动仍集中在线下，但上网依然排在青少年日常活动所占时间的第二位。

青少年线下活动当中所占时间最多的是写作业，每天写作业时长在 6 小时以上的青少年占 11.96% ，时长在 4～6 小时的占 18.46% ，时长为 2 ~ 4 小时的占 37.42%，时长在两小时以内的超过了 28%。除了写作业之外，参加集体活动、玩耍、运动、参加志愿或公益活动以及做家务也都占据了青少年一定的线下活动时间。从线下活动的种类和时长分布来看，青少年的日常活动是较为丰富和充实的，做到了学习活动和娱乐活动、个体活动和集体活动以及自我生活和家庭生活的有机结合。

上网在青少年日常活动当中所占时长排第一位，由表 4 - 1 中的数据可以看出，青少年每天上网时长在 6 小时以上的占 7.95%，时长为 4 ~ 6 小时的占 12.91%，时长在 2 ~ 4 小时的占 24.03%，时长在两小时以内的占 49.11%，还有 6.00% 的青少年在日常生活当中是从来不上网的。也就是说，有 94.00% 左右的青少年在日常生活当中每天都会接触网络，且近半数青少年群体每天的上网时长超过两小时。

表 4 - 1　青少年的日常活动及其时长分布情况

单位：%

时间	上网	运动	玩耍	写作业	做家务	参加集体活动	参加志愿或公益活动
6 小时以上	7.95	1.61	2.30	11.96	0.75	2.75	1.51
4 ~ 6 小时	12.91	4.20	4.74	18.46	2.71	4.80	2.46
2 ~ 4 小时	24.03	19.06	17.45	37.42	14.07	17.67	11.44
两小时以内	49.11	65.87	58.13	28.44	68.15	55.07	49.40
从不	6.00	9.25	17.38	3.73	14.32	19.70	35.18

综上可以看出，在互联网时代，线上活动日益占据了青少年的时间而且是较多的时间。青少年的日常生活活动结构由之前的以写作业和玩耍为主演变为以写作业和上网为主，同样，青少年的其他日常活动的时间也可能逐渐被线上活动所取代。当上网成为青少年日常生活

当中重要的活动内容时，对青少年群体上网的现状、影响因素以及有关青少年的网络保护行动进行研究，对青少年合理安排线上线下活动和安全上网具有重要的意义。

2. 与父母同住的青少年上网时长受限，女性上网时长高于男性

父母的陪伴对青少年的成长具有重要的影响，父母在场与否对青少年言传身教的效果有很大不同。如图 4 - 3 所示，目前没有和父母同住的青少年每天上网时间在 6 小时以上的占 14.61%，而与父母同住的青少年这一比例仅为 7.58%；没有和父母同住的青少年每天上网时长在 4~6 小时的比例为 17.35%，与父母同住的青少年该项比例为 12.92%；没有和父母同住的青少年每天的上网时长在 2~4 小时的占 26.94%，与父母同住的青少年的这一比例为 24.03%；没有和父母同住的青少年每天上网时长在两小时以内的比例为 36.99%，与父母同住的青少年这一比例为 49.70%；青少年当中从不上网的比例与是否和父母同住关系不大。据此可以看出，父母在场对于防止青少年过度上网、合理控制上网时间具有重要的调节和控制作用。

通过对父母同住与否和青少年上网时长的列联表交互分析，可以得到 χ^2 值为 24.76（$p = 0.000$），二者有显著差异。根据上文的分析也可以看出，与父母同住的青少年在上网时长方面受到更多的约束。因此父母在场对于防止青少年过度上网、合理控制上网时间具有重要的调节作用。

从性别角度来看，青少年在上网时长的分布上具有一定的性别差异，但相对较为微弱。每天上网时长在 6 小时以上的女性青少年比例为 7.61%，男性青少年比例为 8.34%；上网时长为 4~6 小时的女性青少年为 13.78%，男性青少年为 11.91%；上网时长在 2~4 小时的女性为 23.94%，男性为 24.13%；上网时长在两小时以内的女性为 49.07%，男性为 49.15%；从不上网的女性为 5.60%，男性为

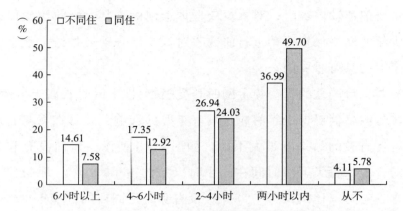

图4-3 是否与父母同住对青少年上网时长的影响

6.47%。通过对性别与上网时间的交互列联表分析，计算出的 χ^2 值为 5.62（$p=0.229$），这说明不同性别的青少年在上网时长方面并没有显著差异。

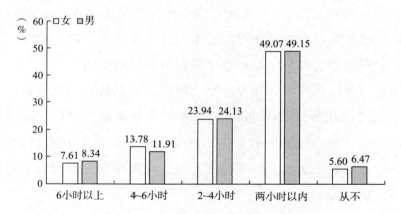

图4-4 青少年性别与每天上网时长的关系

3.超六成青少年触网年龄在6~10岁

互联网时代，网络渗透到每一个家庭，青少年在一个被网络覆盖的时代和家庭背景下，在成长较早的时期就会与网络发生接触，而且开始与网络接触的年龄也越来越小。如图4-5所示，5岁及以下就已经接触到互联网的青少年占 10.88%，6~10 岁开始接触互联网的青少年占 61.43%，10 岁以上才开始接触互联网的青少年仅占 27.69%。

具体来看，6 岁是青少年接触互联网的关键时间点，在 6~10 岁的青少年接触互联网的比例都超过了 10%。其中，在 6 岁接触互联网的青少年占比达到 11.86%；7 岁接触互联网的占 12.21%；8 岁接触互联网的占 11.71%；9 岁的占 11.51%；10 岁的最高，为 14.14%。在 6 岁之前和 10 岁之后接触互联网的青少年占比逐渐降低。

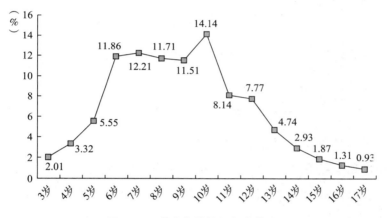

图 4-5 青少年的触网年龄分布

4. 近九成青少年主要通过手机上网

智能手机集通讯、娱乐及工作等功能于一身，成为现代人们日常生活当中不可或缺的工具，人手一部或多部手机已不足为奇。不仅父母自己拥有手机，为了便于联系孩子或者为孩子提供娱乐工具，许多父母也给自己的孩子配备了手机，手机也因此成为青少年最主要的上网设备。如图 4-6 所示，青少年使用的主要上网设备是手机的占 87.33%，远高于使用其他各类上网设备；新兴上网设备如平板电脑作为青少年上网主要设备的比例也占到了 21.88%。调研发现，学生们较多使用电脑做 PPT、写报告和其他作业，因此笔记本电脑和台式计算机作为青少年上网主要设备的比例也较可观，分别为 22.68% 和 36.90%。而且青少年大多在家中使用笔记本和台式计算机上网，这也解释了为什么家庭为青少年上网地点比例最高的地点。

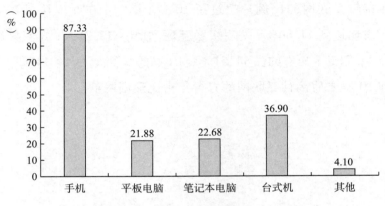

图 4-6　青少年上网所使用的主要设备

5. 家庭是青少年最重要的上网地点

家庭和学校是青少年最主要的活动场所，分居第一和第二位。然而学校虽然会开设电教课教学生上网，却往往又对学生采取禁用或限用手机等方式，所以在学校上网的比例远低于在家庭上网比例。因而家庭便成为青少年上网的最主要场所。如图 4-7 所示，青少年经常上网的地点是家庭的占 95.07%；学校其次，但也仅占 18.44%；在公共场所和随时随地上网的青少年占比分别为 14.65% 和 13.20%；在网吧中上网的青少年占比为 4.90%；其他场所占 5.46%。

6. 青少年对影视音乐和动漫游戏关注度高，男生关注度高于女生

作为互联网原住民，青少年在网上所关注的内容既具有自身年龄特点，也刻有时代的烙印。如表 4-2 所示，在娱乐和生活方面，青少年最为关注的是影视音乐类和动漫游戏类内容。青少年当中对"追剧/电影/流行音乐"等影视内容表示很关注的占 31.56%，表示稍微

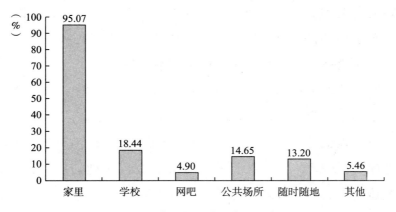

图 4-7 青少年上网地点分布情况

关注的为 44.89%；青少年对"电玩/动漫/游戏"表示很关注的占 27.15%，表示稍微关注的占 35.29%。此外，青少年对"搞笑/恶搞"、"网络购物"表示关注的（"很关注"加上"稍微关注"的比例）也达到半数左右，而对于"粉丝群、追星族"、"情感/恋爱/社交"、"美食/美妆"等内容的关注则不是很多。

表 4-2 娱乐和生活方面青少年上网关注的内容

单位：%

内容	很关注	稍微关注	不太关注	不关注
追剧/电影/流行音乐	31.56	44.89	15.73	7.82
电玩/动漫/游戏	27.15	35.29	22.72	14.84
搞笑/恶搞	13.93	34.17	30.42	21.48
粉丝群、追星族	9.95	18.23	28.35	43.46
美食/美妆	12.77	25.85	25.39	35.99
情感/恋爱/社交	5.36	17.76	29.93	46.96
网络购物	17.55	34.29	21.94	26.22

调研中发现，娱乐不仅是青少年互联网生活的重要内容，也是重

要的社交渠道和工具。广州一个重点小学的老师们提到，春游的大巴车上，孩子们都在跳海草舞，很多小孩子并不用短视频 App，但是看同学跳了一次就会了，简单的东西最容易传播。

跟跳海草舞类似的是打游戏，不仅出于娱乐的需求，也是社交的需求。某小学一位家长说："你要控制他玩儿这个游戏，有时候家长也挺矛盾，他们也反映，如果他一点都不玩，同学们在谈论这个游戏，他就觉得被边缘化了，你没有朋友了，因为他们有共同的话题，你这个孩子一点都没接触，都不知道什么东西，长此下去他就被边缘化了，他就没有朋友了，所以家长也挺矛盾，到底让不让玩儿。家长也不想让自己的孩子太孤单了，没有朋友、没有伙伴，但是你要是玩上了，上瘾了，也很麻烦的。"

青少年的网络兴趣点具有明显的性别差异，女性青少年更关注影视剧、流行音乐、粉丝追星、美食美妆和网络购物，而男性青少年则更关注动漫游戏、搞笑、恶搞相关内容。

如图 4-8 所示，青少年中女性对追剧/电影/流行音乐等表示关注的占 82.55%，男性关注的占 69.40%；青少年中女性对粉丝群、追星族表示关注的比例为 39.42%，而男性对这一内容的关注比例仅为 15.21%；在对美食/美妆的关注上，青少年中女性表示关注的比例为 49.69%，男性为 25.83%；在网络购物方面，青少年女性表示关注的比例为 62.36%，男性为 39.70%。

青少年中男性对电玩/动漫/游戏表示关注的比例为 79.62%，而女性关注的仅为 47.57%；青少年中男性对搞笑/恶搞表示关注的比例为 54.06%，而女性关注的比例为 42.93%；在对情感/恋爱/社交等内容的关注上，性别差异并不显著。

调研也发现，男生（以初中生、高中生为主）更集中的兴趣就是打游戏，青少年（包括男生和女生）对此的理解跟父母和老师不太一样，认为游戏玩得很好也很棒，会锻炼智力，被访者提到最强大脑有一期关于微信小程序华容道，这种益智类的游戏比单纯刺激感的游戏好。

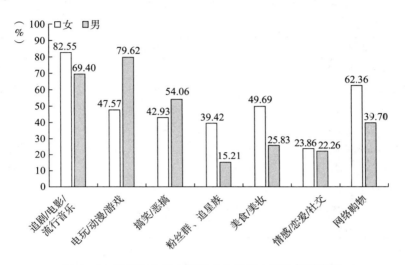

图 4 - 8　娱乐和生活方面青少年关注内容的性别差异

7. 做作业/解题和科学知识也是青少年上网的重要内容

青少年在网络上对于体育、文化和学习方面内容关注的分析见表 4 - 3。可以看出，青少年关注程度最高的是"做作业/解题"，对其表示很关注的占 25.58%，表示稍微关注的占 42.57%；其次是对"科学知识"的关注，表示非常关注的占 20.94%，稍微关注的占 39.20%。

业余兴趣爱好方面，青少年关注度较高的有网络小说、体育赛事以及与英语相关的内容等。其中，对网络小说表示很关注的占 18.54%，稍微关注的占 27.92%；对体育赛事/瘦身/健身表示很关注的占 16.95%，表示稍微关注的占 31.06%。在体育文化和学习领域，青少年关注度相对较低的是极限运动/旅行探险和 Cosplay/汉服。

在体育、文化和学习方面，青少年从自身特点出发，对学习方面的内容更为关注，同时对运动和文化方面的内容也表现出了较高的关注程度。

表 4-3　青少年上网关注的体育、文化和学习方面的内容

单位：%

内容	很关注	稍微关注	不太关注	不关注
极限运动/旅行探险	11.36	30.11	30.44	28.08
体育赛事/瘦身/健身	16.95	31.06	27.52	24.46
英语/外语/翻译	15.67	35.39	28.81	20.14
网络小说	18.54	27.92	24.77	28.77
Cosplay/汉服	10.29	17.65	28.60	43.46
做作业/解题	25.58	42.57	20.10	11.75
诗歌/散文/艺术	15.89	32.74	29.22	22.14
公开课/在线课程	11.40	25.39	32.57	30.63
科学知识	20.94	39.20	23.55	16.31

8. 青少年的学习生活常态：搜索信息、写作业和看新闻

前文提到，青少年在网络上最为关注"做作业/解题"和"科学知识"方面的内容，也就是说，青少年对网络上和学习、知识有关的内容表现出了较高的关注度。而在具体的网络活动中，青少年在与学习相关的课业学习、搜索资料以及查看新闻时事等方面，都表现出了较高的使用频率。除"看小说、故事"和"评论或与别人讨论时事或社会问题"外，青少年每天必做的其他各项活动比例都超过了半数。比如，18.11% 的青少年表示几乎总是在"搜索资料和信息"，18.11% 的青少年表示频率为每天几次，更有 21.98% 的青少年表示此项活动几乎每天都会进行一次；就"写作业、查单词"来讲，也有类似的趋势，频率为"几乎总是"、"每天几次"和"几乎每天一次"的青少年分别占 16.33%、18.25% 和 23.08%；此外，青少年看新闻时事的频率也呈类似趋势。

表4-4　青少年使用互联网学习的活动及频率

单位：%

内容	几乎总是	每天几次	几乎每天一次	至少每周一次	从不
搜索资料和信息	18.11	18.11	21.98	36.67	5.13
写作业、查单词	16.33	18.25	23.08	33.86	8.49
看小说、故事	12.33	10.31	14.11	38.08	25.17
看新闻时事	10.64	13.27	22.25	38.87	14.98
评论或与别人讨论时事或社会问题	8.67	11.07	16.58	36.38	27.30

调研中发现，老师和家长对于孩子使用互联网学习的态度很矛盾。一方面，使用互联网可以提升青少年自主学习的能力，搜索到新的知识、扩大视野，比如来自重庆某小学的家长分享了互联网对青少年学习的很多正面作用。

家长（男）：说老实话，不管是写作业或者写作文，手机帮助还比较大。……像奥数，他用手机做，可以举一反三，更加聪明。

家长（女）：有时候他问我的问题，我不知道答案，他可以通过网上去查答案。我觉得互联网对孩子学习还是有一点帮助的。他问我打雷的时候，避雷针是把雷引开还是把雷吸引过来，他问我，我不知道，我说你上网查吧，好，他查。

家长（男）：还有一些四字成语，AABB、ABAC，我们想肯定不行，上网查，他马上就知道。

（重庆某小学，家长焦点组）

另一方面，学生则会依赖互联网完成作业，甚至出现抄作业、抄作文等现象。

　　家长（女）：手机查作业题还有一个问题，感觉有一点依赖，他看到这道题，他觉得我一看感觉好像不会，他马上就去查，自己不思考。我老公也是老师，我们告诉他，你不会做的题先自己做，实在不会再问他爸爸，他爸爸不让他去直接查答案，直接查答案不好。

　　访谈者：刚才我们跟老师也聊了，学生有这种情况，作业一不会，稍微有一点点难的就不做了。

　　家长（男）：我们没见到这种。

　　家长（女）：有一点。我们家孩子还不会依赖。他不愿主动思考，你强行地说不准用，他还不听。很多孩子都会这样的，不会做直接去查。

　　访谈者：遇到这种情况怎么处理呢？

　　家长（女）：我们一般让他尽量自己去想，或者看一下以前做过的书，自己去想一下，实在是不会了，我们大人再给他看一下，如果我们大人会给他讲，如果不会再让他去查。

　　　　　　　　　　　　　　　　　　　（重庆某小学，家长焦点组）

访谈中，老师也表达了对青少年使用互联网的纠结情绪，他们表示，既希望学生通过新科技增强学习能力，又害怕学生失去自控能力，过于依赖现成的答案。

　　教师（女）：我觉得跟她们说得差不多。网络本来也是好事，就看看怎么用，有时候孩子查资料还是需要网络的，但是就像他们所说的监管是一个问题。举一个例子，我们是数学，越到高年级题就越难，有这样一个现象，孩子私人建一个群，家长不知道，老师不知道，他们建群干什么，在群里面公布作业答案，作业不会做的孩子就会催促那些会做的孩子赶紧说答案在群里面，最终孩子会说出来。

访谈者：可是各位老师也不可能一天 24 小时跟着学生，盯着他的手机看，其他的老师有没有一些想法或者一些经验可以聊一聊，聊一些具体的。

教师（男）：其实这是很纠结的问题。说实在的，手机也好，互联网本身没有任何错，也没有正反的影响，它本身是个工具，其实用它来干什么非常重要，怎样引导也非常重要。但问题就像刚才说的这样，手机里面弹出了很多信息，孩子怎样去避免的问题，这是个麻烦。

我所知道的还有个事就是作业，学生作业，网上有个"作业帮帮帮"这个软件，其实对孩子是很有害处的。作业（实际）内容少，（用手机一扫）结果就出来了，它没有解答内容，就结果，孩子作业一抄，完了，其实也判断不出孩子到底是自己做的还是想的，他根本学不到知识。互联网这东西怎么用，这很麻烦。到底怎么来？不让孩子用肯定不现实，现在已经普及了，它就是常用的工具，今后也要用。怎样让他正常地使，怎么去引导他。毕竟学习这块，不管说孩子怎么高兴地学，怎么学，它毕竟是类似于我们成人的工作，它和游戏消遣肯定是有区别的。现在（怎么）正面引导孩子，其实我们也想了很多，没想到什么好的办法。现在有个手腕手机，就只能通话，弱化它的功能，其实弱化功能的同时把互联网基本上屏蔽了，也是很麻烦的。其实这东西用好了是很好的一个东西，但是怎么用？我们也很纠结这个事。

（重庆某小学，老师焦点组）

9. 12%青少年"几乎总是"网络支付,70%青少年经常网络购物

随着支付方式的改变和网络技术日新月异的发展，青少年作为网络时代下成长起来的一个群体，其支付方式与对网络技术的掌握程度都较其之前的代际有很大不同。如表4-5所示，青少年在使用网络帮助"生活/购物"方面，使用"网络购物、买东西"、"网络支付、理财、转账"以及"通过互联网帮助别人，如帮父母买东西，帮爷爷奶奶查询医疗信息"是重要且常见的行为。48.30%的青少年表示至少每周进行一次"网络购物"，45.30%的青少年至少每周使用一次"导航、查找交通路线"功能，43.98%的青少年至少每周"通过互联网帮助别人，如帮父母买东西，帮爷爷奶奶查询医疗信息"一次。

调查发现，网络购物和网络支付在青少年的日常生活中尤其普遍。10.10%的青少年几乎每天都会使用"网络支付、理财、转账"一次，每天使用几次和几乎总是在使用此功能的比例分别为7.02%、11.90%。仅有29.20%的青少年表示从不"网络购物"，表示几乎总是在网络购物的青少年达到10.00%。

表4-5 青少年的主要互联网生活/购物活动及频率

单位：%

内容	几乎总是	每天几次	几乎每天一次	至少每周一次	从不
导航、查找交通路线	8.24	4.70	6.66	45.30	35.10
网络购物、买东西	10.00	5.11	7.39	48.30	29.20
网络支付、理财、转账	11.90	7.02	10.10	35.82	35.16
通过互联网帮助别人，如帮父母买东西，帮爷爷奶奶查询医疗信息	10.80	6.46	10.24	43.98	28.52

10. 超过1/3的青少年"几乎总是"刷微信和QQ

青少年拥有属于自己的一片社交天地，他们更倾向于使用QQ和

微信等社交平台与朋友家人交流，同时 QQ 空间和微信朋友圈也就成为他们分享生活的一个重要平台，而微博和论坛等未能大范围进入他们的生活。

如表 4 - 6 所示，青少年当中每天都要"与同学、朋友和家人联系（微信、QQ）"达到 70.08%，每天"查看社交网络，如朋友圈、QQ 空间"的青少年达到 64.30%；而从不"刷微博"、"上各种论坛和 BBS"以及"制作视频或音乐并上传与他人分享"的比例分别达到 39.34%、46.15% 和 44.56%。

青少年通过社交网络与别人联系或者查看朋友圈和 QQ 空间的频率最高，39.76% 的表示几乎总是"与同学、朋友和家人联系（微信、QQ）"，34.27% 的表示几乎总是"查看社交网络，如朋友圈、QQ 空间"。

表 4 - 6 青少年网络社交平台使用情况

单位：%

内容	几乎总是	每天几次	几乎每天一次	至少每周一次	从不
与同学、朋友和家人联系（微信、QQ）	39.76	14.30	16.02	26.35	3.58
查看社交网络，如朋友圈、QQ 空间	34.27	14.38	15.65	27.84	7.86
刷微博	14.90	6.71	9.89	29.16	39.34
上各种论坛和 BBS	9.54	6	9.09	29.22	46.15
制作视频或音乐并上传与他人分享	9.15	4.49	8.77	33.03	44.56

11. 近三成青少年"几乎总是"听音乐，两成看短视频

如表 4 - 7 所示，超过 80% 的青少年都会在上网的时候听音乐、看电视剧或电影，这是青少年线上娱乐生活频率最高的活动。41.68% 的青少年至少每周看一次电视剧或电影，由于音乐的伴随性和同步性，高达 29.04% 的青少年几乎总是在听音乐。

打游戏和看短视频也上升为青少年的主要线上娱乐活动。38.95%的青少年至少每周一次打游戏，11.75%的青少年几乎每天一次打游戏；20.49%的青少年几乎总是看短视频，11.32%的青少年几乎每天一次看短视频。相对来讲，看直播的青少年比例较低，51.57%的青少年从不看直播。

表 4-7　青少年的网络娱乐生活情况

单位：%

内容	几乎总是	每天几次	几乎每天一次	至少每周一次	从不
看短视频	20.49	9.52	11.32	30.24	28.44
看直播	7.41	4.43	6.95	29.64	51.57
听音乐	29.04	12.89	16.80	29.35	11.92
打游戏	14.40	8.07	11.75	38.95	26.82
看电视剧或看电影	19.33	9.83	13.60	41.68	15.56

　　12. 八成以上的青少年都具有较强的网络使用能力

　　青少年不仅触网年龄较早，而且还表现出了较强的网络综合使用能力。首先，在基本信息获得方面，90.48%的青少年认为自己能够熟练使用互联网。其次，在信息甄别方面，88.06%的青少年认为自己能够对网上搜到的信息是否真实给以确认，90.07%的青少年表示自己能够区分网站是否可信。

　　在软件与硬件的操作技能方面，青少年也表示出了较强的能力，96.15%的青少年知道如何在手机上安装程序，75.17%的青少年表示知道如何制作一个短视频，81.39%的青少年知道如何在应用市场（或苹果商店）购买程序。在自我保护方面，88.49%的青少年知道如何在微信上屏蔽他人。

但是，青少年对网络也表现出了一定的依赖性，26.76%的青少年认为自己非常符合"无论学习还是生活，我已经离不开互联网/智能手机"这种情况，45.99%的青少年表示基本符合。

表4-8　青少年网络使用能力构成情况

单位：%

网络使用情况	完全符合	基本符合	完全不符合
我知道怎样在微信上屏蔽他人	65.52	22.97	11.51
我知道怎样确认在网上搜到的信息是否真实	41.43	46.63	11.94
我知道什么样的网站是可信任的，什么样的网站可疑	55.38	34.69	9.93
我知道怎样制作一个短视频	41.68	33.49	24.83
我知道怎样在手机上安装程序	79.22	16.93	3.85
我知道怎样在应用市场（或苹果商店）购买程序	56.64	24.75	18.61
我感觉自己能够熟练使用互联网	47.23	43.25	9.52
无论学习还是生活，我已经离不开互联网/智能手机	26.76	45.99	27.26

三　网络风险

　　网络风险主要是指青少年在网络使用过程中，面临的危害到自己身心健康的情况。比如，在网络社交过程中遇到的网络暴力、霸凌、诈骗行为等；还有类似色情、淫秽信息等不良信息对于青少年心灵的侵害，甚至于遭受到各种形式的性骚扰；此外，还有过分依赖互联网造成的成瘾倾向。

　　这些网络风险，或者潜在的网络风险，都对青少年健康成长形成了巨大的隐患，不利于塑造其良好的成长环境。

1. 青少年具有一定网络成瘾倾向，四成玩手机使得学习成绩下降

上网是青少年日常生活当中的重要活动内容，但是青少年过度上网会对青少年的日常生活和学习造成非常不利的影响。如表4-9所示，表示"因为上网/玩手机而忘记吃饭或睡觉"的青少年占17.03%，表示"曾经因上网/玩手机使得自己学习成绩下降"的比例达到40.23%，表示曾经"尝试过没事的时候不看微信/QQ等社交软件，但很难"的比例也达到35.49%。

由此可见，尽管青少年能够通过互联网进行学习，但是互联网的娱乐性、刺激性容易使得青少年沉迷，并且也可能占据青少年大量的时间，因而对青少年上网时间做出合理限制对青少年的成长和学习具有重要意义。

表4-9 上网对青少年生活和学习的影响

单位：%

说法	不符合	符合
曾经因为上网/玩手机忘记吃饭或睡觉	82.97	17.03
曾经因为上网/玩手机使得学习成绩下降	59.77	40.23
尝试过没事的时候不看微信/QQ等社交软件，但很难	64.51	35.49

2. 1/3的青少年在网络上遇到过色情信息骚扰

网络传播信息速度快、波及范围广，为色情信息的广泛传播提供了客观条件。现在和色情有关的信息充斥着整个互联网，青少年作为使用网络的主要群体，其在上网过程当中难免会受到色情信息的骚扰。统计结果表明，有33.02%的青少年表示自己在使用网络过程中遇到过色情信息骚扰。为保障青少年茁壮成长，网络应用和网络环境相应的监督管理机构有必要对于其内容进行严格把关和分级，将青少年接触不良信息的可能性降低。

3. 社交软件、网络社区和短视频是色情信息骚扰的主要场景

前文提到有 1/3 的青少年遇到过色情信息的骚扰，那么青少年是在何种场景下受到骚扰的呢？如图 4 - 9 所示，青少年在各种与网络有关的场景中都有可能受到色情信息的骚扰，尤其是在社交软件和网络社区场景下青少年受到色情信息的骚扰比例最高，分别为 56.11% 和 53.04%，在短视频场景中遇到色情信息骚扰的占 48.65%。

综上所述，既需要相关部门对网络上和色情有关的骚扰信息进行清理，也需要网络平台自律、自查，为青少年营造安全健康的上网环境。

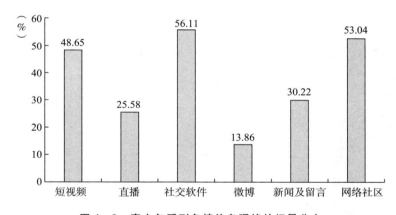

图 4 - 9　青少年受到色情信息骚扰的场景分布

4. 76.43% 的青少年对色情信息骚扰的处理方式是"当作没看见，不理会"

那么青少年当遇到色情信息会如何处理呢？这是调研重点关注的问题。青少年对性具有较强的好奇心，网络上的色情信息可能会对青少年的性观念产生不健康的引导，因而关注青少年对色情信息骚扰的处理方式并对之进行引导具有重要意义。

如图 4 - 10 所示，76.43% 的青少年对色情信息骚扰的处理方式是"当作没看见，不理会"；其次是采取"网络投诉或者举报"的处

理方式，占 44.08%；排在第三位的处理方式是"觉得可能是开玩笑，不在意"，但也仅占 19.44%；一成左右的青少年选择了"很好奇点开看看"和"跟同学或者朋友讲"的处理方式；选择"告诉父母"、"告诉老师"、"跟兄弟姐妹讲"、"跟爷爷奶奶或者外公外婆讲"以及"报警"等处理方式的比例均不足一成。

青少年对待色情信息骚扰主要是采取了或不予理会或投诉举报的处理方式，即使需要寻求帮助，更倾向于告诉同龄群体，而向父母、老师及祖父辈群体反映的比例极低。

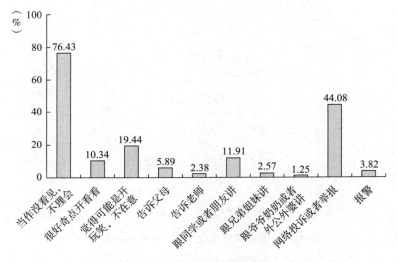

图 4 - 10　青少年对遇到的色情信息骚扰的处理方式

5. 超过1/3青少年遇到过网络诈骗信息,诈骗信息多依靠社交软件传播

在网络上，诈骗信息披着各种形式的外衣来诱使网民上当，从而达到其非法谋取他人信息、财产等目的。青少年在上网过程中是否同样会遇到诈骗信息、在何种场景下会遇到诈骗信息以及他们遇到诈骗信息时会如何处理是我们关心的问题。

统计数据显示，青少年在网络上遇到过诈骗信息的比例为

36.55%，没有遇到过的比例为 63.45%。

　　具体而言，青少年几乎在所有网络情景当中都遇到过诈骗信息的骚扰，而社交软件则是青少年遭遇网络诈骗信息的主要场景，71.97%的青少年表示自己在社交软件上遇到过诈骗信息，这可能与社交软件是青少年网络活动的主要平台有关；在网络社区中遇到过诈骗信息的比例排第二位，占 58.27%；青少年在其他场景，如短视频、直播、微博以及新闻留言版块遇到诈骗信息的比例相对较低。

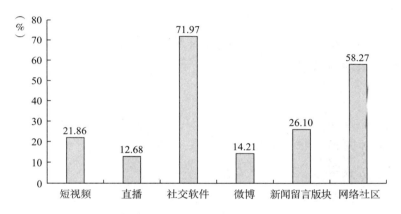

图 4-11　青少年遇到网络诈骗信息的场景分布

　　调研中遇到很多家长和老师反映，青少年偷偷用父母的银行卡给游戏充值；还有骗子利用青少年社会经验较少，乘虚而入，谎称是游戏公司内部员工，可以打折给游戏充值，诱使一些孩子上当。

　　教师（女）：那些游戏里面，比如说什么群聊、世界里面就会写，你给我微信转 200 块钱，我给你多少金币、多少装备，就不通过官方渠道，他是通过私下里转账，给你账号上充什么什么东西，很多人会因为这个受骗。

　　教师（男）：而且我认识的一些游戏域名也会用这种方式，就是官方的游戏域名，他们也是用这种方式，他不管你玩家是满

18（岁）还是未满18（岁），他还是会去做这种东西，因为他们要赚钱嘛。

教师（女）：对。之前很火那个叫《奇迹暖暖》的游戏，就是买服装，有一些孩子们就会私下里去加一些自称是内部人员的人，你可以给我100块钱，我给你10套服装，这样就比上面要便宜很多，反正当时是有挺多女孩被骗了。

（广州某小学，老师焦点组访谈）

据老师介绍，学生家长往往认为报警也不会把钱追回来，因此不会报警，只能自认倒霉。

教师（女）：我们班这个事情是发生在家里，所以跟家长也没具体沟通，但是我知道这件事情。

访谈者：家长报警了？

教师（女）：报什么警？找不着的，网络上，这个人就没了，消失了。

（广州某小学，老师焦点组访谈）

6. 近半数青少年会投诉举报诈骗信息，15%会告诉父母

在遇到网络诈骗相关的信息时，近七成青少年会选择不理会，近半数青少年通过网络投诉或者举报的方式来应对。如图4-12所示，遇到诈骗信息，68.12%的青少年的态度是"当作没看见，不理会"；48.53%的青少年会对诈骗信息进行"网络投诉或者举报"，体现了这部分青少年具有一定的网络安全防范意识；选择"很好奇点开看看"的比例为5.49%；"觉得可能是开玩笑、不在意"的比例为15.29%；选择告诉父母、老师、兄弟姐妹以及爷爷奶奶或者外公外婆的比例分

别为 15.29% 、4.81% 、4.59% 和 2.72% ，除告诉父母的比例超过了
10% 外，与其他人的交流均不足一成；选择"跟同学或者朋友讲"的
比例为 16.14% ；选择"报警"的比例仅为 6.34% 。

　　虽然青少年遇到诈骗信息更倾向于自己解决而不是告诉周围人，
但是与遇到色情信息骚扰有所区别的是，在遇到诈骗信息时青少年愿
意告诉父母的比例增加了，为 15.29% 。

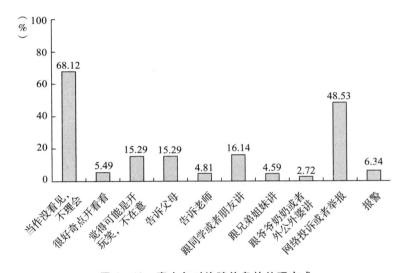

图 4 - 12　青少年对诈骗信息的处理方式

　　在调研过程中我们也发现了诈骗和色情骚扰混合在一起的案例。
广州某中专一位女生在网上交友，对方是男性，用各种方式诱导女
生，例如会说"你发个裸照给我或者什么样的照片给我看一下，我给
你多少钱"，据老师介绍这不是裸贷而是诈骗，骗子一步步吸引学生
上网，学生后来告诉了老师并且采取了报警措施。

　　7. 七成青少年遇到过网络暴力辱骂信息，侮辱嘲笑比例最高

　　网络世界当中同样充斥着大量暴力辱骂信息，因其对身体和心理
易造成伤害而成为不利于青少年健康成长的消极因素。青少年暴露在
网络环境之下，会在多种场景中遇到暴力辱骂信息，数据表明，遇到

过暴力辱骂信息的青少年高达 71.11%。

从类型上来看，青少年所遇到的暴力辱骂形式以"网络嘲笑和讽刺"和"辱骂或者用带有侮辱性的词语"居多。其中，遇到"网络嘲笑和讽刺"的比例为 74.71%，遇到"辱骂或者用带有侮辱性的词语"的比例为 77.01%，"恶意图片或者动态图"的比例为 53.87%，"语言或者文字上的恐吓"的比例为 45.49%。

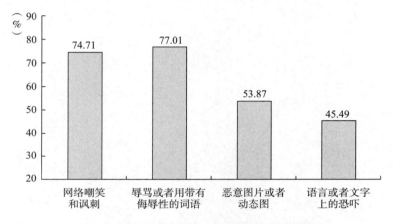

图 4－13　青少年在网络上遇到过暴力辱骂的形式

8. 社交软件、网络社区和新闻留言版块是网络暴力主要场景

如图 4－14 所示，青少年在社交软件上遇到暴力辱骂信息的比例最高，为 68.48%；其次是网络社区，比例为 55.30%；在短视频和新闻留言版块遇到暴力辱骂信息的比例也很高，分别为 30.66% 和 30.16%。可见，青少年在网络上遇到暴力辱骂信息的比例与其关注的内容和使用的平台有关，也与社交网络、新闻留言互动性和话题性较强有关，容易引发不同观点的争论并形成冲突，而短视频的一些制作者为了吸引眼球，有时候也会故意引入有争议性的话题，并使用偏激语言。青少年在微博上遇到暴力辱骂信息的比例为 25.36%，在直播平台上遇到暴力辱骂信息的比例为 19.91%。

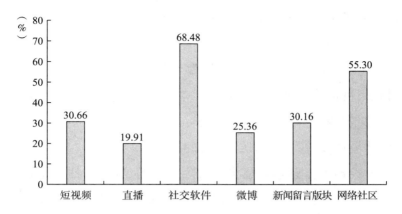

图 4 – 14　青少年在网络上遇到过暴力辱骂的主要场景

9. 遇到暴力辱骂信息,青少年更愿意告诉同学或者朋友

"当作没看见,不理会"是青少年最常用的应对暴力辱骂信息的方式,60.17%的青少年选择此项;其次是"网络投诉或者举报",占比为49.36%;而选择告诉父母、老师、兄弟姐妹以及爷爷奶奶或者外公外婆的比例分别为9.96%、3.87%、4.87%和2.22%,均不足一成。

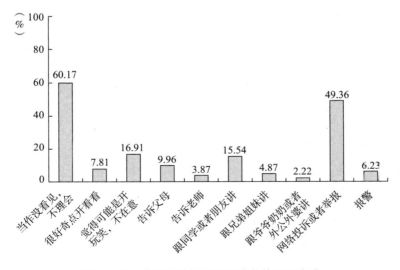

图 4 – 15　青少年对暴力辱骂信息的处理方式

　　青少年对于暴力辱骂信息还会有一些其他的反应，比如"觉得可能是开玩笑、不在意"，占比 16.91%；"很好奇点开看看"的比例为 7.81%；而选择"报警"的比例仅为 6.23%。

　　同遇到色情信息骚扰的反应类似，青少年遇到暴力辱骂信息更可能跟同辈朋友讲（而不是告诉老师、家长或兄弟姐妹），调查显示，"跟同学或者朋友讲"的比例为 15.54%。

　　10. 一成青少年遇到过骚扰或者陌生人约见面，女性被骚扰比例更高

　　如图 4-16 所示，表示自己遇到过针对自己的骚扰、暗示或者陌生人约见面的情况的青少年占 11.07%。

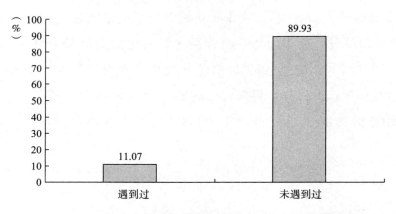

图 4-16　青少年在网上遇到骚扰、暗示或者陌生人约见的情况

　　女性在网络中是弱势群体，在遭遇针对自己的骚扰、暗示或者陌生人约见面的情况方面，遇到过针对自己的骚扰、暗示或者陌生人约见面的青少年中，女性青少年的比例为 11.51%，男性青少年的比例为 10.57%（见图 4-17）。

　　11. 青少年网上遇到骚扰超过20%发生在短视频

　　同遭遇诈骗和暴力辱骂信息发生的场景一样，青少年遭受针对自己的骚扰、暗示或者陌生人约见面最主要发生的场景依然是社交软件和网络社区，前者占比为 79.81%，后者占比为 45.61%；其他场景

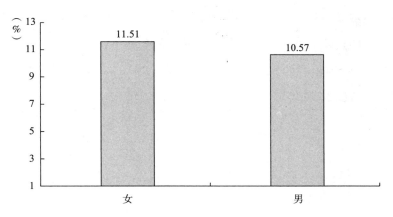

图 4 - 17　青少年遇到骚扰、暗示或者陌生人约见面的性别分布

如直播、微博与新闻留言版块的比例均不超过 20%；短视频场景中相对比例较高，青少年遭遇骚扰或陌生人约见面的比例为 20.56%。

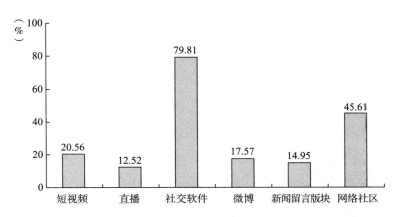

图 4 - 18　青少年遇到骚扰、暗示或者陌生人约见面的场景

12. 遭遇网络骚扰后，青少年更倾向于告诉同学朋友

网络骚扰对青少年的生活和学习都会造成一定的影响，因此，对于青少年遭遇的骚扰问题需要得到妥善解决。如图 4 - 19 所示，青少年应对骚扰信息的主要方式是"当作没看见，不理会"和"网络投诉或者举报"，前者占 63.74%，后者占 43.74%。

而青少年选择将受到的骚扰信息告诉父母、老师、兄弟姐妹以及爷爷奶奶或者外公外婆的比例分别为 12.34%、5.61%、4.49% 和 2.06%；对骚扰信息表示"觉得可能是开玩笑，不在意"的比例为 20.75%；而选择"跟同学或者朋友讲"的比例达到 15.33%；选择报警的比例依然较低，为 5.61%。

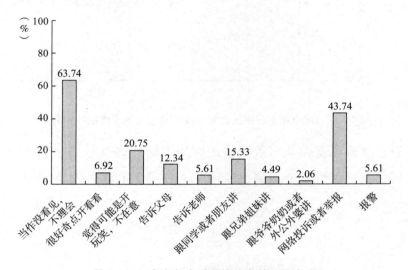

图 4 – 19 青少年应对骚扰信息的处理方式

13. 八成以上青少年认为上网时需要保护个人隐私

互联网时代，个人隐私被泄露的问题较为严重，青少年的个人隐私也面临着被泄露的风险。调查显示，大多数青少年有隐私保护的意识，84.52% 的青少年表示上网时应当保护个人隐私。

青少年认为自己的个人基本信息和网络使用信息都应当保护。在具体的比例分布上可以看出，有 97.26% 的青少年认为自己的家庭住址信息应当被保护，这几乎是全部青少年的看法；86.58% 的青少年认为个人姓名也应当得以保护，可见多数青少年习惯于这一虚拟环境下的匿名状态；青少年对父母的收入、金融账户和消费信息以及聊天记录等的保护也都给予了一定程度的重视。

也有超过半数的青少年认为个人头像、购物小票以及朋友圈照片等信息需要得到保护，相对来讲，购物记录或购物车物品信息在青少年看来需要保护的程度较低，仅有不到半数的青少年认为需要保护。

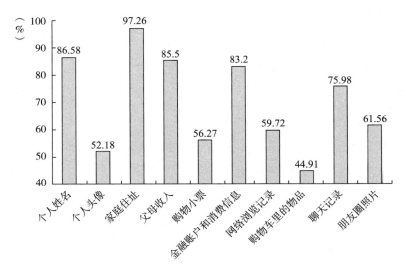

图 4 - 20　青少年认为自己需要被保护的信息分类

14. 隐匿个人真实信息是最主要的隐私保护行为

前文提到大多数青少年都有个人信息保护的需要，并且需要得到保护的信息涉及多个类别，信息保护类别趋于多元化。青少年不仅具有较强的信息保护需求，同样有较强的信息保护意识。统计数据表明，青少年当中表示自己在上网时有个人隐私保护行为的比例为85.66%。由此可见，为应对纷繁复杂的网络世界，规避多种多样的网络风险，多数青少年采取了对个人隐私保护的行动。

青少年认为自己有较多的隐私信息需要得到保护，并且大多数青少年也都采取了一定措施，那么青少年所采取的隐私保护行为具体有哪些呢？如表 4 - 21 所示，青少年所采取的隐私保护行为主要集中在隐匿个人的真实信息，90.02% 的青少年选择了"不用真实姓名做用户名或昵称"，85.62% 的青少年"不用自己照片做头像"，87.70% 的青少年"跟陌生人聊天时不告诉真实个人信息（如姓名、住址、学校）"；在浏览与消费方面，74.46%的青少年表示"尽可能不绑定银行卡"，59.58%的青少年会"清除浏览痕迹"，53.93%的青少年会"清除聊天记录"，70.28%的青少年给"朋友圈或者QQ空间设置密码"，58.83%的青少年会"将快递单或购物小票破坏之后再扔掉"。

青少年采取各种形式保护个人隐私的比例很高，反映了较强的网络安全意识，但是客观上增加了青少年上网的成本，包括时间成本、精力成本乃至信任成本，更应该考虑的是提高网络环境安全，降低青少年个人隐私受到侵犯的风险。

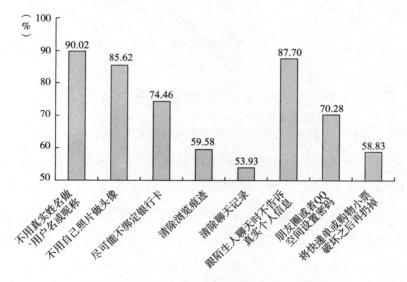

图 4 - 21　青少年采取隐私保护行为分布

通过分析可以看出，青少年网上活动的平台主要为社交软件和网络社区，并且伴随着社交软件的兴起，网络社区逐渐被取代，社交网络成为当下青少年活动的主要场所。

但是，大量有关色情、诈骗、骚扰等方面的信息充斥于网络之中且主要发生在网民活动密集的区域，青少年所遇到的有关色情、诈骗、骚扰等方面的信息也大多集中在社交网络上。

在应对这些不良信息方面，青少年有自己的判断能力和应对能力。首先，他们有一定的网站信息甄别能力，能够利用自己所掌握的互联网技能对网络上的信息做出判断；其次，青少年在对自己的隐私保护方面也采取了诸多措施，他们意识到了在网络上对个人信息保护的重要性，同时通过隐匿个人基本信息和网络使用记录来降低个人信息泄露的风险。

当青少年暴露在不良信息骚扰的环境下时，他们主要的应对措施是以不理会和直接进行网络投诉或者举报为主。青少年在遇到不良信息的骚扰之后很少会选择与长辈进行交流，而更多的是选择和自己的同学朋友进行交流，这一方面可能由于青少年认为自己有能力独立应对问题；另外一方面也是出于沟通的考虑，青少年跟同辈群体拥有更多共同语言、更加相互理解。

当然，青少年在遇到不良信息和骚扰时很少会与自己的祖父辈群体进行交流，可能由于其祖父辈对网络的了解程度较低，甚至不了解，从而不能做出判断和有效应对，这也需要家长自身提高网络素养。

四　父母上网活动和子女教育

1. 青少年父母最常用社交网络，其中1/3爱看短视频

调查数据中，与父母（监护人）居住在一起的青少年比例较高，占95.18%，只有4.82%的青少年未与父母（监护人）共同居住。

父母（监护人）上网的比例占到92.31%。在父母（监护人）经常的上网活动中，比例最高的是用社交网络，占67.81%；第二位是

网络购物和买东西，占 62.80%；第三位的是导航、查找交通路线，占 48.29%；第四位的是听音乐，占 44.61%。父母（监护人）中也有 32.54% 的看短视频，常玩微博和打游戏的均占比 14.22%，9.21% 的父母看直播。

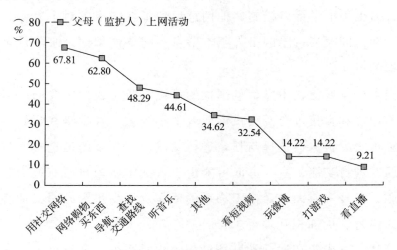

图 4 - 22　父母（监护人）经常进行的上网活动

其实对于父母来讲，手机也是重要的娱乐和生活工具，有的父母也会存在上瘾的现象。调研发现，手机某种程度上成为"带孩子"的最佳工具，尤其对于受教育程度不高或者工作非常忙碌的父母来讲，看起来孩子乖乖待在家里与手机为伴，但这种放任的教育方式增加了互联网风险。

教师（女）：我们的学生群和家长群，最大的关键在家长群。因为很多家长的学历也不高，他使用手机和网上的知识也不多。现在普遍存在的问题是他给孩子一部手机，给一台电脑，你不要出去就行了，你不要来打扰我工作或者你不要出去玩。昨天才发生的一个，我们班四年级一个家长说，你不给我手机玩，我就到处去玩，到晚上找不到人。好，我给你一部手机，你就不要到处走了，你就乖乖在家里了。他就出现这种情况，他手机没什么玩的，就是玩一个游戏，就可以把他关在家里，然后他父母就可以去做他自己的事情。

教师（女）：就是用手机来带孩子。

教师（女）：用手机来带孩子，用电脑，你在家里看这个电视，你就不要出去，要不然等一下我找不到你。这是我班上出现的个例。

（重庆某打工子弟小学，老师焦点组）

调研人员走访了一些留守青少年较多的学校，很多青少年由爷爷奶奶或外公外婆照顾，这样的家庭往往对青少年上网的时间和活动管理比较宽松，从而青少年面临的网络风险不容易把控。

教师（女）：像六年级，我们班，留守青少年特别多，所以玩游戏的特别多，像《王者荣耀》，他们都有自己的QQ号，有些还有微信号，比如老人在家里面管不住，悄悄拿着手机来玩，玩游戏的特别多。

教师（女）：我们班有一个。他不是留守青少年，但是因为他爸爸是间歇性精神病，所以主要也是爷爷奶奶在管他，但可能就因为他爸爸这种特殊情况，爷爷奶奶对他比较放纵，周末基本上都是在上网、打游戏中度过。我记得有一次我们班有个同学晚上没有回去，就让我找，我就问他们平时要得好一点的同学，就问到这个孩子。当时都是半夜一点多了，我打电话给他家长的时候，他家长说我马上给你问一下我的孩子，我的孩子刚才都还在上网，没睡觉。我就觉得奇怪了，问他怎么这么晚都没睡觉？他家长说，老师，没关系的，今天是星期五嘛，我们就让他多玩一会儿。可能那个孩子平常周末都是这样度过的，家长基本上都没管，晚上玩的时间比较长。

（重庆某打工子弟学校　老师焦点组）

2. 父母监管难以全面周密，真诚沟通最为有效

从父母监管力度来看，只有 14.76% 的青少年表示父母知道自己上网都做什么，另有 44.40% 的青少年表示父母大部分知道自己上网做什么，而还有 33.87% 的青少年表示父母"知道一点"，6.97% 的青少年表示父母完全不知道自己上网在做什么。可见即使再周密的监管，也难以完全掌握孩子上网的活动。

从父母监管的手段来看，86.55% 的青少年表示父母限制他们什么时候能上网或者上网多长时间。从监管效果来看，97.92% 的青少年表示会听从（或部分听从）父母关于上网的教育和限制，仅有 2.08% 的青少年表示不会听从。

如图 4－23 所示，在听从父母关于上网的教育和限制的青少年样本中，74.68% 的青少年认为父母讲得有道理，57.29% 的青少年认为父母会尊重自己的选择，25.62% 的青少年认为父母说的都是对的；也有父母通过采取奖励和鼓励的措施，规范孩子的上网行为，也能够得到孩子的认同，这部分由于激励措施而服从父母对于上网管制的青少年比例为 19.76%。但也有部分青少年迫于压力不得不服从，27.81% 的青少年服从父母上网监控的理由是因为父母的严厉管教。

如图 4－24 所示，不听从父母关于上网教育和限制的青少年中，49.43% 的理由是自己控制不了自己，分别有 37.93% 和 36.78% 的理由是父母不尊重自己、管理方式粗暴和父母无法用道理说服自己。也有青少年提到不听从管制和教育的理由是父母自己也玩不应该限制自

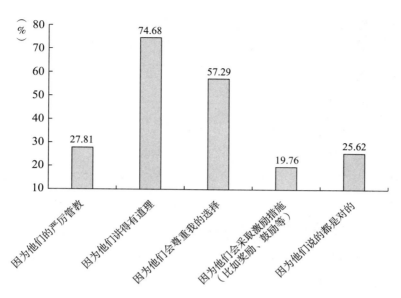

图 4 - 23 青少年听从父母监管网络的原因

己，占到 39.98%，这其实反映了父母的榜样效应，父母自己无法做到以身作则很难在对孩子的教育中起到说服作用。

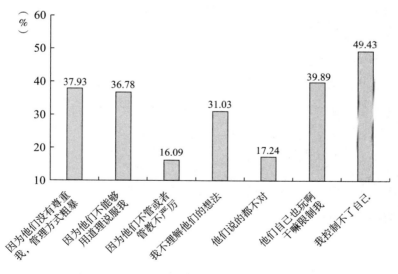

图 4 - 24 青少年不听从父母监管网络的原因

调研中我们也发现了家长对孩子互联网教育的一些经验，既要做好保护性的教育，也要做好引导性的教育，最重要的是要与孩子耐心、真诚地沟通。

家长（女）：我们家也讨论到孩子的情况，关于您刚才的问题——如何看待互联网，我们家第一是会有一些约定，就是什么情况下你可以自由地上网，你上网什么情况也是自由的，这些我们都会讨论，比较民主，都把它拿来议事。第二，就像刚才那位家长一样，可能突然就发现她自己关了这个（网站），去了另外一个（网站）。比如以前我们也看到，一打开一些网站，它右边就会跳出来一些比较色情引诱的那些（弹窗），你控制不了的。我们一般会及时引入一些安全性的教育，比如一些审美的比例，我家是女孩，也是五年级，今年11岁，比如说你看到一个女生穿成这样，这样的姿势在网上，你是怎么看的呢？她说很难看啊。她当然可能会迎合我，因为有家长在嘛。你看美拍的那些女孩，这样那样，很多表情她拍照也难免会去学，但是起码有一个主观意识。像淘宝那样，她也会拖（买）东西。我会觉得其实购物是蛮能够减压的，包括我们大人也是这样，你无论买什么，就是买个花、买个草、买个菜你都觉得能减压。所以在那部分也会有约定，也会给她植入一些消费的知识，比如如何进行理财，哪些可以选购。

访谈者：你刚才说的话非常好，提出了两个非常重要的点，第一个，你会给孩子做一些保护性的教育；第二个，你会引导她的一些观念。

家长（女）：不敢明说，但是你问她嘛，就是可能你在问的过程当中，她也大概知道那个标准了。学校教得那么好，我觉得其实我们的校风总体来说还是蛮不错的，但肯定会有这些影响，比如男生女生他们会聊性、会聊私隐，你如果跟她聊得多，你会知道学校已经有这些情况，他们在聊。想我们小的时候也挺懵的，但也会觉得好像想要知道。说真的，现在（上）小学，我们还可以控制一下，但如果（上）初中，我们经常都会聊天，她就寄宿了，你不给她带手机，她的同学也会带，你控制不了的。所以我觉得，在有限的时间内植入无限的安全性教育，就是这样子，就是适时的。

（广州某重点小学，家长焦点组）

3. 青少年遇到色情信息和网络欺凌时与父母沟通的比例较低

调查中，1/3 的青少年在遇到网络欺凌时和父母（或其他监护人）交流过，为此采取措施的父母占 75.56%。在采取的不同类型措施中，55.52% 的父母向有关部门举报/报告，25.74% 的父母向学校老师报告，51.63% 的父母加强了对子女的日常照顾，也有 35.85% 的父母会亲自出面解决，另有 36.47% 的父母没有直接解决问题，但是加强了对子女的上网限制。

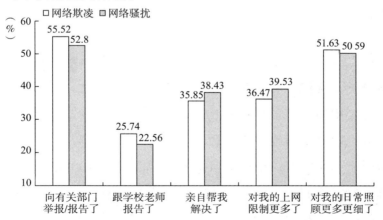

图 4-25 父母（或其他监护人）针对网络欺凌和网络骚扰所采取的措施

　　针对在网络上遇到的各种形式不良信息的骚扰，青少年与父母（或其他监护人）交流的比例占到 40.58%，而有将近 60% 的青少年在遇到网络骚扰时不与父母交流。而父母得知子女所遇到的网络骚扰之后，采取措施的比例也很高，达到 78.43%。在直接解决问题的措施中，52.80% 的父母向有关部门举报/报告，22.56% 的父母跟老师报告，也有 38.43% 的父母亲自出面解决，还有很大一部分家长加强对孩子的监管和照顾，39.53% 的父母加强了孩子的上网限制，50.59% 的父母对子女的日常照顾更多更细了。

　　在网络上遇到色情信息时与父母（或其他监护人）交流的青少年比例低于遇到网络骚扰时与父母交流的比例，仅占到 30.67%，但是父母为此采取措施的比例高于网络欺凌和网络骚扰，达到 87.31%。父母向有关部门举报/报告的比例较高，达到 59.81%，亲自出面解决的比例占 36.79%，此外也会对子女的日常照顾更加细致（51.16%）以及加强对子女的上网限制（43.43%）。

　　在网络上遇到诈骗信息时，与父母（或其他监护人）交流的青少年比例较高，为 47.29%，这一方面跟诈骗信息本身的脱敏性有关，同色情信息、网络骚扰、网络欺凌比起来，诈骗信息没有那么敏感或者尴尬；另一方面也反映了青少年具有一定的自我保护意识，能够甄别诈骗信息并采取措施自我保护。但是另外一半青少年选择不与父母或其他监护人交流，可能出于害怕受到惩罚或避免父母担心等顾虑，因而有可能增加潜在的网络风险。针对子女遭遇到的网络诈骗信息，父母采取不同类型措施的比例达到 79.74%。

　　如图 4-26 所示，跟色情信息的处理方式类似，超过半数的父母会向有关部门举报或报告，占到 57.14%；也有 40.94% 的父母会亲自出面解决。更高比例的父母会加强对子女的照顾和监管，46.49% 的父母对子女的日常照顾更多更细了，39.24% 的父母对子女的上网限制更多了。

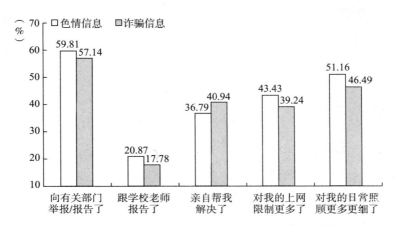

图 4-26 父母（或其他监护人）针对色情信息和诈骗信息所采取的措施

调研也发现，青少年遇到色情信息可能不太会直接与父母沟通，但是有的家长会主动了解孩子的上网活动，如果发现群聊中的色情信息，会配合其他家长和老师去追溯源头，从而减少色情信息对青少年的不良影响，同时加强对青少年性知识方面的指引。

家长（女）：我们班是这样，孩子有些群，比如我孩子的手机，他的密码我是知道的，有时候他睡觉了，我就会去看他的群聊天记录。他的群很多，因为现在孩子作群主是很光荣的一件事情，都会去成立一个群，群很多很多，我就发现有些会传播一些性方面的文章，我点开的时候，这个文章有时候已经被后台给屏蔽了，但是我会把这些截图马上传给这位家长，或者我去查源头，查这个文章到底是谁最初发过来的。我发现孩子的传播量很大，我不知道他点开没有，他就传到各个群，我就不断地寻找源头，寻找到了，我就私底下告诉这个家长，因为我是家委会的，我说你要稍微看一下他。然后我也会把这个事情反映给班主任，因为孩子在家玩电脑的时候是比在学校要多的，他所有接触互联网的活动其实都是在家里，然后在学校传播，所以我会把这个信息转给老师，老师就会跟我们家长里外配合，再做一些指引。

（广州某中学，家长焦点组）

虽然说青少年群聊中的色情信息在某种程度上可控，但是浏览器、广告或者游戏中不时跳出的色情信息和内容却是难以控制的，让家长更为困扰。我们在广州和重庆的城市、乡镇调研，都发现了这种现象，甚至在某些针对青少年的教材、游戏和网页中也会出现色情信息，这需要平台加强自律、行业协会加强规范以及政府部门加强监管。

4. 女孩遇到网络骚扰和色情信息更愿意与父母交流

针对不同类型的网络风险，青少年父母所采取的措施具有性别差异，尤其体现在网络骚扰和色情信息方面。首先，子女与父母就网络骚扰和色情信息的交流具有一定性别差异。更高比例的女性青少年遇到网络骚扰时会与父母交流，占比为45.10%，而仅有35.37%的男性青少年会与父母交流；类似的趋势也体现在遇到色情信息时与父母的交流情况中，34.79%的女性青少年会与父母交流，而仅有25.91%的男性青少年会与父母交流。

其次，父母所采取的措施也具有性别差异。女性青少年父母针对网络骚扰采取措施的比例也更高，达到79.54%，男性青少年父母采取措施的比例为76.80%。如图4-27所示，在针对网络骚扰采取的措施中，虽然大多数父母都会选择向有关部门举报／报告以及增加对子女的照顾，但女性青少年父母更倾向加强对子女上网的限制，占到43.60%，而男性青少年父母的此项措施比例为33.33%；女性青少年父母也更倾向于增加子女的日常照顾，占54.14%，而男性青少年父

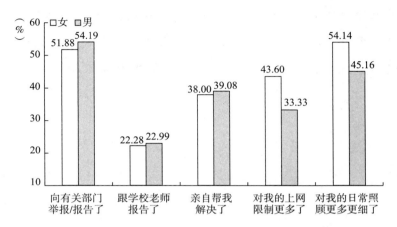

图4-27 不同性别青少年父母（或其他监护人）针对网络骚扰所采取的措施

母的此项措施比例为45.16%。针对色情信息采取的措施也呈现类似特征如图4-28所示，47.66%的女性青少年父母会加强对子女上网的限制，而采取此措施的男性青少年父母比例较低，为36.78%。

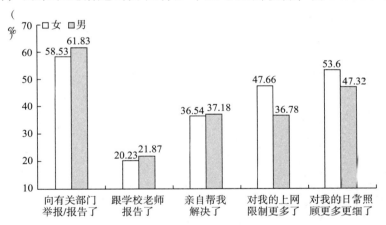

图4-28 男女性青少年父母（或其他监护人）针对网络色情信息所采取的措施

网络骚扰和色情信息这些风险的重要特征就是女性处于更弱势地位、更容易受到伤害，因此女性青少年的父母普遍也更重视，更可能采取措施。但是相对男性青少年父母，女性青少年父母所采取的措施更注重防范风险，尤其是加强了对孩子上网的限制。但是加强上网限制虽然能够降低风险，同时也限制了孩子获取信息能力的提升，从某种程度上来讲，这对于女性青少年是不公平的。父母应当采取更加积极的网络监管、教育和引导措施，提高女性青少年应对网络风险的能力。

第五章　不同城市类型青少年
网络保护状况

不同城市类型的青少年使用网络的情况存在一定的差异，这种差异一方面体现为人群自身的差异，另一方面也与城市经济和社会发展进程密不可分。因而，针对青少年网络保护的举措就应该根据不同城市类型、级别来加以区别，根据不同城市青少年网络使用情况、风险和父母受教育程度等方面来分别加以实践。

关于城市级别的划分，相关研究较多，分类标准也非常复杂，难于统一。而造成这个现象的主要原因在于，以往的城市级别划分标准主要考虑行政级别和 GDP 等表现，而这两个指标已经不能准确反映城市的活力和潜力。此外，绝大多数的分类标准由于设定时间长、更新速度慢且涵盖指标相对单一，已经难以把握住城市发展的快速脉搏。

因此，本章选取第一财经旗下的数据新闻项目"新一线城市研究所"的年度研究成果，对城市级别进行了重新划分。① 本报告将城市级别划分为五个级别，如表 5 - 1 所示。

---

① http://www.mbachina.com/html/zx/201805/156315.html，最新访问日期：2018 年 5 月 24 日。

表 5 - 1   城市级别划分

一线城市（4 个）	上海市、北京市、深圳市、广州市
准一线城市（15 个）	成都市、杭州市、重庆市、武汉市、苏州市、西安市、天津市、南京市、郑州市、长沙市、沈阳市、青岛市、宁波市、东莞市、无锡市
二线城市（30 个）	昆明市、大连市、厦门市、合肥市、佛山市、福州市、哈尔滨市、济南市、温州市、长春市、石家庄市、常州市、泉州市、南宁市、贵阳市、南昌市、南通市、金华市、徐州市、太原市、嘉兴市、烟台市、惠州市、保定市、台州市、中山市、绍兴市、乌鲁木齐市、潍坊市、兰州市
三线城市（70 个）	名单略
四线城市（90 个）	名单略

图 5 - 1 所示为各个城市级别的样本所占比重。其中准一线城市样本量所占比重最高，接近三成；一线城市和四线城市比重分别为 22.89% 和 19.65%，二三线城市则在 15% 左右。

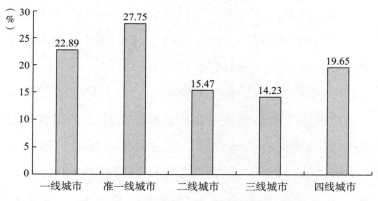

图 5 - 1   不同级别城市的样本量所占比重

一   网络使用情况

1. 青少年上网时间远大于线下运动时间

从总体来看，各线城市的青少年上网所花时间都远超线下的运动时间。其中，除了二线城市青少年平均上网时间仅为 2.01 小时之外，其余几线城市均超过了 2 小时，三线城市达到平均 2. 48 小时。线下的运动时间则基本相近，除了三线城市的 1. 23 小时，其他几线城市均在 1. 53 ~ 1. 60 小时。

两相比较，各线城市青少年的上网时间普遍要比运动时间长，二者相差少则 0. 5 小时，多则 1. 25 小时。这说明青少年有比较大的沉迷网络的隐患，同时体育锻炼的缺乏也可能导致青少年体质下降等问题。

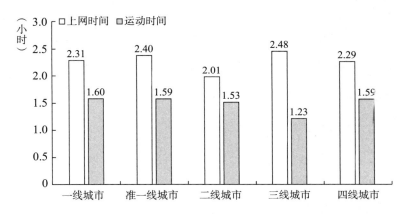

图 5 - 2　不同级别城市青少年线上与线下活动时间分配情况

2. 重学习轻娱乐:青少年学习负担仍然过重

从总体来看，青少年普遍面临较大的课业压力，均担负着每天三个小时左右的学习负担。而且除四线城市的青少年之外，三线至一线城市的青少年课业压力逐渐加大。相比之下，娱乐时间尽管差别较小，但从一线到四线城市，娱乐时间逐渐增多，也从侧面表明城市级别越高，学习压力越大。

两者的差值也是从 1. 16 小时到 1. 91 小时不等，说明青少年学习负担仍然过重，有待于进一步减轻。

3. 青少年每天参加集体活动时间高于参加志愿或公益活动时间

青少年每天参与集体活动平均耗时 1. 33 ~ 1. 61 小时，高于参加志愿或公益活动的时间。其中，除四线城市之外，青少年集体活动的

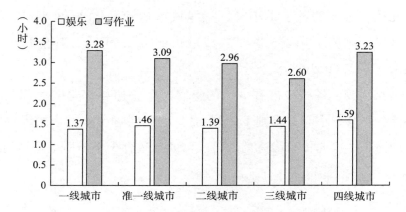

图 5-3　不同级别城市青少年学习与娱乐的时间分配情况

参与时间也从一线城市到三线城市逐级递减。

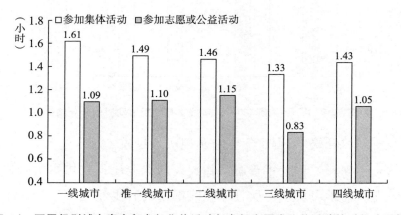

图 5-4　不同级别城市青少年参加集体活动与参加志愿或公益活动的时间分配情况

4. 与父母同住比例随城市级别降低而降低

尽管从总体来看，超过 90% 的青少年与父母（或其他监护人）同住。但从一线城市到三线城市，子女同父母（或其他监护人）同住的比例却逐渐下降。四线城市比三线城市略高，但二者差值也仅有 0.73 个百分点。这从另一个角度表明，级别越低的城市，父母越有可能外出务工（或因其他原因外出）而不得不与子女分离，这也导致留守青少年的增加。

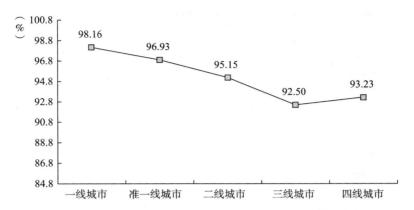

图 5-5　不同级别城市青少年与父母（或其他监护人）同住情况

5. 父母受教育程度随城市级别下降而下降

从总体来看，父母平均受教育程度随着城市级别下降而下降。其中，一线城市到二线城市的父母受教育程度普遍较高，受教育年限均超过了 12 年，即具有高中及以上的教育水平。而三四线城市的青少年的父母受教育程度略高于 10 年，不足高中毕业的水平。这也可能会造成不同级别城市的青少年的父母在教育子女方面的行为和观念差异。

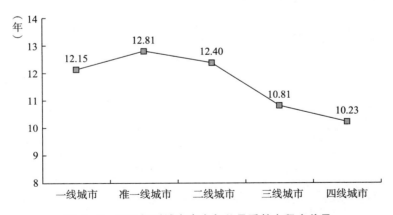

图 5-6　不同级别城市青少年父母受教育程度差异

6. 四线城市女性青少年比重相对较低

从总体来看，女性青少年比重超过了 50%。而从各个级别城市来看，除四线城市之外，其余几个级别的城市女性比重在 54.76% ~ 59.52%，具有相对的数量优势。

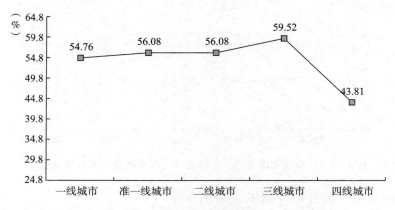

图 5 - 7　不同级别城市青少年样本中女性比重

从平均年龄来看，不同级别城市样本中，青少年的年龄分布较为均衡，在 15.11 ~ 15.71 岁。

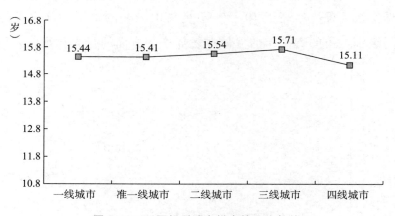

图 5 - 8　不同级别城市样本的平均年龄

7. 手机是最主要的上网设备,占有九成比重

总体看，各个城市对上网设备的选择顺序比较接近。手机由于其智能化和便携化的特点，当仁不让地成为上网设备首选。接近九成的人选择手机作为第一位的上网设备（见表 5 - 2）。其次，台式计算机

的比重也相对较高，这与家庭中台式计算机的配备有密切的关系，除手机外，台式计算机还可以用于学习、办公，有一定的长处。相比之下，笔记本电脑和平板电脑由于具有更强的个体属性，并非大多数青少年可以拥有，所以其使用量就排在了第三、第四位。

这个现象也可以通过各城市级别的数字来看。由于手机的普及，各个级别城市的手机使用者并没有数量上的区别。相应地，台式计算机、笔记本电脑和平板电脑的设备使用率，则随着城市级别的下降而大体上逐渐降低。尽管其相对排名没有变化，但使用率与设备拥有量有着很强的关系，其使用率也随着设备的数量下降而下降。

表 5 - 2　不同级别城市样本的上网设备使用情况

单位：%

	手机	平板电脑	笔记本电脑	台式计算机	其他
一线城市	86.66	22.77	25.98	45.14	2.91
准一线城市	87.84	34.08	30.60	39.54	5.79
二线城市	87.09	21.51	26.11	38.43	3.12
三线城市	87.90	12.10	12.58	30.48	2.58
四线城市	86.45	15.19	17.06	32.36	4.67

8. 在网吧上网比例与城市经济实力成反比

青少年主要生活的场所是家庭和学校，因此，家庭居于上网地点的第一位。尽管从一线到四线城市，其比例逐渐下降，但在家中上网的青少年比重仍均超过了90%。学校和公共场所也是主要的上网场所，其中学校平均比重为17.15% ~ 20.68%，而公共场所则在10.16% ~ 19.60%。另外，选择在网吧上网的人越来越少，尤其是在相对较发达的一线城市和二线城市；相比之下，欠发达的三四线城市则有更多在网吧上网的人群。

表 5 – 3　不同级别城市青少年的主要上网地点

单位：%

	家中	学校	网吧	公共场所	随时随地	其他
一线城市	97.79	17.15	0.80	17.85	12.94	4.61
准一线城市	97.02	20.68	5.54	19.60	17.20	4.71
二线城市	96.29	17.80	2.97	11.57	10.53	4.30
三线城市	90.48	19.35	6.77	10.97	14.84	6.29
四线城市	92.76	17.99	7.71	10.16	9.81	5.72

9. 一线和准一线城市青少年普遍更早接触网络

从平均触网年龄来看，青少年的触网年龄也随着城市级别下降而上升。其中，一线和准一线城市的青少年在 8.31～8.60 岁就已经开始接触网络，而二线、四线城市青少年触网年龄平均为 9.10 岁和 9.11 岁，三线城市的平均触网年龄为 10.03 岁。

不同级别城市青少年触网年龄有所不同，一方面，与经济较为发达的一线城市网络基础设施良好有关；另一方面，则与相对较好的父母教育、指导以及更为优质的教育资源有关。这些因素都是导致较发达地区青少年较早接触网络的重要原因。

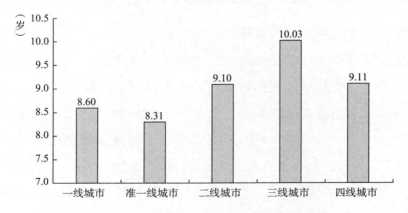

图 5 – 9　不同级别城市青少年平均触网年龄

10. 主要关注影视、音乐和体育、游戏

根据问卷中的题目设置，本研究将青少年最爱的娱乐兴趣点、体育文化兴趣点以及网络学习的兴趣点相关题目进行了重新编码、打分赋值。其中，"很关注" ＝3 分，"稍微关注" ＝2 分，"不太关注" ＝1 分，"不关注" ＝0 分。因此，得分区间为 ［0，3］。

（1）青少年最爱影视、音乐和游戏，对追星和情感社交不感冒

如图 5－10 所示，罗列的这七个项目在不同级别城市中并未呈现明显差别。从青少年最喜欢的娱乐和生活活动来看，影视、音乐位居第一名，游戏动漫居于第二名，这与青少年好动爱玩的天性是分不开的。生活活动中，网络购物也是非常重要的项目，这与全国范围内大发展的互联网经济、电商的大力推动等密切相关。

青少年兴趣相对较小的几个活动则分别是"美食/美妆"、追星的"粉丝群"以及情感交友等。这些活动"被冷落"的主要原因是青少年处于特定的人生阶段，并不适合参与这些主要由成年人"主导"的活动。

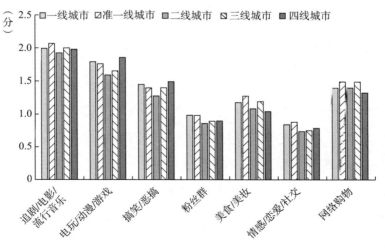

图 5－10　不同级别城市青少年网络兴趣点：娱乐/生活

（2）冷落"二次元"？青少年对体育活动更关注

首先从总体来看，前三项的得分都相对较高，而体现"二次元"文化的 Cosplay 和汉服则受到了冷落。这说明对于青少年而言，体育运动的魅力要大于象征"宅"文化的二次元世界。分类来看，在不同级别城市中，准一线城市青少年对于极限运动和旅行探险最为关注；对待体育赛事同样如此，准一线城市和二线城市分居前两名。一线城市的关注次序则依次为"网络小说"、"体育赛事/瘦身/健身"与"极限运动/旅行探险"。

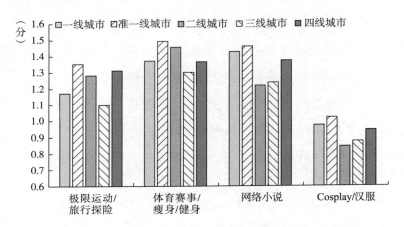

图 5-11　不同级别城市青少年网络兴趣点：体育/文化

（3）青少年网络学习：侧重于知识吸收，与课程紧密相关

受到课业压力的影响，青少年对于网络资源的关注仍然与学业高度相关，而用于拓展知识面、趣味性较强的诗歌/散文/艺术，以及公开课/在线课程等，受到的关注就相对较少了。

在青少年关注的前三位中，分别为"做作业/解题"、"科学知识"和"英语/外语/翻译"等。这三项内容都是促进青少年对于课堂知识的掌握并巩固提高的途径。尤其是做作业和英语等外语学习，更是直接和成绩挂钩。这说明青少年网络学习主要侧重于知识吸收和成绩提高，更出于功利性目的。

相比之下，青少年对于诗歌散文和艺术的关注则没有那么强。而公开课和在线课程由于其针对的用户群体和授课方式、知识点等，均与学生的需求有一定的偏差，并不能直接提高其课程成绩，因此关注较少。

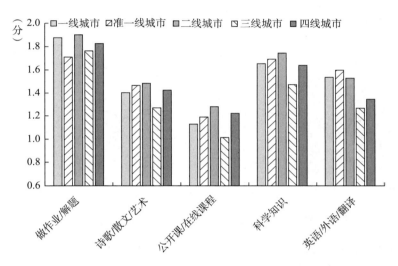

图 5－12 不同级别城市青少年网络兴趣点－网络学习

11. 城市级别不仅体现经济差距,也体现教育和人才培养差距

在分析报告中，将"学习"涉及的几个选项进行重新编码，并加总降维①，总分的区间为［0，20］。其中包括五个维度的问题：搜索资料和信息，写作业、查单词，看小说、故事，看新闻时事，评论或与别人讨论时事或社会问题。因此，平均得分越高的地区，其参与的学习活动越多。

如图 5－13 所示，统计显示，学习活动的进行体现了明显的级别

---

① 赋值规则为："几乎总是"＝4分，"每天几次"＝3分，"几乎每天一次"＝2分，"至少每周一次"＝1分，"从不"＝0分。 .

差异：城市级别越高，其青少年从事学习的活动就越多。其中一线城市和准一线城市位于同一档，均超过了 9 分；二线城市位于第二档，为 8.58 分；三四线城市则不到 8 分，仅为 7.73 分和 7.86 分，处于第三档。这表明，城市级别差异不仅体现在经济层面，在青少年的培养和自我教育方面，也存在着明显的差距。

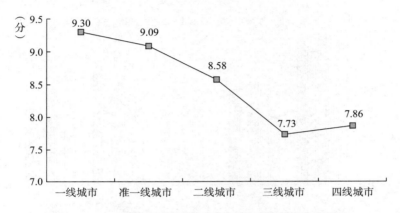

图 5 - 13   不同级别城市青少年对于学习活动的参与程度

12. 网络导航和支付不是青少年主要关注的服务内容

青少年由于年龄和经济条件等方面的原因，在生活中需要使用导航、网络支付及网络购物的场合并不多。因此，这几个级别城市的青少年经常使用导航的比例不高，仅有准一线城市的青少年在"几乎总是"使用网络导航的比重中超过了 10%。从一线城市到四线城市，至少每周使用一次导航的比重分别为 49.85%、48.14%、52.08%、44.52%、35.28%，其中四线城市在这个使用频次中所占比重最低。另外，一线城市中 32.5% 的青少年从来没有用过导航，准一线城市为 26.30%，二线城市为 29.67%。三四线城市未使用过导航的青少年比重较高，分别为 42.26% 和 44.39%。

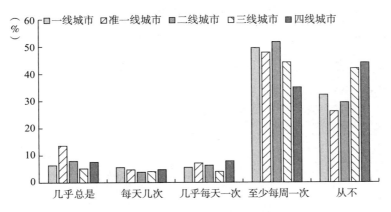

图 5 − 14　不同级别城市青少年使用网络导航的情况

在"几乎总是"使用网络支付的青少年中，准一线城市比重最高，为 17.12%；其次为三线城市的 13.39%；一线城市最低，仅为 8.12%。每天几次使用网络支付的青少年比例较低，均不足 10%。从一线城市到四线城市，"几乎每天一次"使用网络支付的青少年比重分别为 9.33%、10.84%、10.24%、10.16% 和 9.70%。"至少每周一次"使用网络支付的青少年中，一线城市最高，为 42.32%；四线城市最低，为 31.07%。四线城市中从不使用网络支付的青少年比例最高，达到 44.04%。

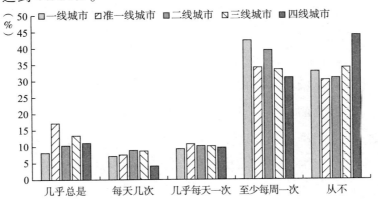

图 5 − 15　不同级别城市青少年使用网络支付的情况

　　与网络支付直接关联的就是网络购物。数据显示只有较少的青少年有着较高的网购需求和使用频率。其中"几乎总是"网络购物的类别中，准一线城市青少年所占比重最高，达到12.66%，而30%左右的青少年从不网购，50%左右的青少年保持每周一次的网购频率。

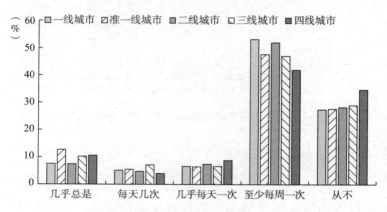

图5-16　不同级别城市青少年使用网络购物的情况

13. 青少年倾向于即时联络的互动型社交

　　使用社交网络进行联系的人都倾向于即时联络的社交软件，如微信、QQ等。其使用频率也非常高，47.06%的准一线城市青少年"几乎总是"在用社交软件，其余几个级别的城市中"几乎总是"使用的青少年所占比重占到34.57%～37.24%。"每天几次"和"几乎每天一次"使用社交网络的青少年比重也均超过了10%，有23.67%～29.97%的青少年，至少每周使用一次。此外还有3.72%～5.84%的人从不使用社交网络进行联系。

　　从各个级别的城市来看，除具体数字有些微差别之外，大致趋势基本相同。这个解释同样适用于浏览社交网络人群的比例。使用社交网络与浏览社交网络存在前后顺序，因此使用社交网络进行联系的比例与浏览社交网络的人群在比例上基本重合，故不再赘述。

　　"慢社交"的微博产品则受到了一定程度的冷遇。"几乎总是"使

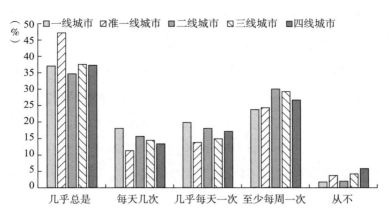

图 5 - 17 不同级别城市青少年使用社交网络进行联系的情况

用微博的人群平均不足 15%，其中仅准一线城市的青少年比例达到
21.67%，其余几个级别城市均在 11.10% ～13.80%；"每天几次"使
用的人群则不足 10%，从一线城市的 8.22% 逐渐降低至四线城市的
4.44%；"几乎每天一次"使用的青少年比例在 7.42% ～11.03%，其
中一线城市最高，三线城市比重最低。尽管仍然有一些不太活跃的用
户每周至少查看一次，但仍然有接近四成的青少年从来不用微博。不
用微博的青少年分布则与城市级别呈现负相关，一线城市比重最低，
为 34.10%；四线城市最高，为 49.65%。

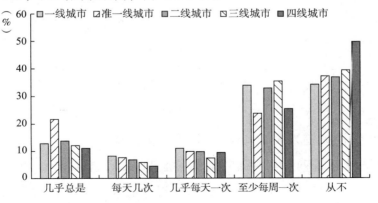

图 5 - 18 不同级别城市青少年刷微博的频次情况

　　自制视频并分享是指，自制视频并分享到视频网站，或者短视频网站，通过其他用户的阅读、观看以及点赞、分享等行为，完成视频内容的传播和社交的目的。从统计结果来看，青少年"自制视频并分享"，以此达到社交目的，利用这一形式的比例同样较低，不仅频次比例分布与微博相似，产生原因也与微博的使用相同。

　　其中，"几乎总是"自制视频并分享的青少年比重在各个级别的城市中仅占比5.93%~11.41%，平均比重不足10%；这一规律同样适用于"每天几次"和"几乎每天一次"的比例，二者平均比重也不足10%。相比之下，频率较低的"至少每周一次"的比重则在28.12%~39.02%。而"从不"自制视频并分享的青少年，在各个级别的城市所占比重均超过了40%。

　　这也表明，青少年在社交过程中，并不倾向于"慢社交"的网络服务类型。

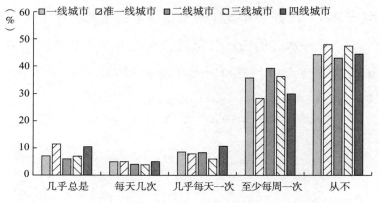

图 5-19　不同级别城市青少年自制视频并分享的情况

　　14. 短视频较为火爆，城市级别的差距有规律性

　　伴随着最近两年短视频行业的兴起和火爆，青少年也成了其主要的受众。其中在"几乎总是"使用短视频的群体中，其比例随着城市级别的下降基本保持上升的趋势。其中，一线城市比例最低，为

12.54%；四线城市最高，为24.88%。"每天几次"观看频率的青少年中，一线城市最低，为8.68%；四线城市最高，达到10.51%。当然，青少年所处的阶段与成人不同，其主要任务还是学习。因此，一线城市有34.4%的青少年从来不看短视频，准一线城市有32.67%，二线城市有26.26%，三线城市有23.06%，四线城市为25.82%。至少每周看一次的比重也比较高，其中最高的一线城市为34.20%，最低的准一线城市为26.14%。

此外，城市级别的差距与娱乐行为频次的差别仍然具有规律性。越高级别城市的青少年使用短视频这个工具的频率越低。此外，在短视频使用者中，重度使用者和从不使用的人呈现两极分化。这也表明观看短视频的特定群体具有一定的用户黏性。

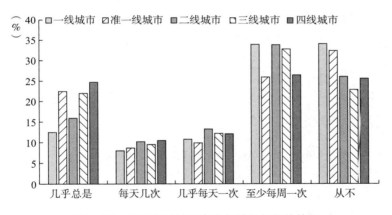

图 5 - 20 不同级别城市青少年看短视频的情况

直播面对的群体主要是成人群体，因此青少年使用者频次较低是一个正常现象。其中，"几乎总是"、"每天几次"等高频率的使用者，在各个级别的城市青少年中所占比重平均不超过10%，二者总和也在10%左右；较高频率的"几乎每天一次"的比重也比较低，在5.81%~8.76%；较低频率的"至少每周一次"比重较高，在30%上下波动，其中最高的二线城市比重为35.01%，最低的准一线城市比重为24.40%；"从不"看直播的青少年比重最高，均超过了50%。

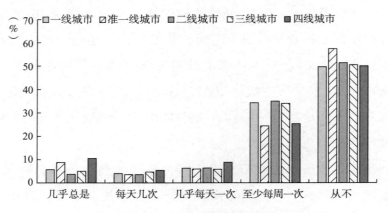

图 5 - 21　不同级别城市青少年看直播的情况

在青少年用户中，听音乐的群体始终是一个比较活跃的群体。其中，25%左右的用户"几乎总是"在使用音乐服务，准一线城市的青少年用户比重最高，达到34.99%。而每天几次使用的也超过了10%，几乎每天一次的则有15%左右。从不使用的人仅有10%左右，四线城市的青少年占比最高，为14.14%；另外不活跃的用户有30%左右，这部分青少年至少每周听一次音乐。

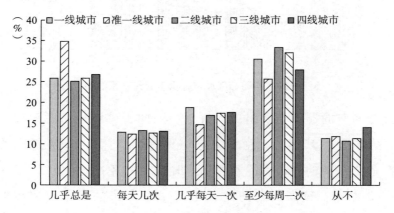

图 5 - 22　不同级别城市青少年听音乐的情况

对于青少年来讲，完成学业是其第一要务，因此，留给他们玩游戏的时间必然是有限的。因此可以从总体统计数据中看到，"几乎总是"玩游戏的青少年比重在15%左右，而且这个数字随着城市级别下降而升高。每天打几次和每天打一次游戏的青少年则分别占有10%左右的比重。每周打一次游戏的青少年比重在40%左右，这部分青少年主要是在周末放松的时候打游戏。最后，有四分之一的青少年从不打游戏。

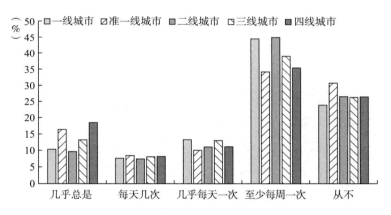

图 5 - 23　不同级别城市青少年打游戏的情况

与听音乐的群体相似，在青少年用户中，追剧和看电影的群体也是一个比较活跃的群体。其中，20%左右的用户"几乎总是"在追剧。而每天几次的也在10%左右，几乎每天一次的则在15%左右。从不追剧的人仅有15%左右，另外不活跃的用户有40%左右，这个现象也与很多网络剧、电视剧是一周更新一次的有关系。

15. 青少年上网帮助他人的机会并不多,频率也低

对于青少年来讲，上网的时间是有限的，因此可以用来支配的时间也是有限的。本次调查统计数据显示，"几乎总是"、"每天几次"和"几乎每天一次"上网帮助他人的人则分别占有10%左右的比重。在"几乎总是"上网帮助别人的青少年中，准一线城市比重最高，达

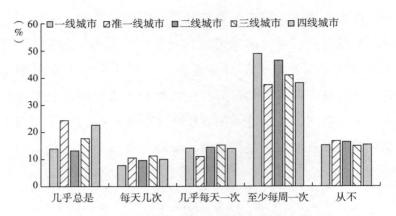

图 5 – 24   不同级别城市青少年追剧和看电影的情况

到 14.23%，而一线城市最低，为 7.02%；在"每天几次"的类别中，各个城市比重比较接近，均不足 10%；"几乎每天一次"帮助别人的青少年中，四线城市比重最高，为 11.33%；二线城市最低，为 8.01%。总体而言，经常使用网络帮助别人的青少年比重较少。

至少每周一次的青少年比重在 38.79% ~ 48.37%，二线城市最高，四线城市最低；有四分之一的青少年从不在网上帮助人，三线城市最高（32.26%），二线城市最低（25.96%）。

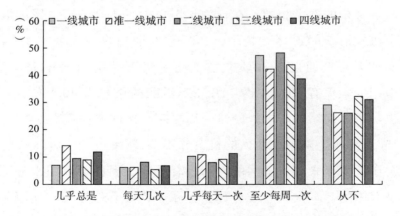

图 5 – 25   不同级别城市青少年使用网络帮助他人的情况

16. 绝大多数青少年具有良好的网络使用能力以及自我保护能力

为探究青少年网络使用能力和自我保护能力，文中对这部分题目进行重新编码，"符合"和"基本符合"设定为"1"，"完全不符合"设定为"0"，分别表示"是"和"否"两种情况。

（1）信息获得和信息甄别能力

信息获得和信息甄别能力主要指能够判断网站和信息的真实性的能力。从总体来看，一线城市和准一线城市青少年的信息甄别能力更强，分别有91.56%和91.57%的青少年具有信息甄别的能力；其余几个级别的城市则呈现逐渐递减的趋势，其中二线城市仅为86.50%，四线城市为86.10%，三线城市仅为82.26%。判断网站真实性的分布趋势与信息甄别能力基本一致。另外，判断某条具体消息的真实性的难度要大于判断某个网站的真实性，得分也相对更低一些，这几乎也在所有城市有所体现。

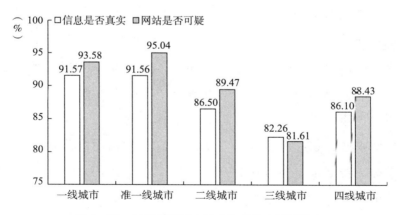

图 5 - 26　不同级别城市青少年的信息甄别能力

（2）软件与硬件技能

软件和硬件技能则包括了制作短视频、安装程序、购买程序和熟练使用互联网等几个部分。总的来看，青少年对网络使用等方方面面都有着较多的了解。其中，将近四分之三的青少年表示会制作短视频，接近 100% 的青少年都懂得在手机上安装程序；但与此同时，仅有 80% 左右的青少年知道如何在应用市场购买程序；熟练使用互联网的人所占比重则在 90% 左右。

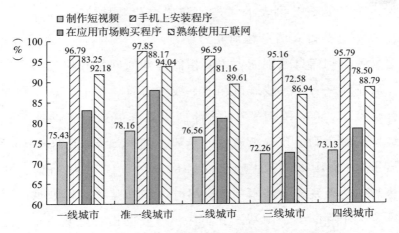

图 5 - 27　不同级别城市青少年使用软件和硬件设施的情况

（3）自我保护能力

自我保护能力主要涉及两个方面：第一，在"人际关系"方面，是否会在微信上屏蔽他人；第二，在"人机关系"方面，能否避免自己沉迷手机。总的来看，两个问题各自选项都随着城市级别下降而下降，而青少年对于"人际关系"的理解则要好于"人机关系"。

分别来看，在"人际关系"方面，知道如何用微信屏蔽他人的比例中，准一线城市最高，达到 91.98%；其次为一线城市的 89.37%；二线城市为 87.83%；三线城市与二线城市接近，为 86.61%；四线城市最低，为 84.58%。

而在"人机关系"方面，离不开智能手机的比重分布趋势也与城市级别呈现正相关，城市级别越高，青少年越离不开智能手机及其服务。其中，一线城市和准一线城市分别为 75.93% 和 75.27%，分列前两名；三线城市为 72.42%，列第三位；二线城市和四线城市的比重接近，分别为 69.58% 和 69.28%。

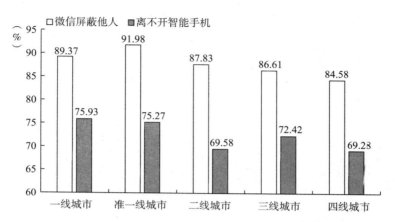

图 5 - 28　不同级别城市青少年的手机使用与自我保护能力

二　网络风险

总体而言，网络风险发生的概率与城市级别呈现负相关，城市级别越高、经济越发达，网络风险发生的可能性越小，危害网络安全的因素越可能受到规避。此外，从发生场景来看，网络社交工具作为青少年强交流的工具，数据流量大，因此面临各种风险的比例也更高；而其他并不主要依赖互联网的社交工具，作为青少年弱交流工具的平台，发生风险的比重也相对较低。

1. 青少年网络依赖程度与城市级别呈现负相关

网络依赖是根据三个问题进行编码汇总得到的结果，并根据不同地区求得平均值。这三个问题是："我曾经因为上网/玩手机忘记吃饭或睡觉"，"我曾经因为上网/玩手机使得学习成绩下降"，"我尝试过没事的时候不看微信/QQ 等社交软件但很难"。"是" = 1 分，"否" = 0

分，总分是 3 分，分数越高表明成瘾的程度越高。

从统计数据来看，各个城市的青少年成瘾系数并不太高，在 0.8 ~ 1.1 分，只是轻度成瘾。并且这种成瘾程度随着城市级别下降而提高。

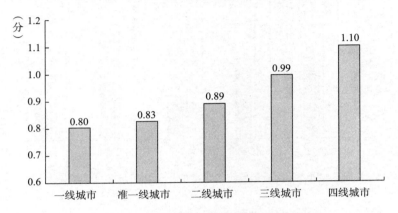

图 5 - 29　不同级别城市青少年网络依赖平均分

2. 遇到过色情信息的概率随着城市级别下降而上升

色情信息是互联网中的一个巨大的顽疾，不仅恶化了网络环境，也毒害了青少年的心灵。根据统计结果，有 29.79% ~ 37.27% 的青少年遇到过色情信息，并且这一数字随着城市级别的下降而上升。

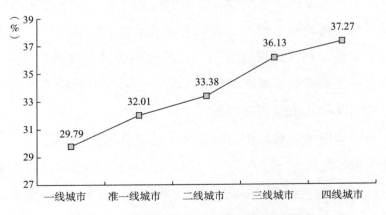

图 5 - 30　不同级别城市青少年遇到色情信息的比例

3. 通过社交软件、短视频和网络社区遇到色情信息比例过半

根据统计结果，遇到色情信息的主要场景有以下几个：其中，社交软件是色情信息发生较多的场景，将近六成的青少年在社交软件中遇到过色情信息；其次是短视频和网络社区（各种论坛、BBS等），同样有接近50%的青少年在短视频中受到过色情信息的侵袭；新闻和留言版块也是色情信息高发的场所，接近三成；而直播软件等反而较少出现色情信息，微博中色情信息出现率也比较低，或与其使用率较低有关。

表5-4 不同级别城市青少年遇到色情信息的主要场景

单位：%

	短视频	直播	社交软件	微博	新闻留言版块	网络社区
一线城市	43.43	23.57	56.90	16.16	31.65	56.57
准一线城市	50.90	24.81	59.69	16.28	33.07	58.14
二线城市	51.11	30.67	56.89	13.33	27.56	54.22
三线城市	49.55	25.45	59.38	12.50	30.36	49.11
四线城市	48.90	24.14	53.61	10.03	28.21	49.53

4. 网络投诉是处理色情信息的主要途径

青少年对于色情信息的主要应对措施有自我应对、告诉师长、网络举报和报警等途径。色情信息主要来源于互联网，因此，在各个平台基本配备了网络投诉和举报的链接、窗口等。针对部分有问题的信息可以直接进行举报处理。此外，青少年选择报警的和告诉父母的比例也相对较高。调查统计数据也显示，一线城市和准一线城市均有较高比重的青少年采取各个措施来应对色情信息，而三四线城市的青少年的应对措施相对不足。

表 5 – 5　不同级别城市青少年应对色情信息的主要措施

单位：%

	告诉父母	告诉老师	告诉祖辈	网络投诉举报	报警
一线城市	8.08	4.71	2.36	45.45	6.06
准一线城市	5.68	2.07	1.55	48.58	3.88
二线城市	6.67	1.78	0.89	40.44	2.67
三线城市	3.13	0.89	0.00	45.09	1.34
四线城市	6.27	1.88	0.94	35.11	4.08

5. 青少年遇到诈骗信息的可能性与城市级别呈现负相关

根据统计结果，有 32.60% ~ 40.19% 的青少年曾在网上遇到过诈骗信息，与遇到色情信息的趋势相似，青少年遇到诈骗信息的概率也随着城市级别的下降而上升。

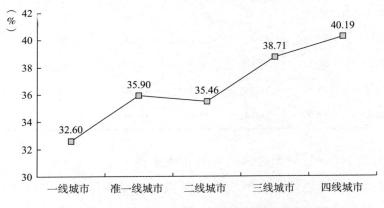

图 5 – 31　不同级别城市青少年遇到诈骗信息的比例

6. 社交环境（社交软件、社区）更容易发生诈骗

与人发生直接交流的网络环境更容易发生诈骗事件。根据统计结果，遇到诈骗信息的主要场景有以下几个：社交软件是色情信息、诈骗事件的高发区，65.99% ~ 76.57% 的青少年在社交软件中遇到过诈骗信息；接近六成的网络社区（各种论坛、BBS 等）中出现了诈骗信息；仅三成青少年在新闻留言版块遇到过诈骗信息；直播和微博中诈

骗信息发生率也比较低。

表5-6 不同级别城市青少年遇到诈骗信息的主要场景

单位：%

	短视频	直播	社交软件	微博	新闻留言版块	网络社区
一线城市	20.31	12.00	75.38	16.92	27.08	64.62
准一线城市	21.20	11.06	71.89	15.90	29.95	59.68
二线城市	21.34	11.72	76.57	16.32	22.59	57.74
三线城市	20.42	10.83	75.83	7.50	18.75	50.00
四线城市	23.26	15.70	65.99	11.34	25.29	57.56

7. 网络投诉和告诉父母是处理诈骗信息的主要途径

诈骗信息的主要应对措施与色情信息的应对措施一样，有自我应对和告诉师长、网络举报和报警等途径。在各个平台基本配备了网络投诉和举报的链接、窗口等。针对部分有问题的信息可以直接进行举报处理。另外，一线城市和准一线城市在各个措施上都有较高的比重，三四线的应对措施相对不足。

表5-7 不同级别城市青少年应对诈骗信息的主要措施

单位：%

	告诉父母	告诉老师	告诉祖辈	网络投诉举报	报警
一线城市	20.00	5.85	4.00	52.92	4.31
准一线城市	11.98	3.23	1.84	50.92	5.99
二线城市	15.90	4.18	3.35	42.68	5.44
三线城市	15.00	4.17	2.50	49.58	4.58
四线城市	13.37	4.94	0.87	40.70	7.56

8. 超过四分之一的人遇到过暴力信息

根据统计结果，有24.07%~35.48%的青少年遇到过网络暴力信息，这一比例也随着城市级别的下降而上升。

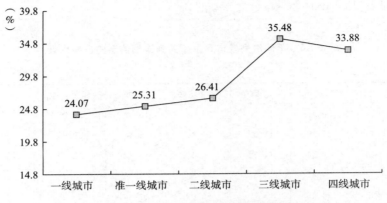

图 5 - 32　不同级别城市青少年遇到暴力信息的比例

9. 网络暴力具有普遍性,二三线城市偏高

相比于色情信息和诈骗信息，网络暴力的发生概率和场景会更多。统计结果显示，有70%左右的青少年在社交软件中遇到过暴力信息，接近六成的青少年在网络社区（各种论坛、BBS等）中遇到过暴力信息，短视频、新闻留言版块、微博中遇到暴力信息的青少年接近三成，直播中暴力信息发生率比较低。

表 5 - 8　不同级别城市青少年遇到暴力信息的主要场景

单位：%

	短视频	直播	社交软件	微博	新闻留言版块	网络社区
一线城市	25.00	18.75	68.33	34.58	32.08	57.08
准一线城市	29.41	15.36	68.63	27.78	35.29	57.19
二线城市	32.02	19.66	67.98	25.84	26.97	65.17
三线城市	33.18	22.27	76.36	22.73	30.00	55.91
四线城市	30.00	24.83	64.48	18.28	26.55	45.86

相比于报警，告诉父母、祖父辈以及老师，青少年应对网络暴力的主要措施是网络投诉和举报。

表5-9　不同级别城市青少年应对暴力信息的主要措施

单位：%

	告诉父母	告诉老师	告诉祖辈	网络投诉、举报	报警
一线城市	13.33	5.83	2.92	57.50	5.42
准一线城市	7.52	3.59	2.29	48.69	5.23
二线城市	11.24	2.25	1.69	48.31	5.62
三线城市	7.73	2.27	1.82	50.00	4.55
四线城市	9.31	2.76	2.07	43.45	6.90

10. 遭受过各种形式的不良信息骚扰比例随着城市级别的下降而上升

根据统计结果显示，尽管青少年遭遇各种形式不良信息骚扰的比例相对前面几种事件较低，仅 7.92% ~ 11.92% 的青少年曾遇到过，但这一比例也随着城市级别的下降而上升。

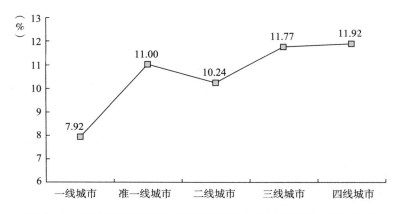

图5-33　不同级别城市青少年遇到各种形式的不良信息骚扰的比例

在不同场景中，不同级别城市青少年遭遇到各种形式不良信息骚扰的比重也有所差异。社交软件是遭遇此类信息的重灾区，三线城市的青少年比重最高，达到 87.67%；四线城市最低，为 68.63%。网络社区同样也面临着不良信息骚扰的高发，其中比例最高的一线城市为 50.63%，最低的二线城市为 34.78%。

短视频和微博中不良信息发生比例也较高，其中一线城市分别达到 22.78% 和 25.32% , 四线城市达到 25.49% 和 19.61% 。

表 5 - 10　不同级别城市青少年遇到各种形式不良信息骚扰的发生场景

单位：%

	短视频	直播	社交软件	微博	新闻及留言	网络社区
一线城市	22.78	16.46	74.68	25.32	18.99	50.63
准一线城市	13.53	7.52	86.47	18.05	16.54	46.62
二线城市	15.94	15.94	82.61	11.59	11.59	34.78
三线城市	19.18	8.22	87.67	13.70	12.33	46.58
四线城市	25.49	15.69	68.63	19.61	14.71	41.18

同上，青少年应对不良信息骚扰的主要措施为网络投诉和举报，其次是寻求师长、警察的帮助，做好自身权益的保护。

表 5 - 11　不同级别城市青少年遇到各种形式不良信息骚扰的主要应对措施

单位：%

	告诉父母	告诉老师	告诉祖辈	网络投诉举报	报警
一线城市	15.19	10.13	2.53	44.30	7.59
准一线城市	12.78	4.51	1.50	49.62	3.76
二线城市	8.70	4.35	0.00	44.93	2.90
三线城市	6.85	2.74	0.00	47.95	5.48
四线城市	13.73	5.88	1.96	42.16	6.86

11. 一二线城市保护行为得分明显优于三四线城市

从整体来看，需要保护隐私的人群比例和具有隐私保护行为的人群比例接近，都在 85% 左右波动，最高的一线城市达到 87.36% ，最低的四线城市也有 83.18% 。相比之下，具有隐私保护行为的青少年比重更高一些。但不同级别城市之间没有明显差异。

将问题中涉及的 8 项保护行为加总，得到最高分为 8 分，区间为 [1，8] 的保护行为得分。然后再计算地区之间的差异。从总分来看，

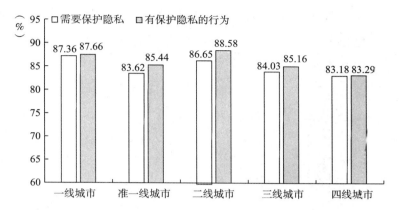

图 5 - 34　不同级别城市青少年具有隐私保护意识和行为的比例

各地普遍有 5 项左右的保护行为。从分级别的视角来看，一二线城市的保护行为得分更高一些，三四线城市相对更低。

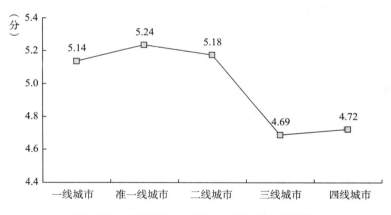

图 5 - 35　不同级别城市青少年网络保护行为得分

三　父母教育

1. 三四线城市青少年与父母（监护人）同住比例较低

和父母（监护人）同住比例随着城市级别下降而下降。但总体上与父母同住的青少年比例仍然超过了92%。而三四线城市与父母同住的青少年比例较低的一个重要原因就是父母外出务工，子女在家留守，成为留守青少年。

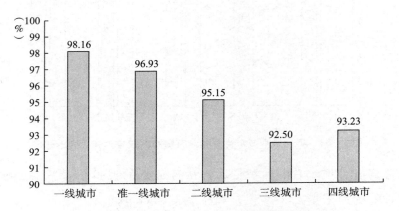

图5-36　不同级别城市青少年和父母同住的比例

2. 超过九成的监护人有上网习惯

总体看来，90%左右的青少年监护人有上网习惯。其中一线城市比例最高，达到96.46%，准一线城市和二线城市分别为94.11%和94.57%。随着城市级别降低，这一数字逐渐下降到三线城市的91.32%和四线城市的87.94%。

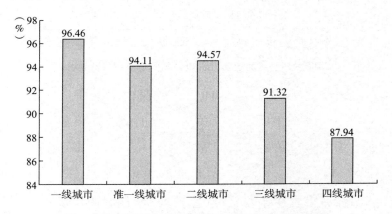

图5-37　不同级别城市青少年监护人上网的比例

3. 社交、网购和导航是青少年的监护人上网主要做的事情

青少年监护人使用网络主要做什么呢？根据统计数据显示，监护人上网主要做的事情就是使用社交网络（占比70%左右），其次是网购（占比约65%左右），再次是导航（50%左右），也有超过四成的人在网上听音乐。这表明，青少年的监护人的主要网络使用需求集中在社交、生活、娱乐方面。这些比例在各个级别的城市中分布基本相似。

再看各个级别城市的具体使用情况。从社交网络使用方面来看，一线城市青少年监护人使用社交网络的比重最高，达到71.59%；四线城市使用率最低，仅为62.54%。从网购的比重来看，准一线城市的网购使用比例最高，达到67.56%；四线城市最低，为58.85%。从导航的使用来看，一线城市和准一线城市的使用率都超过了50%，其中一线城市为54.18%，准一线城市为59.96%；三四线城市使用率较低，不足40%。从听音乐的使用来看，各个城市的差距并不明显，在40.09%~45.81%。

表5－12　不同级别城市青少年监护人上网主要做的事情

单位：%

	玩微博	用社交网络	听音乐	看直播	看短视频	打游戏	网购	导航	其他
一线城市	15.58	71.59	40.09	7.22	29.32	17.41	64.83	54.18	32.99
准一线城市	15.59	68.91	45.81	7.89	31.47	14.15	67.56	59.96	37.25
二线城市	13.29	67.32	44.52	8.98	29.44	11.67	63.55	49.91	33.57
三线城市	8.47	70.04	42.77	7.64	32.23	14.05	61.57	37.40	35.74
四线城市	13.57	62.54	44.69	13.13	38.35	11.65	58.85	38.05	35.84

4. 博弈：父母限制上网比例高，子女听从比例低

总体看来，不同级别城市之间，83.45%~91.39%的青少年父母会对子女上网有严格的限制。其中二线城市父母的限制比例最高，达到91.39%；一线城市最低，仅为83.45%。相比之下，超过97%的

子女会听从父母，其中二线城市最高（99.03%），准一线城市和二线城市最低（仅为97.77%和97.84%）。

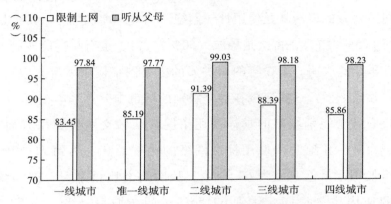

图5-38　不同级别城市青少年父母限制上网与青少年听从父母的比例

5. 二线城市青少年就网络欺凌与父母沟通比例较高

遭遇了网络暴力和欺凌之后，部分子女会同父母进行交流。如图5-39所示，其中二线城市的比重较高，达到43.47%，其他级别城市则仅有30.44%~35.75%的青少年会与父母进行交流。父母针对子女交流内容采取措施的比重则相对较高。最高的二线城市达到82.94%，最低的四线城市则为67.69%，三线城市采取措施的父母比重也比较低，仅为73.96%。

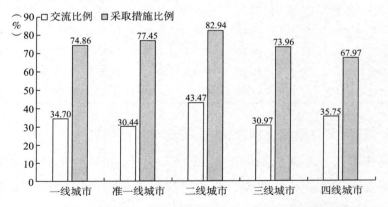

图5-39　不同级别城市青少年遭遇网络欺凌后与父母交流及父母采取措施的比例

6. 准一线城市父母就网络欺凌举报比例最高

在子女遭受网络欺凌时，父母采取的措施主要有以下几项：超过一半的人选择向有关部门举报；有50%左右的家长对子女的照顾更细了；近40%的家长则亲自帮助子女解决问题；四分之一的家长选择向老师反映情况；有35%左右的家长则更多地限制子女上网，以此来保障其安全。

具体来看，在"向有关部门举报"的类别中，一线城市和准一线城市的家长采取措施的比例最高，分别达到57.73%和60.35%，二线至四线城市较低，均不足54%。准一线城市（54.04%）、二线城市（54.73%）和三线城市（54.93%）的父母"对子女日常照顾更细了"，但一线城市和四线城市的家长在此指标上比重较低，分别为48.26%和48.08%。超过四成的准一线城市（43.86%）和三线城市的父母（40.14%）亲自帮子女解决问题，一线和二线城市则分别为33.59%和37.86%。四线城市比重最低，不足30%。

表5-13　不同级别城市青少年遭遇网络欺凌后父母采取措施的比例

单位：%

	向有关部门举报	向老师反映	亲自帮子女解决	更多限制子女的上网	对子女日常照顾更细了
一线城市	57.53	27.41	33.59	35.91	48.26
准一线城市	60.35	29.47	43.86	32.98	54.04
二线城市	52.26	26.34	37.86	37.86	54.73
三线城市	51.41	21.83	40.14	37.32	54.93
四线城市	53.85	23.56	28.37	37.50	48.08

针对各种形式不良信息的骚扰，部分子女同父母进行了交流。其中二线城市的比重较高，达到49.11%。一线城市和准一线城市接近40%，分别为39.82%和39.62%；三四线城市相对较低，分别为35.16%和37.85%。父母针对子女交流内容采取措施的比重则相对较

高，均在八成左右。其中，二线城市占比最高，达到 82.18%；三线城市为 81.19%；四线城市也达到 79.94%；相对较低的一线和准一线城市分别为 78.34% 和 76.20%。

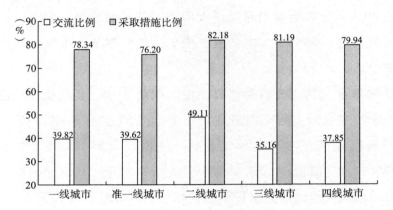

图 5-40　不同级别城市青少年遭遇各种形式不良信息的
骚扰与父母交流及父母采取措施的比例

当青少年受到各种形式不良信息的骚扰时，父母可以采取的措施主要有以下几项：超过一半的人选择向有关部门举报，有 50% 左右的家长对子女的照顾更细了，28.96% ~ 47.40% 的家长则亲自帮助子女解决问题，五分之一左右的家长选择向老师反映情况，有 40% 左右的家长则更多限制子女上网。

表 5-14　不同级别城市青少年遭遇各种形式不良信息的骚扰时父母采取措施的比例

单位：%

	向有关部门举报	向老师反映	亲自帮子女解决	更多限制子女上网	对子女日常照顾更细了
一线城市	57.88	27.97	35.69	39.23	47.27
准一线城市	53.70	24.11	47.40	34.52	51.78
二线城市	52.21	22.43	37.87	41.18	53.31
三线城市	47.46	17.51	44.63	40.68	54.24
四线城市	49.81	19.69	28.96	42.47	48.26

7. 三线城市青少年就色情信息与父母进行交流的比例较低

总体看来，子女同父母针对色情信息进行交流的比例不如其他几类信息的比例高。这也与"谈性色变"的传统性教育观念密切相关，导致青少年不知如何正确保护自己的合法权益。其中，二线城市的青少年与父母就色情信息进行交流的比重较高，达到35.76%；一线城市、四线城市和准一线城市在30%左右，分别为30.79%、30.37和29.69%；三线城市则仅有25.00%的青少年会与父母交流相关信息。父母针对子女交流内容采取措施的比重则相对较高，为84.52%～91.70%，其中二线城市采取措施的比例最高，三线城市最低。

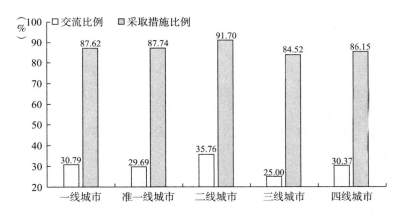

图5-41　不同级别城市青少年遇到色情信息与父母交流及父母采取措施的比例

针对青少年遭遇色情信息骚扰的情况，父母会采取以下几项措施：60%左右的人选择向有关部门举报；有50%左右的家长对子女日常照顾更细了；29.46%～45.40%的家长亲自帮助子女解决问题；18.75%～24.91%的家长选择向老师反映情况；有45%左右的家长则更多限制子女上网。

表5-15 不同级别城市青少年遇到色情信息时父母采取措施的比例

单位：%

	向有关部门举报	向老师反映	亲自帮子女解决	更多限制子女上网	对子女日常照顾更细了
一线城市	67.29	24.91	37.55	41.26	47.96
准一线城市	58.73	19.37	45.40	40.00	54.60
二线城市	66.06	22.17	33.94	47.06	52.49
三线城市	50.38	19.08	41.98	45.04	49.62
四线城市	55.36	18.75	29.46	44.64	50.00

8. 四线城市青少年父母亲自解决诈骗问题的比例最低

根据调查结果显示，青少年同父母就诈骗信息进行交流的比例最高。其中二线城市的比重较高，达到54.90%；一线城市、准一线城市、四线城市分别为46.94%、45.00%和46.14%；三线城市比重最低，仅为41.77%。父母针对子女交流内容采取措施的比重则相对较高，均在八成左右。其中，最高的二线城市达到85.14%，最低的四线城市则为75.95%；其余级别城市中，一线城市、准一线城市和三线城市父母采取措施的比重分别为79.91%、80.33%和77.99%。

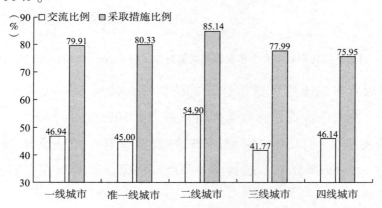

图5-42 不同级别城市青少年遇到诈骗信息与父母交流及父母采取措施的比例

当青少年遭遇诈骗信息骚扰时，父母采取的措施主要有以下几项：52.97%～62.83%的人选择向有关部门举报；有近50%的家长对子女日常照顾更细了；35.67%～49.66%的家长则亲自帮助子女解决问题；12.38%～22.99%的家长选择向老师反映情况；有32.62%～47.30%的家长则更多地限制子女上网，以此来保障其安全。

表5-16　不同级别城市青少年遇到诈骗信息时父母采取措施的比例

单位：%

	向有关部门举报	向老师反映	亲自帮子女解决	更多限制子女上网	对子女日常照顾更细了
一线城市	62.83	22.99	39.04	32.62	42.25
准一线城市	55.84	14.42	49.66	34.32	47.37
二线城市	60.00	18.41	41.90	47.30	49.21
三线城市	52.97	12.38	38.12	44.06	48.02
四线城市	54.33	19.33	35.67	40.67	44.57

第六章　不同年龄段青少年的
网络保护状况

一　初、高中生的网络使用

1. 上网和写作业占据初、高中生的日常

作为社会成员中的一分子，青少年的生活、学习、娱乐等活动，共同构成了其日常生活的基本结构。就不同年龄段的青少年来看，其日常生活中的时间分配存在一定差异。

数据显示，初中生上网在两小时以上的占比为 32.7%，高中生占比 59.8%。初中生运动时间在两小时以上的占比为 27.3%，高中生占比 22.1%。初中生不使用任何电子设备玩耍时间在两小时以上的占比为 24.3%，高中生占比 24.9%。初中生写作业时间在两小时以上的占比为 72.9%，高中生占比 62.2%。初中生做家务时间在两小时以上的占比为 16.7%，高中生占比 18.4%。初中生参加集体活动（学校、社区等组织的）时间在两小时以上的占比为 24.7%，高中生占比 25.7%。初中生参加志愿活动或公益活动时间在两小时以上的占比为 14.5%，高中生占比 16.4%。

可以发现，写作业和上网所花费的时间在初中生和高中生每天从事活动中的占比相对较高。同时，从上网时长在两小时以上的占比来看，高中生的占比要远高于初中生，而初中生写作业时间的占比则要高于高中生。

表 6—1　不同年龄段青少年日常活动的时间分布

单位：%

	初中生					高中生				
	6 小时以上	4～6 小时	2～4 小时	2 小时以内	从不	6 小时以上	4～6 小时	2～4 小时	2 小时以内	从不
上网	4.5	6.9	21.3	59.6	7.7	12.1	20.4	27.3	36.4	3.9
运动	2.1	4.8	20.4	63.2	9.6	1.0	3.6	17.5	69.3	8.7
玩耍（不用任何电子设备）	2.2	4.5	17.6	57.7	18.1	2.4	5.2	17.3	58.7	16.4
写作业	9.3	20.3	43.3	24.2	2.8	15.4	16.5	30.3	33.1	4.7
做家务	0.6	2.6	13.5	67.8	15.5	0.9	2.8	14.7	68.7	12.9
参加集体活动（学校、社区等组织的）	2.6	4.6	17.5	55.0	20.2	3.0	5.0	17.7	55.4	18.9
参加志愿或公益活动	1.6	2.2	10.7	47.9	37.6	1.4	2.7	12.3	51.4	32.2

2. 触网年龄低龄化、手机为主设备、家为主场所

　　随着全球互联网行业及移动通信技术的飞速发展，网络在我国的普及率快速提升，根据中国互联网络信息中心第 41 次《中国互联网络发展状况统计报告》显示，截至 2017 年 12 月，我国网民规模达到 7 亿多人，网络普及率达到 55.8%，超出全球网络普及率 4.1 个百分点，超出亚洲地区网络普及率 9.1 个百分点。与此同时，青少年在互联网大军中也占据了一席之地，特别值得注意的是，随着网络的快速普及，青少年第一次接触互联网的年龄越来越低，上网低龄化成为青少年网民中的普遍趋势。

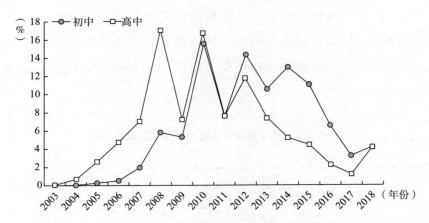

图 6-1 不同年龄段青少年第一次上网时间

就不同年龄段青少年第一次上网时间来看，从图 6-1 中，我们可以看出，初中生第一次上网的时间主要集中在 2010 年、2012 年、2013 年、2014 年和 2015 年，占比分别为 15.6%、14.4%、10.5%、13.0% 和 11.1%；高中生第一次上网的时间主要集中在 2008 年、2010 年、2012 年，占比分别为 17.1%、16.8% 和 11.7%。

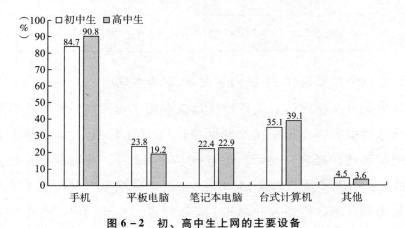

图 6-2 初、高中生上网的主要设备

就不同年龄段青少年主要使用的上网设备来看，可以发现，初中生主要使用的上网设备是手机，占比为 84.7%；其次是台式计算机，占比为 35.1%。高中生主要使用的上网设备是手机，占比为 90.8%；其次是台式计算机，占比为 39.1%。

综上可以发现，目前各年龄段的青少年主要采用的上网设备为手机，主要是由于手机上网更为灵活方便，同时目前国内移动通信网络的快速发展也为使用手机上网提供了技术保障。

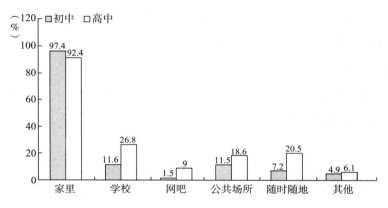

图 6-3　初、高中生的主要上网地点

从不同年龄段青少年经常上网的地点来看，初中生经常上网的地点主要是在家里，占比为 97.4%；其次是在公共场所和学校占比分别为 11.5% 和 11.6%。高中生的主要上网地点也是在家里，占比为 92.4%；其次是在学校，占比 26.8%。由此可见，无论是初中生还是高中生，家庭都是其上网的主要场所。

3. 高中生网络购物频次远超初中生

随着网络功能的日益完善和强大，互联网已经能够承载现实生活中的大多数功能。以往只能在线下进行的实践活动，几乎都能够通过互联网实现。例如通过互联网进行在线的学习、购物、娱乐和社交、帮助他人等。

就网上学习活动来看，数据显示，初中生几乎总是、每天几次或几乎每天一次在网上"搜索资料和信息"的占比为 56.0%，而高中

127

生的占比为57.4%。初中生几乎总是、每天几次或几乎每天一次在网上"写作业、查单词"的占比为57.5%，高中生占比为53.7%。初中生几乎总是、每天几次或几乎每天一次在网上"看小说、故事"的占比为31.4%，高中生的占比为44.7%。初中生几乎总是、每天几次或几乎每天一次在网上"看新闻时事"的占比为39.9%，高中生的占比为53.5%。初中生几乎总是、每天几次或几乎每天一次在网上"评论或与别人讨论时事或社会问题"的占比为32.2%，高中生的占比为41.5%。

通过比较数据可以发现，在学习方面，相对于初中生，高中生在网上"看新闻时事"及"评论或与别人讨论时事或社会问题"的占比要更高。

表6-2 在过去一个月里，初、高中生的网上学习活动时间分布

单位：%

	初中生					高中生				
	几乎总是	每天几次	几乎每天一次	至少每周一次	从不	几乎总是	每天几次	几乎每天一次	至少每周一次	从不
搜索资料和信息	16.0	17.3	22.7	38.5	5.4	19.4	17.9	20.1	36.8	5.8
写作业、查单词	14.5	18.0	25.0	33.6	8.9	16.5	17.9	19.3	36.6	9.7
看小说、故事	10.1	8.3	13.0	40.0	28.6	16.5	13.4	14.8	35.4	19.9
看新闻时事	8.8	10.7	20.4	41.1	19.0	12.9	16.6	24.0	36.3	10.3
评论或与别人讨论时事或社会问题	7.8	9.6	14.8	36.0	31.8	10.4	12.4	18.7	35.8	22.8

就网上生活购物来看，我们从"导航、查找交通路线"、"网络购物、买东西"、"网络支付、理财、转账"与"通过互联网帮助别人，如帮父母买东西，帮爷爷奶奶查询医疗信息"这四个维度进行了初中生和高中生的对比分析。

数据显示，从网络导航、网络购物、网络支付到通过互联网帮助人，初中生（几乎总是、每天几次、几乎每天一次或至少每周一次）在网上进行这四种活动的占比分别为56.7%、60.9%、52.9%和65.5%，高中生的占比则分别为74.8%、82.9%、79.4%和78.8%。通过数据对比可以发现，高中生在网上进行生活或购物的活动占比要远高于初中生。

表6-3 在过去一个月里，初、高中生的网上生活活动时间分布

单位：%

	初中生					高中生				
	几乎总是	每天几次	几乎每天一次	至少每周一次	从不	几乎总是	每天几次	几乎每天一次	至少每周一次	从不
导航、查找交通路线	5.7	3.5	5.4	42.0	43.3	11.3	5.9	8.1	49.6	25.2
网络购物、买东西	6.7	3.5	5.8	44.9	39.1	14.0	7.1	9.2	52.7	17.1
网络支付、理财、转账	5.9	4.2	7.1	35.7	47.1	19.0	10.6	13.8	36.0	20.6
通过互联网帮助别人，如帮父母买东西，帮爷爷奶奶查询医疗信息	8.7	5.4	9.5	42.0	34.5	13.3	7.9	10.9	46.7	21.4

就网络社交维度来看，我们从"与同学、朋友和家人联系（微信、QQ）"、"查看社交网络，如朋友圈、QQ空间"、"刷微博""上各种论坛和BBS"和"制作视频或音乐并上传与他人分享"五个方面进行了调查，初中生几乎总是、每天几次、几乎每天一次或至少每周一次进行上述社交活动的占比分别为95.1%、89.2%、52.6%、46.8%和52.4%，而高中生的占比则分别为98.1%、96%、70.8%、62.6%和59.1%。

可以看出，无论是初中生还是高中生其网上从事较多的社交活动

的计算方法为行分布中除去"从不"一项的其余几项之和，如表6-4，更多的是"与同学、朋友和家人联系（微信、QQ）"及"查看社交网络，如朋友圈、QQ空间"。但同时也可以发现，无论是在哪一个网络社交维度，高中生的占比均要高于初中生，特别是在刷微博和逛论坛上，高中生的占比要远高于初中生。

表6-4　在过去一个月里，初、高中生的网上社交活动时间分布

单位：%

	初中生					高中生				
	几乎总是	每天几次	几乎每天一次	至少每周一次	从不	几乎总是	每天几次	几乎每天一次	至少每周一次	从不
与同学、朋友和家人联系（微信、QQ）	30.1	14.3	18.2	32.5	4.9	51.8	13.9	13.5	18.9	2.0
查看社交网络，如朋友圈、QQ空间	25.0	12.8	17.1	34.3	10.9	45.7	16.1	13.9	20.3	4.1
刷微博	9.2	4.3	8.1	31.0	47.4	22.0	9.6	12.1	27.1	29.3
上各种论坛和BBS	6.3	4.0	7.0	29.5	53.2	13.4	8.5	11.6	29.1	37.4
制作视频或音乐并上传与他人分享	8.0	3.8	7.2	33.4	47.6	10.7	5.1	10.6	32.7	40.9

就网络娱乐维度来看，我们从"看短视频"、"看直播"、"听音乐"、"打游戏"和"看电视剧或看电影"这五个维度进行了调查分析。数据显示，对于看短视频、看直播、听音乐、打游戏和看剧等五种行为，初中生在网上进行上述娱乐活动（频率分别为几乎总是、每天几次、几乎每天一次或至少每周一次）的占比分别为69.7%、43.5%、84.9%、69.7%和79.9%，高中生的占比则分别为73.9%、54.7%、92.1%、77.4%和90.2%。可以发现，无论是初中生还是高中生，主要的网络娱乐活动是看电视剧、听音乐、打游戏和看短视频，这四个方面的占比均在65%以上。此外，高中生进行网上娱乐活

动各维度的占比均高于初中生。

表 6 – 5 在过去一个月里，初、高中生的网上娱乐活动时间分布

单位：%

	初中生					高中生				
	几乎总是	每天几次	几乎每天一次	至少每周一次	从不	几乎总是	每天几次	几乎每天一次	至少每质一次	从不
看短视频	15.7	8.7	11.5	33.9	30.3	26.2	10.6	11.3	25.8	26.1
看直播	5.5	3.5	6.3	28.2	56.6	9.6	5.6	7.9	31.6	45.3
听音乐	22.7	11.5	16.1	34.6	15.2	36.7	14.7	17.6	23.1	7.8
打游戏	10.4	6.0	10.2	43.1	30.4	19.1	10.5	13.7	34.1	22.6
看电视剧或看电影	13.7	7.6	12.6	46.0	20.2	26.3	12.4	14.9	36.6	9.8

4. 高中生对情感、恋爱、社交更为关心

互联网世界充斥着丰富的网络内容，如游戏、音乐、影视、动漫、美食、美容、旅行、体育、文学、二次元和知识等。对于青少年来说，他们上网的兴趣点主要集中在哪一部分是需要研究的重点问题。对于不同年龄段的青少年而言，其不同的上网兴趣点可以在一定程度上反映当前各年龄段青少年的主流想法和主要行为方式。

从娱乐生活、体育、文化和学习等方面对目前不同年龄段的青少年上网主要关注的内容进行了调查了解。从娱乐生活方面的互联网内容来看，数据显示，多数初中生和高中生对互联网娱乐生活方面的内容有较高的关注，但二者的关注点存在一定的差异。对初中生而言，他们对"追剧/电影/流行音乐"、"电玩/动漫/游戏"有着更高的关注度，分别为70.8%和59.5%。其次是"搞笑/恶搞"和"网络购物"，占比分别为43.2%和39.5%。而对追星、美食、情感社交等方面的关注度则相对偏低。

而对于高中生而言，他们对"追剧/电影/流行音乐"、"网络购

物"和"电玩/动漫/游戏"有着较高的关注度，占比分别为83.4%、66.9%和65.7%。其次对"搞笑/恶搞"和"美食/美妆"的关注度分别为53.8%和48.1%。

另外通过数据比较可以发现，尽管初中生和高中生对于"情感/恋爱/社交"的关注占比相对较低，但高中生对"情感/恋爱/社交"的关注占比要远高于初中生。

表6-6　初、高中生主要关注的网上娱乐生活

单位：%

	初中生				高中生			
	很关注	稍微关注	不太关注	不关注	很关注	稍微关注	不太关注	不关注
追剧/电影/流行音乐	26.4	44.4	18.1	11.1	37.9	45.5	12.7	3.9
电玩/动漫/游戏	25.1	34.4	23.0	17.5	29.4	36.3	22.5	11.8
搞笑/恶搞	12.8	30.4	31.0	25.9	15.2	38.6	30.2	16.0
粉丝群、追星族	9.6	17.1	26.4	46.9	10.4	19.6	30.7	39.4
美食/美妆	8.8	21.9	26.2	43.1	17.5	30.6	24.7	27.3
情感/恋爱/社交	3.3	10.5	26.1	60.0	8.0	26.5	34.7	30.9
网络购物	10.2	29.3	24.2	36.3	26.4	40.5	19.2	14.0

从体育、文化和学习的互联网内容来看，调查数据显示，高中生对体育内容的关注要高于初中生，例如，表示对"极限运动/旅行探险"很关注和稍微关注的初中生占比为39.5%。表示对"极限运动/旅行探险"很关注和稍微关注的高中生占比为43.3%。对"体育赛事/瘦身/健身"很关注和稍微关注的初中生占比43.2%。而对"体育赛事/瘦身/健身"很关注和稍微关注的高中生占比为54.1%。

就文化内容来看，表示对"网络小说"很关注和稍微关注的初中生占比为39.1%，而高中生的占比为55.2%。表示对"Cosplay/汉服"很关注和稍微关注的初中生占比为24.8%，高中生占比为31.8%。表示对"诗歌/散文/艺术"很关注和稍微关注的初中生占比

为 49.7%，而高中生则为 47.4%。

就学习内容来看，表示对"英语/外语/翻译"很关注和稍微关注的初中生占比为 54.0%，高中生为 47.5%。表示对"做作业/解题"很关注和稍微关注的初中生占比为 69.6%，高中生占比为 66.4%。表示对"公开课/在线课程"很关注和稍微关注的初中生占比为 39.0%，高中生为 34.3%。表示对"科学知识"很关注和稍微关注的初中生占比为 62.3%，高中生为 57.7%。

综合娱乐生活、体育、文化和学习等方面来看，不同年龄段的青少年对互联网的主要关注内容存在一定差异。高中生对于体育内容、文化内容的关注度要高于初中生，而对学习内容的关注度则比初中生低。

表 6 - 7　初、高中生主要关注的网上体育、文化和学习内容

单位：%

	初中生				高中生			
	很关注	稍微关注	不太关注	不关注	很关注	稍微关注	不太关注	不关注
极限运动/旅行探险	11.9	27.6	29.0	31.5	10.4	32.9	32.6	24.1
体育赛事/瘦身/健身	15.1	28.1	26.9	29.9	19.3	34.8	28.1	17.8
英语/外语/翻译	17.6	36.4	26.4	19.6	13.2	34.3	31.8	20.7
网络小说	14.9	24.2	26.6	34.3	22.7	32.5	22.6	22.2
Cosplay/汉服	9.2	15.6	27.2	48.0	11.5	20.3	30.3	37.9
做作业/解题	27.6	42.0	18.2	12.1	23.1	43.3	22.2	11.4
诗歌/散文/艺术	17.0	32.7	27.4	22.9	14.5	32.9	31.4	21.3
公开课/在线课程	13.1	25.9	29.8	31.3	9.5	24.8	36.1	29.6
科学知识	22.9	39.4	21.2	16.6	18.7	39.0	26.5	15.9

5. 六成初中生、八成高中生离不开互联网/智能手机

在多数成年人的眼中，青少年群体尚处于人生的初级学习阶段，他们在使用互联网上的能力远不及成年人。但不可忽视的是，处于人生初级阶段的青少年正处于快速学习和成长的阶段，相比成年人，他们拥有较强的接受新事物的能力，同时也拥有较强的学习能力。

表 6-8　不同年龄段青少年使用网络能力情况

单位：%

	初中生			高中生		
	完全符合	基本符合	完全不符合	完全符合	基本符合	完全不符合
我知道怎样在微信上屏蔽他人	60.5	25.6	13.9	71.7	19.8	8.6
我知道怎样确认在网上搜到的信息是否真实	40.6	45.6	13.9	42.0	48.4	9.6
我知道什么样的网站是可信任的、什么样的网站可疑	55.0	33.5	11.5	55.6	36.4	8.0
我知道怎样制作一个短视频	41.5	32.9	25.6	41.7	34.1	24.2
我知道怎样在手机上安装程序	75.5	19.1	5.4	83.7	14.3	2.1
我知道怎样在应用市场（或苹果商店）购买程序	50.7	26.8	22.6	63.8	22.3	13.9
我感觉自己能够熟练使用互联网	44.1	44.9	11.0	50.9	41.4	7.8
无论学习还是生活，我已经离不开互联网/智能手机	20.1	45.7	34.2	34.7	46.4	18.9

　　我们从信息获得、信息甄别、软件与硬件技能等方面对不同年龄段青少年的网络使用能力进行了了解。调查结果显示，绝大多数青少年有较强的信息获得、信息甄别和软硬件能力。数据显示，对初中生来说，有86.1%的初中生完全或基本知道如何在微信上屏蔽他人，仅有13.9%的初中生不知道；有88.5%的初中生完全或基本知道什么样的网站是可信任的、什么样的网站可疑，仅有11.5%不知道；有74.4%的初中生完全或基本知道怎样制作一个短视频，有25.6%的初中生不知道。有94.6%的初中生完全或基本知道怎样在手机上安装程序，有5.4%的初中生不知道；有77.5%的初中生完全或基本知道怎样在应用市场（或苹果商店）购买程序，有22.6%的初中生不知道。

　　对高中生来说，数据显示，有91.4%的高中生完全或基本知道如何在微信上屏蔽他人，有 8.6% 的高中生不知道；有 90.4% 的高中生完全或基本知道怎样确认在网上搜到的信息是否真实，仅有 9.6% 的高中生不知道；有 92.0% 的高中生完全或基本知道什么样的网站是可信任的，什么样的网站可疑，仅有 8% 的高中生不知道；有 75.8% 的高中生完全或基本知道怎样制作一个短视频，有 24.2% 的高中生不知道；有 97.9% 的高中生完全或基本知道怎样在手机上安装程序，有 2.1% 的高中生不知道；有 86.1% 的高中生完全或基本知道怎样在应用市场（或苹果商店）购买程序，有 13.9% 的高中生不知道。

而从互联网使用熟练程度来看，有 89.0% 的初中生认为自己能够熟练使用互联网，仅有 11.0% 认为自己不能。有 92.2% 的高中生认为自己能够熟练使用互联网，仅有 7.8% 认为不能。

从互联网的依赖性来看，有 65.8% 的初中生认为自己无论学习还是生活，已经离不开互联网/智能手机；仅有 34.2% 认为自己可以离开互联网/智能手机。有 81.1% 的高中生认为自己无论学习还是生活，已经离不开互联网/智能手机；仅有 18.9% 认为自己可以离开互联网/智能手机。

综上可以发现，目前绝大多数青少年的网络使用能力较强，能够掌握使用网络的一些基本的操作技能，能够相对熟练地使用互联网，并且具备一定的信息甄别能力。但值得注意的是，目前多数青少年存在明显的网络依赖性。同时，相对于初中生来说，高中生具有网络依赖性的人数占比更高。

二　行走在网络风险中的初、高中生

1. 高中生对网络依赖的比例要高于初中生

网络作为一把双刃剑，一方面极大地丰富了青少年了解当前社会的信息，拓宽了青少年的视野；另一方面，伴随着互联网的发展，青少年的网络依赖问题也成为困扰家庭和社会的重要问题。青少年群体由于尚处于人生观和价值观形成的初期，自制力相对于成年人而言要弱，面对网络上形形色色的诱惑抵抗力不足。

从数据来看，有38.0%的初中生曾经因为上网/玩手机而学习成绩下降，有43.3%的高中生曾经因为上网/玩手机而学习成绩下降。有31.4%的初中生表示尝试过没事的时候不看微信/QQ等社交软件但很难，而这一比例在高中生中的占比则高达40.6%。而初、高中生在曾经因为上网/玩手机忘记吃饭或睡觉方面的占比相对较低。同时通过数据对比，可以发现高中生对网络依赖的比例要高于初中生。

表 6-9　　初、高中生网络依赖情况

单位：%

网络依赖情况	初中生		高中生	
	符合	不符合	符合	不符合
我曾经因为上网/玩手机忘记吃饭或睡觉	14.9	85.1	19.5	80.5
我曾经因为上网/玩手机使得学习成绩下降	38.0	62.0	43.3	56.7
我尝试过没事的时候不看微信/QQ等社交软件但很难	31.4	68.6	40.6	59.4

2. 高学历父母一定程度上减轻网络依赖的程度

调查数据显示，父母接受过高等教育会对子女的网络依赖产生一定影响。就初中生来看，父母是高学历的人其曾经因为上网/玩手机而学习成绩下降、尝试过没事的时候不看微信/QQ等社交软件但很难的占比分别为33.5%和28.9%，而低学历父母的占比则为40.3%和32.8%。就高中生而言，父母是高学历的人其曾经因为上网/玩手机忘记吃饭或睡觉、使得学习成绩下降的占比分别为17.8%和39.4%，而低学历父母的占比则为20.1%和44.6%。可以发现，相比于未接受过高等教育的父母，接受过高等教育的父母会在一定程度上减少子女的网络依赖和网络成瘾状况。

表6-10　父母学历不同的初、高中生网络依赖情况

单位：%

网络依赖情况	初中生				高中生			
	低学历父母		高学历父母		低学历父母		高学历父母	
	符合	不符合	符合	不符合	符合	不符合	符合	不符合
我曾经因为上网/玩手机忘记吃饭或睡觉	14.7	85.3	15.2	84.8	20.1	79.9	17.8	82.2
我曾经因为上网/玩手机使得学习成绩下降	40.3	59.8	33.5	66.6	44.6	55.4	39.4	60.6
我尝试过没事的时候不看微信/QQ等社交软件但很难	32.8	67.2	28.9	71.1	40.2	59.8	41.8	58.2

3. 遭遇色情信息骚扰的高中生数量是初中生的两倍

据调查数据显示，就青少年在网上遭遇色情信息骚扰的情况来看，有24.9%的初中生曾在网络上遇到过色情信息骚扰，而高中生在网络上遇到色情信息骚扰的比例要远超初中生，高达42.8%。

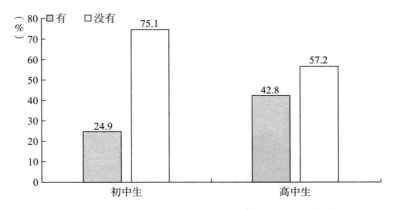

图6-4　初、高中生在网络上遭遇色情信息骚扰的比例

从遭遇色情信息骚扰的场景来看，短视频、社交软件（如微信、QQ等）和网络社区（如朋友圈、贴吧、QQ空间）是初中生和高中生

遭遇色情信息骚扰的主要场景，这些场景的占比均在 45% 以上；其次是新闻留言版块和直播；而微博的占比最低，分别为 12.0% 和 15.2%。

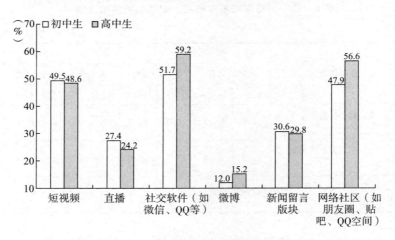

图 6-5　初、高中生遇到色情信息骚扰的场景

就遇到色情信息会选择的处理方式来看，有 75.0% 的初中生选择当作没看见，不理会；有 77.5% 的高中生选择当作没看见，不理会。而选择网络投诉或者举报的初中生占比为 46.3%，高中生占比为 42.1%。选择其他处理方式的占比相对较少，其中特别值得注意的是，选择告诉父母的初中生占比为 10.1%，高中生的这一比例更低，仅有 2.7%，两者之间存在一定的差距。

从不同学历父母的初、高中生处理遭遇色情信息的方式来看，不同学历父母的子女选择当作没看见，不理会的占比没有太大差异，占比均在 70% 以上。而父母是高学历的初、高中生选择很好奇点开看看这一处理方式人数占比要高于父母是低学历的人，高学历父母的初中生和高中生很好奇点开看看的占比分别为 13.9% 和 12.3%，而低学历父母的初中生和高中生的占比则分别为 8.4% 和 10.0%。高学历父母的初、高中生选择跟同学或朋友讲的占比也要超出低学历父母的初、高中生，父母是高学历的占比分别为 16.7% 和 12.3%，而父母

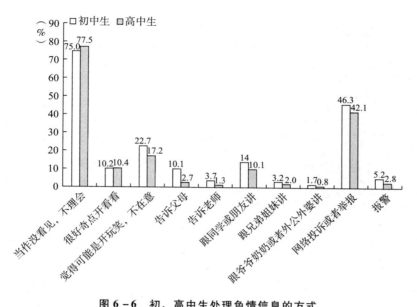

图 6-6　初、高中生处理色情信息的方式

是低学历的占比分别为 12.7% 和 9.5% 。另外父母是低学历的初、高中生选择网络投诉或举报的人数占比要高于父母是高学历的初、高中生，父母是高学历的初、高中生选择投诉或举报的占比分别为 38.9% 和 38.6% ，而父母是低学历的占比分别为 50.0% 和 43.1% 。

表 6-11　父母不同学历的初、高中生处理色情信息的情况

单位：%

处理方式	初中生		高中生	
	低学历父母	高学历父母	低学历父母	高学历父母
当作没看见，不理会	73.6	77.8	77.6	77.7
很好奇点开看看	8.4	13.9	10.0	12.3
觉得可能是开玩笑，不在意	21.8	24.5	18.1	13.4
告诉父母	10.2	9.7	2.4	3.9
告诉老师	4.8	1.4	1.0	2.8
跟同学或朋友讲	12.7	16.7	9.5	12.3
跟兄弟姐妹讲	2.5	4.6	1.8	2.8
跟爷爷奶奶或者外公外婆讲	1.8	1.4	0.7	1.1

续表

处理方式	初中生		高中生	
	低学历父母	高学历父母	低学历父母	高学历父母
网络投诉或者举报	50.0	38.9	43.1	38.6
报警	6.1	3.2	2.8	2.8

数据显示，就青少年在网上遭遇诈骗信息的情况来看，有30.3%的初中生遭遇过诈骗信息，而高中生遭遇过诈骗信息的占比则超过初中生，为44.1%。

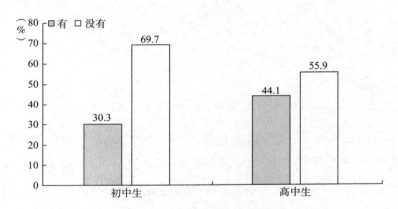

图6-7 初、高中生在网上遭遇诈骗信息的比例情况

从遭遇诈骗信息的场景来看，社交软件（如微信、QQ等）和网络社区（如朋友圈、贴吧、QQ空间）是初中生和高中生遭遇诈骗信息骚扰的主要场景，这些场景的占比均在55%以上；其次是新闻留言版块和短视频；而直播的占比最低，初、高中生分别为14.7%和11.2%。

就遇到诈骗信息会选择的处理方式来看，有67.3%的初中生选择当作没看见，不理会。有69.2%的高中生选择当作没看见，不理会。其次是选择网络投诉或者举报，初中生占比为49.8%，高中生占比为47.1%。选择其他处理方式的比青少年相对较少，其中特别值得注意

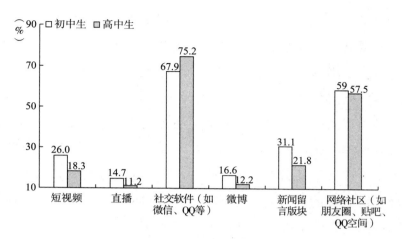

图6-8　初、高中生遭遇诈骗信息的场景

的是，选择告诉父母的初中生占比为 21.8%，而高中生却只有 9.9%。

表6-12　不同年龄段青少年处理诈骗信息的方式

单位：%

处理方式	初中生	高中生
当作没看见，不理会	67.3	69.2
很好奇点开看看	6.0	5.0
觉得可能是开玩笑，不在意	18.1	13.0
告诉父母	21.8	9.9
告诉老师	6.9	3.1
跟同学或朋友讲	16.1	16.1
跟兄弟姐妹讲	5.8	3.5
跟爷爷奶奶或者外公外婆讲	3.5	1.8
网络投诉或者举报	49.8	47.1
报警	8.0	4.9

从不同学历父母的初、高中生处理遭遇诈骗信息的方式来看，不同学历父母的子女选择当作没看见不理会的占比没有太大差异，占比

均在 65% 以上。而父母是高学历的初、高中生选择很好奇点开看看的人数占比要高于父母是低学历的初、高中生，高学历父母的初中生和高中生占比分别为 8.2% 和 6.2%，而低学历的占比则分别为 5.0% 和 4.6%。高学历父母的初、高中生选择告诉父母的占比也要超出低学历父母的初、高中生，父母是高学历的占比分别为 25.7% 和 12.9%，而父母是低学历的占比分别为 20.0% 和 9.1%。另外低学历父母的初、高中生认为是开玩笑不在意的占比要高于高学历父母的初、高中生，低学历父母的初、高中生占比分别为 18.2% 和 13.7%，而高学历父母的初、高中生占比分别为 17.5% 和 10.5%。

表 6 – 13　父母不同学历的初、高中生处理诈骗信息的情况

单位：%

处理方式	初中生		高中生	
	低学历父母	高学历父母	低学历父母	高学历父母
当作没看见，不理会	66.2	69.3	69.7	67.1
很好奇点开看看	5.0	8.2	4.6	6.2
觉得可能是开玩笑，不在意	18.2	17.5	13.7	10.5
告诉父母	20.0	25.7	9.1	12.9
告诉老师	7.2	6.2	3.4	1.9
跟同学或朋友讲	14.7	19.1	16.4	15.2
跟兄弟姐妹讲	4.8	7.8	3.7	2.7
跟爷爷奶奶或者外公外婆讲	3.7	3.1	1.9	1.4
网络投诉或者举报	53.3	42.4	47.2	46.7
报警	8.4	7.4	5.0	4.3

就青少年在网上遭遇暴力和辱骂信息的情况来看，数据显示有 24.1% 的初中生遭遇过暴力和辱骂信息，而高中生遭遇过暴力和辱骂信息的占比则远高于初中生，为 34.6%。

就初中生和高中生在网络遭遇暴力和辱骂信息的形式来看，主要的网络暴力和辱骂形式是网络嘲笑和讽刺以及辱骂或者用带有侮辱性

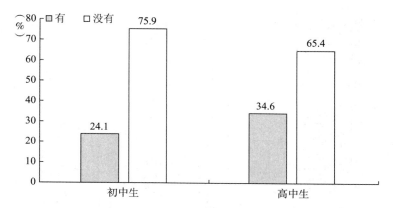

图6-9　初、高中生在网络上遇到过暴力和辱骂信息的比例

的词语。不同年龄段青少年遇到这两种信息的占比均在70%以上。另外遇到恶意图片或者动态图的占比也在50%以上。

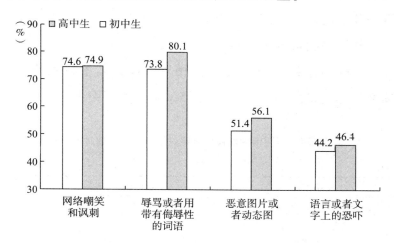

图6-10　不同年龄段青少年在上网时遇到的暴力和辱骂信息的形式

　　从遭遇暴力和辱骂信息的场景来看，社交软件（如微信、QQ等）和网络社区（如朋友圈、贴吧、QQ空间）是初中生和高中生遭遇暴力和辱骂信息骚扰的主要场景，这些场景的占比均在50%以上；其次是新闻留言版块和短视频；而直播的占比最低，分别为18.3%和21.6%。

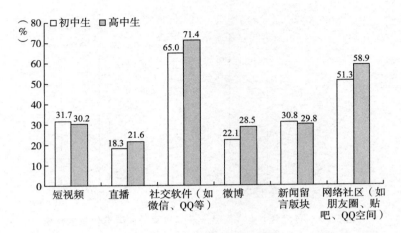

图 6－11　不同年龄段青少年遇到过暴力和辱骂信息的场景

　　就遇到暴力和辱骂信息会选择的处理方式来看，有 58.7% 的初中生选择当作没看见，不理会；有 61.5% 的高中生选择当作没看见，不理会。选择网络投诉或者举报，初中生占比为 48.3%，高中生占比为 50.1%。选择其他处理方式的占比相对较少，其中特别值得注意的是，选择告诉父母的初中生占比为 15.1%，而高中生却只有 5.6%。

表 6－14　不同年龄段青少年解决暴力和辱骂信息的方式

单位：%

解决方式	初中生	高中生
当作没看见，不理会	58.7	61.5
很好奇点开看看	7.4	7.8
觉得可能是开玩笑，不在意	19.7	14.8
告诉父母	15.1	5.6
告诉老师	5.7	2.4
跟同学或朋友讲	17.2	14.2
跟兄弟姐妹讲	6.3	3.8
跟爷爷奶奶或者外公外婆讲	2.8	1.7
网络投诉或者举报	48.3	50.1
报警	7.3	5.4

　　从不同学历父母的初、高中生处理遭遇暴力和辱骂信息骚扰的方式来看，父母学历不同的初中生选择当作没看见、不理会的占比没有太大差异，占比在58.5%左右。而从高中生来看，父母是高学历的高中生选择当作没看见、不理会的占比要远高于父母是低学历的高中生，占比分别为67.6%和59.9%。此外低学历父母的初、高中生选择网络投诉或举报的占比要高于高学历父母的初、高中生，低学历父母的初、高中生的占比分别为51.1%和50.5%，而父母是高学历的初、高中生占比则分别为41.6%和48.7%。

表6-15　父母不同学历的初、高中生的处理暴力和辱骂信息的情况

单位：%

处理方式	初中生		高中生	
	低学历父母	高学历父母	低学历父母	高学历父母
当作没看见，不理会	58.8	58.4	59.9	67.6
很好奇点开看看	7.0	8.4	8.3	5.4
觉得可能是开玩笑，不在意	18.7	22.1	14.5	15.5
告诉父母	14.9	15.8	5.4	6.8
告诉老师	6.3	4.2	2.5	2.0
跟同学或朋友讲	16.4	19.0	14.0	14.9
跟兄弟姐妹讲	7.4	3.7	3.4	5.4
跟爷爷奶奶或者外公外婆讲	3.4	1.6	1.7	2.0
网络投诉或者举报	51.1	41.6	50.5	48.7
报警	7.7	6.3	5.4	5.4

　　总体看来，初中生和高中生都在一定比例上遇到过网络色情、诈骗、暴力辱骂的信息，同时高中生遭遇的相应比例均高于初中生。此外，社交软件（如微信、QQ等）和网络社区（如朋友圈、贴吧、QQ

空间）是遭遇这些信息骚扰的主要场所。而从处理问题的方式来看，多数初中生或者高中生在遭遇这些信息后选择没看见、不理会。选择告诉父母的人数占比相对偏低，并且高中生选择告诉父母的比例要远低于初中生，这反映了处于青春期的青少年缺乏与父母的沟通与交流。此外，由于父母的受教育程度不同，初中生和高中生在处理网络色情、诈骗、暴力辱骂的信息的方式选择上也存在一定差异。

4. 高学历父母网络投诉或举报网络骚扰的占比要高

就在网络上是否遭遇过某些人的骚扰来看，调查数据表明，初中生遭遇骚扰的占比为 8.6%，而高中生的占比则为 13.9%。

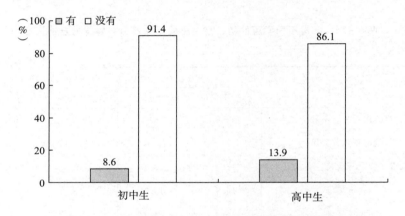

图 6-12 初、高中生在网络上遇到过某些人的骚扰的比例

从遭遇骚扰、暗示或陌生人约见面的场景来看，社交软件（如微信、QQ 等）是初中生和高中生遭遇骚扰、暗示或陌生人约见面的主要场景，占比在 74% 以上；网络社区，占比在 44% 以上；而初、高中生在直播中遭到骚扰的比例分别为 15.9% 和 10.4%，相对较低。

就遭遇骚扰、暗示或陌生人约见面的处理方式来看，有 62.0% 的初中生选择当作没看见，不理会；有 65.2% 的高中生选择当作没看见，不理会。选择网络投诉或者举报，初中生占比为 42.0%，高中生占比为 43.8%。选择其他处理方式的占比相对较少，其中特别值得注

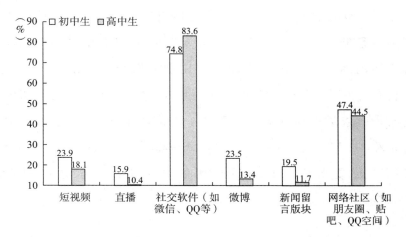

图 6-13　初、高中生遇到过骚扰、暗示或陌生人约见面的场景

意的是，选择告诉父母的初中生占比为 19.5%，而高中生却只有 7.4%。

表 6-16　不同年龄段青少年处理骚扰、暗示或陌生人约见面的方式

单位：%

处理方式	初中生	高中生
当作没看见，不理会	62.0	65.2
很好奇点开看看	9.3	5.4
觉得可能是开玩笑，不在意	27.9	16.1
告诉父母	19.5	7.4
告诉老师	8.4	3.7
跟同学或朋友讲	18.1	12.7
跟兄弟姐妹讲	9.7	0.7
跟爷爷奶奶或者外公外婆讲	4.4	0.3
网络投诉或者举报	42.0	43.8
报警	7.5	4.4

从不同学历父母的初、高中生处理骚扰、暗示或陌生人约见面的

方式来看，父母是高学历的初中生选择当作没看见、不理会的占比要高于父母是低学历的初中生，比重分别为 67.2% 和 60.1%。而父母是高学历的高中生在这一方面的占比则要低于父母是低学历的高中生，比重分别为 62.7% 和 65.8%。此外，父母是高学历的初中生选择网络投诉或举报的占比要高于父母是低学历的初中生，占比分别为 43.1% 和 41.7%。而高中生中，父母是高学历的高中生选择网络投诉或举报占比要低于父母是低学历的高中生，比重分别为 42.4% 和 44.2%。

表 6 - 17　父母不同学历的初、高中生面对骚扰、暗示或陌生人约见面的处理情况

单位：%

处理方式	初中生		高中生	
	低学历父母	高学历父母	低学历父母	高学历父母
当作没看见，不理会	60.1	67.2	65.8	62.7
很好奇点开看看	9.5	8.6	4.6	8.5
觉得可能是开玩笑，不在意	27.4	29.3	15.8	17.0
告诉父母	19.6	19.0	6.7	10.2
告诉老师	8.9	6.9	3.3	5.1
跟同学或朋友讲	18.5	17.2	10.8	20.3
跟兄弟姐妹讲	10.7	6.9	0.8	0
跟爷爷奶奶或者外公外婆讲	5.4	1.7	0.4	0
网络投诉或者举报	41.7	43.1	44.2	42.4
报警	8.9	3.5	3.8	6.8

5. 父母学历较高的初、高中生有更多个人信息保护行为

就上网是否需要保护个人隐私来看，有 82.6% 初中生认为有必要，有 87.0% 高中生认为有必要，表明目前青少年中，无论是初中生还是高中生的网络个人隐私保护意识都较强。

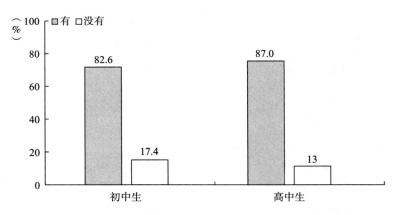

图 6－14　初、高中生对上网的时候是否有必要保护个人隐私的态度

从父母不同的受教育程度来看，父母是高学历和低学历的初、高中生认为上网有必要保护个人隐私的占比均较高，占比在八成以上，且父母学历不同的初、高中生之间没有明显差异。

表 6－18　父母不同学历的初、高中生认为上网是否有必要保护个人隐私的态度

单位：%

	初中生		高中生	
	低学历父母	高学历父母	低学历父母	高学历父母
有	83.1	81.9	88	84.2
没有	16.9	18.1	12	15.8

从不同年龄段青少年认为上网需要信息保护的类型来看，个人姓名、家庭住址、父母收入、金融账户和消费信息的占比相对较高，均在80%以上。其中家庭住址的占比最高，分别为初中生97.6%，高中生97.0%。占比最低的是购物车里的物品，比重分别为初中生42.9%，高中生47.0%。

表 6 - 19　不同年龄段青少年认为需要信息保护的类型

单位：%

信息保护类型	初中生	高中生
个人姓名	89.7	83.0
个人头像	58.8	44.5
家庭住址	97.6	97.0
父母收入	88.0	82.7
购物小票	55.7	56.8
金融账户和消费信息	82.1	84.2
网络浏览记录	57.0	62.6
购物车里的物品	42.9	47.0
聊天记录	73.9	78.4
朋友圈照片	63.0	59.7

从父母不同学历的初、高中生认为需要保护的信息类型来看，高学历父母的初、高中生认为需要保护个人姓名、个人头像、家庭住址、父母收入等信息类型的各项占比均要高于低学历父母的初、高中生。举例来说，就个人姓名而言，高学历父母的初、高中生认为需要保护的占比分别为 91.5% 和 84.2%，而低学历父母的初、高中生的相应比例则为 88.9% 和 82.7%。

表 6 - 20　父母不同学历的初、高中生认为需要保护信息类型的情况

单位：%

信息保护类型	初中生		高中生	
	低学历父母	高学历父母	低学历父母	高学历父母
个人姓名	88.9	91.5	82.7	84.2
个人头像	56.2	64.3	43.9	46.5
家庭住址	97.3	98.2	96.8	97.4

续表

信息保护类型	初中生		高中生	
	低学历父母	高学历父母	低学历父母	高学历父母
父母收入	86.8	90.5	81.8	86.1
购物小票	53.3	60.7	55.0	62.3
金融账户和消费信息	81.6	83.2	83.2	37.8
网络浏览记录	55.7	59.9	61.3	66.7
购物车里的物品	41.5	45.8	46.9	47.0
聊天记录	71.8	78.5	76.9	83.2
朋友圈照片	61.8	65.7	59.0	62.4

就初中生和高中生上网是否有个人隐私保护的行为来看，84.4%的初中生与87.2%的高中生有隐私保护行为。

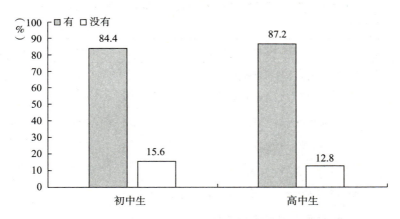

图 6-15　初、高中生上网时实施个人隐私保护行为的比例

从初、高中生上网是否有个人隐私的保护行为来看，无论父母是低学历还是高学历，其上网个人隐私保护行为的占比都较高，均在八成以上，且低学历父母和高学历父母的初、高中生之间的差异并不明显。

表 6 – 21　父母不同学历的初、高中生上网个人隐私保护行为的情况

单位：%

保护行为情况	初中生		高中生	
	低学历父母	高学历父母	低学历父母	高学历父母
有	84.7	84.1	87.6	86.5
没有	15.3	15.9	12.4	13.5

从初中生和高中生上网时所采取的个人信息保护的行为来看，占比较高的几种保护行为是不用真实姓名做用户名或昵称、不用自己照片做头像、跟陌生人聊天时不告诉真实个人信息（如姓名、住址、学校），这三个方面的行为占比大都在 80% 以上。同时，通过数据比较可以发现，初中生的个人信息保护行为占比多数要高于高中生。

表 6 – 22　上网时，初、高中生的个人信息保护行为

单位：%

个人信息保护行为	初中生	高中生
不用真实姓名做用户名或昵称	92.5	87.3
不用自己照片做头像	89.6	81.1
尽可能不绑定银行卡	80.0	68.1
清除浏览痕迹	58.2	61.1
清除聊天记录	55.8	51.7
跟陌生人聊天时不告诉真实个人信息（如姓名、住址、学校）	87.7	87.7
朋友圈或者 QQ 空间设置密码	71.1	69.4
快递单或购物小票破坏之后再扔掉	57.8	59.8

从不同学历父母的初、高中生的个人信息保护的行为来看，高学历父母的初、高中生不用真实姓名做用户名或昵称、不用自己照片做头像、尽可能不绑定银行卡、清除浏览痕迹和聊天记录等行为的各项

占比均要高于低学历父母的初、高中生。举例来说，就将快递单或购物小票破坏之后再扔掉这一行为来看，高学历父母的初、高中生占比分别为 62.9% 和 63.8%，而低学历父母的初、高中生占比则为55.4% 和 58.6%。

表 6－23　父母不同学历的初、高中生个人信息保护的行为情况

单位：%

保护行为	初中生		高中生	
	低学历父母	高学历父母	低学历父母	高学历父母
不用真实姓名做用户名或昵称	91.6	94.2	87.0	88.0
不用自己照片做头像	88.2	92.4	80.6	82.5
尽可能不绑定银行卡	78.4	83.1	67.7	69.9
清除浏览痕迹	56.2	62.5	60.7	62.9
清除聊天记录	55.4	56.4	51.6	52.1
跟陌生人聊天时不告诉真实个人信息（如姓名、住址、学校）	87.0	89.1	87.1	89.7
朋友圈或者 QQ 空间设置密码	68.3	76.8	68.9	71.3
快递单或购物小票破坏之后再扔掉	55.4	62.9	58.6	63.8

三　初、高中生父母的网络介入

1. 九成以上初、高中生的父母会上网

数据显示，目前多数初中生和高中生与父母同住在一起，初中生与父母同住的占比为 96.6%，高中生为 93.5%。

另外，调查数据显示，多数初中生和高中生的父母或其他监护人会上网，其中初中生父母上网的占比为 92.3%，高中生父母上网的占比为 92.4%。两者比例非常接近。通常而言，父母是子女最好的榜

样，对于初中生和高中生来说，父母的行为会对其产生较深刻的影响。从父母或其他监护人上网的内容来看，用社交网络（如微信、陌陌）和网络购物、买东西的占比相对较高，占比均在六成左右，其中高中生父母使用社交网络的达71.4%。听音乐和用导航、查找交通路线，占比均在四成以上。而其他方面，如玩微博、看直播、打游戏的占比则相对较低。

表 6-24　初、高中生父母或其他监护人上网内容

单位：%

	初中生	高中生
玩微博	13.3	15.3
用社交网络（如微信、陌陌）	65.2	71.4
听音乐	46.5	42.5
看直播	10.1	8.1
看短视频	32.3	33.0
打游戏	15.2	12.9
网络购物、买东西	65.2	59.9
导航、查找交通路线	48.8	47.8
其他	35.0	34.1

2. 高中生的父母对其上网内容的掌握低于初中生的父母

从初中生和高中生觉得父母或其他监护人是否知道他们上网时在做什么来看，调查表明，64.7%的初中生认为其父母大部分知道或完全知道他们上网在做什么，而高中生里面只有52.6%的人认为其父母大部分知道或完全知道他们上网在做什么。

从父母或其他监护人是否限制青少年上网或者上网时长来看，数据显示，多数初中生和高中生的父母会对其上网进行限制，具体来看，初中生的占比为92.8%，高中生的占比为79.1%。由此可见，父母对高中生上网的限制要少于对初中生的限制。

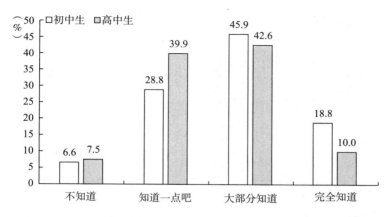

图 6 – 16　不同年龄段青少年认为父母了解自己上网内容的情况

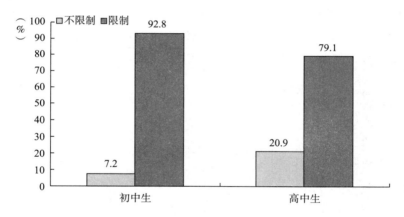

图 6 – 17　初、高中生父母限制其上网或者上网时间的比例

　　从青少年对于父母有关上网的教育或限制是否听从来看，数据显示，选择听从的初中生占比为 97.91%，而高中生选择听从的占比为 97.94%。经过卡方检验，可以得到卡方值为 0.0051（$p = 0.943$）。这也表明初、高中生听从父母意见的比例没有显著差异。

　　从听从父母的教育或限制的原因来看，调查显示，因为父母讲得有道理和父母会尊重自己的选择的占比相对较高，占比分别在 70% 以上和 50% 以上。此外可以发现，激励措施对当今初中生和高

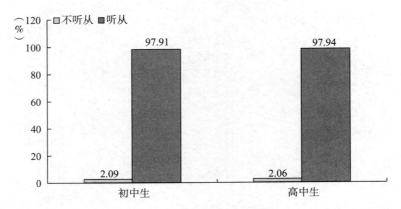

图 6-18 初、高中生对于父母有关上网的教育或限制听从的比例

中生的教育和限制的作用已经不是特别明显，另外相比较于初中生而言，有更少的高中生不会因为父母的严厉管教而听从父母的教育和限制。

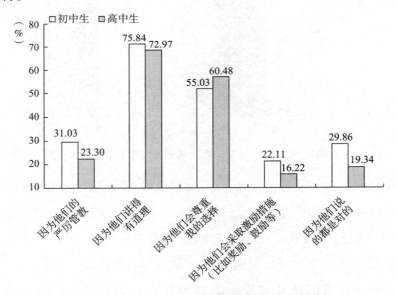

图 6-19 初、高中生听从父母的教育或者限制的原因

就不听从父母的教育或限制的原因来看，数据显示，对于初中生和高中生而言，主要原因在于父母没有尊重子女，管理方式粗暴，另

外自己控制不了自己以及父母不能用道理说服子女也是主要原因之一。

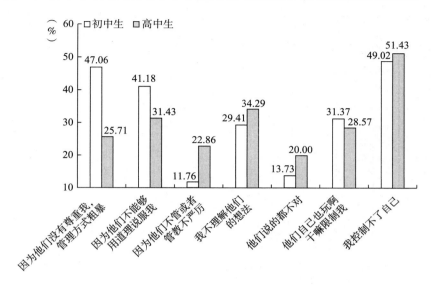

图 6-20 初、高中生青少年不听从父母的教育或者限制的原因

就遇到网络欺凌现象是否与父母交流来看，调查显示，有四成初中生在遇到网络欺凌现象时会与父母进行交流，占比为 40.8%。而高中生遇到欺凌选择和父母交流的比例则远低于初中生，占比仅为 28.7%。

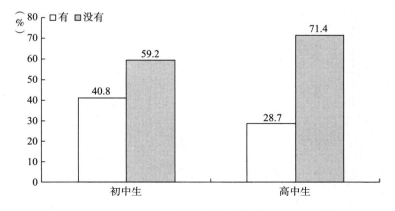

图 6-21 初、高中生遇到网络欺凌现象时和父母交流的比例

就父母是否对青少年上网遇到的网络欺凌而采取任何措施来看，七成以上初中生和高中生的父母会选择采取措施，具体来看，初中生的占比为77.8%，高中生的占比为71.6%。

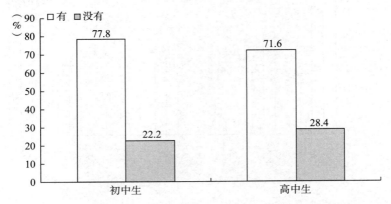

图6-22　初、高中生父母对其上网遇到的网络欺凌采取措施的比例

从父母对初中生和高中生遇到的网络欺凌所采取的措施来看，向有关部门举报或报告、对子女的日常照顾更多更细是采取的主要措施，占比均在45%以上。亲自帮子女解决和增加对子女上网的限制，占比在30%以上。而跟学校老师报告的比例最低。

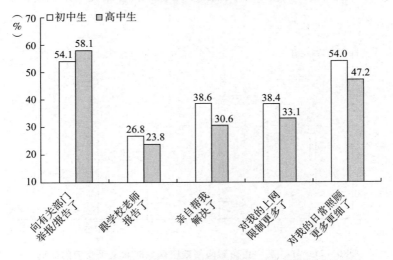

图6-23　初、高中生父母对其上网遇到的网络欺凌采取的措施

就青少年遇到各种形式骚扰时是否与父母交流来看，与父母交流过的初中生的占比为47.4%，接近一半；而与父母交流过的高中生的占比则相对偏低，为32.3%。也就是说高中生遇到骚扰时，选择和父母交流的人数占比要低于初中生。

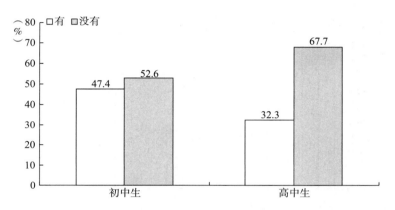

图 6-24 不同年龄段青少年遇到各种形式的骚扰时和父母或其他监护人的交流比例

从父母是否对子女在网上遇到的各种形式不良信息的骚扰而采取措施来看，七成以上的初中生和高中生父母会采取一定措施。具体来看，初中生的父母占比为80.6%，而高中生的父母占比为74.2%。

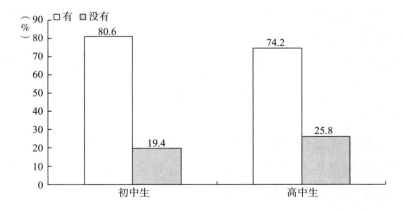

图 6-25 初、高中生父母对其在网上遇到的各种形式不良信息的
骚扰采取措施的比例

就初中生和高中生在网上遭遇各种形式不良信息的骚扰后父母所采取的措施来看，数据显示，向有关部门举报和报告以及对子女日常照顾更多更细是主要采取的措施，占比均在45%以上。跟学校老师报告的占比相对最低，分别为24.5%和19.2%。

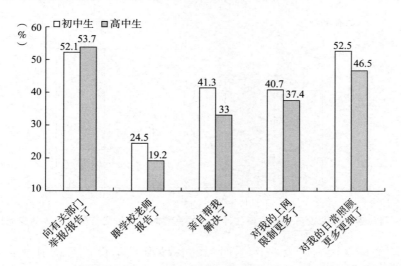

图6－26　初、高中生的父母对其在网上遇到的各种形式不良信息的骚扰采取的措施

从遇到色情信息是否与父母交流来看，数据显示，遇到色情信息愿意与父母交流的占比均偏低，初中生的占比为38.7%；而高中生的占比仅两成，为21.0%。相对而言，传统中国家长对色情信息的处理和接受能力相对保守，高中生相对于初中生来说，其思想更为成熟且注重隐私，特别是与性有关的私密信息，他们更倾向于自己处理问题，而不太愿意与父母进行沟通交流。

从父母是否在青少年遇到色情信息后采取何种措施来看，八成以上的初中生和高中生父母会采取措施，具体而言，初中生的占比为89.3%，高中生的占比为83.6%。

就父母在子女遇到色情信息后所采取的措施来看，对初中生而言，父母向有关部门举报或对其日常照顾更多更细是主要采取的措

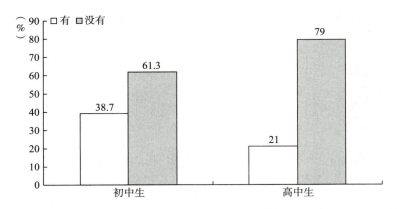

图 6 - 27　初、高中生遇到色情信息时和父母交流的比例

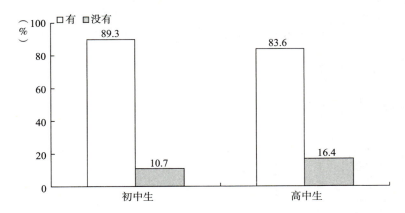

图 6 - 28　初、高中生父母对其在网上遇到的色情信息采取措施的比例

施，占比分别为 57.9% 和 55.1%；对其的上网限制更多了，占比为 44.0%。对高中生来说，父母向有关部门举报占比最高，为 63.9%；对其上网的限制更多和日常照顾更多更细，占比分别为 42.2% 和 41.1%。通过数据对比发现，高中生父母采取的措施除了向有关部门举报或报告的比例要高于初中生父母之外，其他各个方面措施的占比均低于初中生父母。

　　从遇到诈骗信息是否与父母交流来看，超五成的初中生会选择与父母交流，占比为 52.2%。而高中生选择与父母交流的占比仅四成，

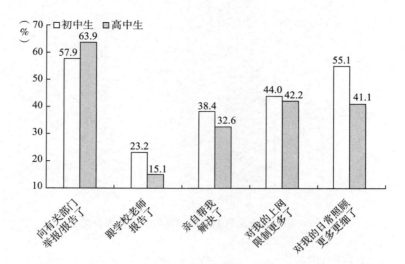

图 6 - 29 初、高中生父母对其在网上遇到的色情信息而采取的措施

为 41.3% ，低于初中生。

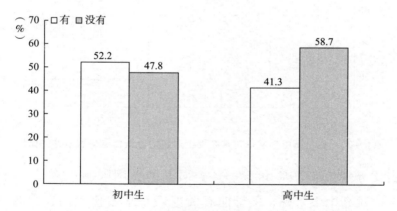

图 6 - 30 初、高中生遇到诈骗信息时和父母交流的比例

从父母是否在初中生或高中生遇到诈骗信息后采取何种措施来看，七成以上的初中生和高中生父母会采取措施，具体来看，初中生的父母占比为 85.0% ，高中生的父母占比为 71.9% 。高中生父母在其遇到诈骗信息后采取措施的人数占比要远低于初中生。

就父母在子女遇到诈骗信息后所采取的措施来看，向有关部门举

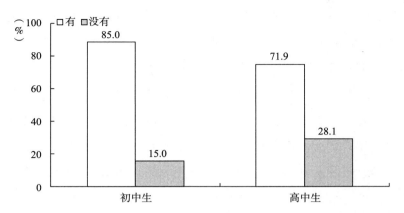

图 6 - 31　初、高中生父母对其在网上遇到的诈骗信息采取措施的比例

报/报告的占比最高，分别为初中生 58.5%，高中生 54.6%。对子女
日常生活照顾更细、亲自帮助解决和增加对子女上网的限制都在四成
左右，而跟学校老师报告的比例最低。通过对初中生和高中生的数据
比较可以发现，高中生的父母在其遇到诈骗信息后采取措施的占比均
低于初中生。

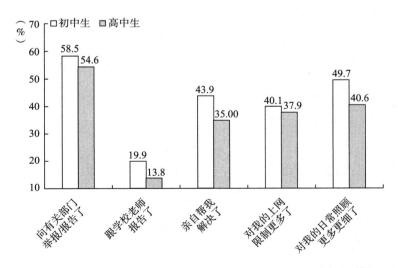

图 6 - 32　初、高中生父母对于其在网上遇到诈骗信息采取措施的情况

　　综合以上对不同年龄段青少年群体的网络保护状况分析，有以下主要发现。就互联网使用情况来看，无论是初中生还是高中生均在日常生活中花费较多时间在网络上，同时高中生在网络上花费的时间占比要高于初中生。青少年的触网年龄有低龄化的趋势。家庭成为初中生和高中生上网的主要活动场所，而手机也成为其上网主要使用的工具。在进行网络活动中，高中生参与新闻和时事评论、网上购物、刷微博、逛论坛以及进行各种网上娱乐活动的比例均高于初中生。对于上网的兴趣点来说，高中生对情感恋爱、社交、体育内容、文化内容的关注比例要高于初中生。就网络使用能力来看，多数初中和高中生具有熟练的网络操作能力。从网络使用风险来看，初中生和高中生都有一定比例的网络依赖状况，同时高中生的这一比例要高于初中生。在面对网上色情、诈骗、暴力和辱骂信息时，多数初中生和高中生会选择当作没看到、不理会，同时高中生在遇到这些信息后选择与父母进行交流的比例要低于初中生。社交软件（如微信、QQ等）和网络社区（如朋友圈、贴吧、QQ空间）是遭遇上述信息的主要场所。

　　就网络信息保护来看，多数初中生和高中生都有较强的个人信息保护意识，同时初中生在一些个人信息保护方面的行为比例要高于高中生。就父母对初中生和高中生上网的干预来看，初中生受到父母限制上网的比例要高于高中生。在遇到各种骚扰、色情或诈骗信息后，无论是初中生还是高中生父母均会采取一定的措施，主要选择的措施是向有关部门进行举报，但高中生父母采取该措施的人数占比要低于初中生父母。此外，受教育程度不同的初、高中生的父母在网络依赖，处理网上色情、诈骗、暴力和辱骂信息的方式及采取个人信息保护行为上均有一定程度的差异。

　　青少年是未来社会的主力军，就初中生和高中生而言，其正处于人生成长的关键时期，人生观、世界观和价值观的形成极容易受到外部环境的影响。特别是在网络这一虚拟的环境中，充斥着各色各样的信息，这会对青少年的思想和行为产生不可忽视的影响作用。因此需要加强对不同年龄段青少年网络使用的关注，加强对其使用网络的保护，为他们营造绿色积极健康的网络环境，保证他们在人生的发展阶段健康成长。

第七章　不同居住类型青少年
网络保护状况

　　青少年网络保护与家庭的关系尤为密切，在社会普遍关注的青少年遭遇网络风险和网络侵害的案例中，相当一部分案例的背后都有家庭方面的潜在影响，因此从家庭视角分析青少年网络使用状况、面临的网络风险，以及家庭内部沟通教育的差异，对未来加强青少年网络保护、改善青少年网络安全环境都有较大的帮助。在本章，我们把青少年的家庭按照与监护人的居住情况分为和父母住一起、和父亲共同居住、和母亲共同居住、和其他监护人居住以及没有和父母及其他监护人居住五种不同的类型。本研究力图通过对上述五种不同类型家庭居住情况之间差异的比较，来探讨家庭对青少年网络保护的影响。

一　网络使用情况

　　1. 和父母住一起的青少年手机接入率最高

　　随着移动互联时代的到来，青少年硬件设备上的网络接入已经成为普遍现象，除了传统的台式计算机和笔记本电脑之外，Pad 和手机都有一定的普及率，特别是智能手机，在青少年中的接入率基本在

85%以上，且在不同居住类型家庭中都属于青少年上网使用的最主要的工具。其中，和父母住一起的青少年手机接入率是最高的（见表7-1），其原因在于他们接触父母双方手机的概率更大，调研中能够看到一些孩子拿不到父亲的手机，就去拿母亲的手机。同时，我们还发现没有和父母及其他监护人居住的青少年的手机接入率并不低，其原因在于：一方面，没有和父母及其他监护人居住的青少年与父母和其他家人、朋友沟通需要手机作为联络工具；另一方面，没有和父母及其他监护人居住的青少年在使用手机方面的监管和限制较少，能让他们有更多的机会使用手机。

表7-1　不同居住类型青少年的网络设备接入率

单位：%

居住类型	手机	Pad	笔记本电脑	台式计算机	其他
没有和父母及其他监护人居住	87.21	10.50	15.53	29.68	4.11
和父亲共同居住	84.62	23.76	25.57	35.52	2.26
和母亲共同居住	86.62	18.54	20.19	31.69	5.40
和父母住一起	88.04	23.60	23.98	38.96	3.84
和其他监护人居住	87.66	14.29	16.88	27.92	6.17

另外，与父母或者其中一方共同居住的青少年的Pad、笔记本电脑、台式计算机的接入率要高于没有和父母及其他监护人居住的青少年，由此也可以看出青少年使用的其他接入网络设备可能是父母日常工作和生活使用的上网工具。

2.家里是绝大部分青少年上网的主要场所，学校位居第二

上网场景对青少年上网内容和上网时间均有比较大的影响，从数据分析结果来看，绝大部分青少年能够在家里上网，即便是一些相对贫困、没有Wi-Fi的家庭，青少年也能够设法接入邻居家的Wi-Fi。除了家里之外，学校也是青少年上网的主要场所，但由于大部分学校

对学生上课期间使用手机和上网有严格的限制，其比例远远低于在家里上网。除了没有和父母及其他监护人居住的青少年在学校上网的比例明显较高之外（见表7-2），其他居住类型的青少年的这一比例均在两成以下，因为没有和父母及其他监护人居住的孩子有部分是住校生，导致其在学校上网的比例显著高于其他居住类型的青少年。由此可以看出，家庭作为青少年主要的上网场景，也是其上网行为的主要影响因素，在绝大部分青少年在家里上网的情况下，青少年网络保护不可能抛开家庭。

表7-2　不同居住类型青少年的上网场景差异

单位：%

居住类型	家里	学校	网吧	公共场所	随时随地	其他
没有和父母及其他监护人居住	87.21	24.20	7.31	10.96	15.53	6.85
和父亲共同居住	94.57	19.46	4.98	11.99	12.67	4.30
和母亲共同居住	92.72	17.14	5.16	11.74	12.44	5.16
和父母住一起	96.48	18.40	4.16	16.02	13.01	5.30
和其他监护人居住	90.91	18.51	6.17	13.64	15.26	9.09

仔细分析还可以发现，没有和父母及其他监护人居住的青少年在家里上网的比例偏低，随时随地上网的比例最高。这也说明没有和父母及其他监护人居住的青少年上网最自由，但也最有可能遭遇网络陷阱。

3. 青少年网络使用熟练度和网络使用依赖度呈悖反规律

调查发现，和父母住一起的青少年网络使用技能最高，如在微信上屏蔽他人、制作一个短视频、在手机上安装程序以及在应用市场（或苹果商店）购买程序等方面都处于比较高的水平，但没有和父母及其他监护人居住的青少年在生活和学习上最依赖网络。

具体来看，超过2/3的和父母住一起的青少年知道如何在微信上屏蔽他人，比和其他监护人居住的青少年高出近5个百分点。而在完全不知道如何在微信上屏蔽他人的青少年中，比例最高的是和母亲共同居住的青少年（见图 7 − 1）。

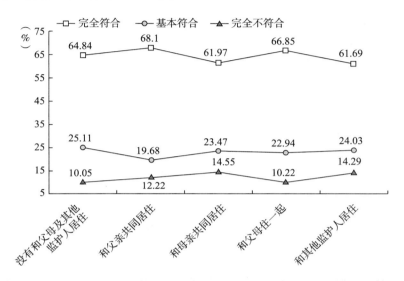

图 7 − 1　不同居住类型青少年的微信使用技能：知道如何在微信上屏蔽他人

　　在青少年网络信息真实性识别和网站可信度识别两个方面，和父母住一起的青少年网络信息真实性识别技能自评较高（见图 7 − 2、图 7 − 3），其原因可能是青少年与父母之间的交流相对要多一些，和父母住一起的青少年更容易受到双亲的影响，而双亲都在的家庭与孩子的交往更为细腻，对网络信息的真实性和网站可信度两个方面关注更多。调研也发现，母亲和父亲对孩子上网的态度在一个家庭中可能存在比较大的差异，但他们都关心孩子的上网安全问题。这意味着和父母住一起的青少年能够得到父母更多的呵护，有更为安全、稳定的生活环境，也能够在与父母共同生活的过程中获得更多的安全信息。

　　从网站可信度识别技能来看，与父母共同居住的青少年自评完全符合的比例虽然不如网络信息真实性识别技能，却比最低的和其他监护人居住的青少年高出 14 个百分点。调研中发现，和其他监护人居

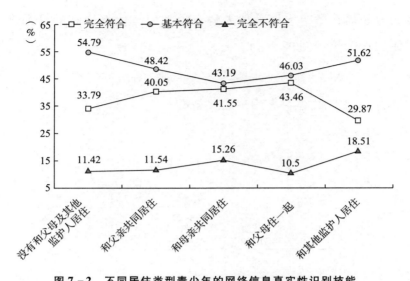

图7-2　不同居住类型青少年的网络信息真实性识别技能

住的青少年多是隔代家庭，即青少年与祖辈共同居住，祖辈自身在网站可信度识别上就存在问题，对青少年的帮助相对有限。这也说明，青少年网络技能的习得需要有相应网络安全知识的成年人帮助，家庭在提高青少年网络安全知识方面能够发挥重大作用。

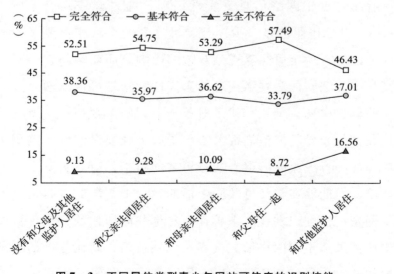

图7-3　不同居住类型青少年网站可信度的识别技能

同样，在短视频制作和安装手机程序方面，和父母住一起的青少年掌握技能的情况最好（见表7-3），也印证了父母在青少年网络使用技能方面能够发挥引导作用。调研中发现，部分父母能够与青少年共同使用手机进行一些娱乐活动，比如帮助子女录制与才艺相关的视频，并发朋友圈。这些父母有意或无意的行为对青少年使用网络的技能有着潜移默化的影响。

表7-3　不同居住类型青少年的短视频制作技能

单位：%

居住类型	我知道怎样制作一个短视频		
	完全符合	基本符合	完全不符合
没有和父母及其他监护人居住	37.44	35.16	27.40
和父亲共同居住	41.63	34.39	23.98
和母亲共同居住	35.45	35.68	28.87
和父母住一起	43.18	33.6	23.22
和其他监护人居住	39.61	30.52	29.87

也有一些父母会使用苹果手机账号管理功能或华为手机的父母账号监管功能掌控子女手机安装应用程序的情况，但大部分父母对子女安装相关的应用程序显得有些无能为力，甚至有一些父母发现，子女在玩自己手机的过程中下载了一些不想让父母看到的程序，在把手机还给父母之前"秒删"（见图7-4）。

相比之下，会购买应用程序的青少年比例大幅低于会安装应用程序的青少年，其原因与青少年缺少购买应用程序的支付账号有关。尽管大部分应用商店可以直接与微信支付或支付宝绑定，可以很方便地实现购买及支付，但很多青少年本身没有网络支付的账号，也不知道父母手机上的支付密码，所以无法完成应用程序的购买和支付。一旦青少年掌握了父母的支付密码，就有可能购买应用程序，调研中一些

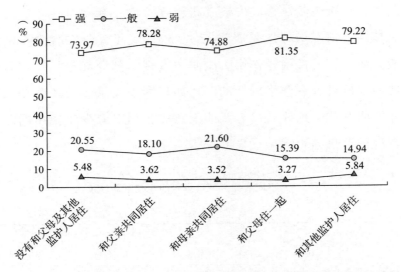

图 7-4   不同居住类型青少年在手机上安装程序的技能：知道如何在手机安装程序

父母就特别提到，孩子会"偷窥"自己的支付密码，在知道密码之后，就会偷偷地购买应用里的产品（见图 7-5）。

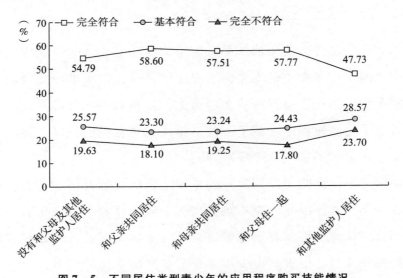

图 7-5   不同居住类型青少年的应用程序购买技能情况

在网络使用熟练度的自评方面，有接近一半的和父母住一起的青少年认为自己能够熟练使用，与之相比，没有和父母及其他监护人居住的青少年比例不足四成，而和其他监护人居住的青少年比例更低，只有35.71%（见图7-6）。这些都说明，父母在提高青少年网络使用熟练度方面起着积极作用。

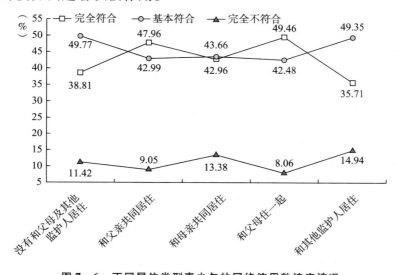

图7-6　不同居住类型青少年的网络使用熟练度情况

　　尽管和父母住一起的青少年网络使用的熟练度最高，但他们在学习和生活中对互联网和智能手机的依赖度却不高；相反，网络使用的熟练度偏低、没有和父母及其他监护人居住的青少年在学习和生活中对互联网和智能手机的依赖度最高（见图7-7）。导致青少年群体中出现网络使用熟练度和网络依赖度悖反的原因比较复杂，最重要的原因在于以下两个方面：一是没有和父母及其他监护人居住的青少年在生活和学习过程中对网络和手机应用的工具性特点非常明显，比如在学习过程中没有父母指导，需要去了解一些不会的知识，甚至只是去查一些英语单词，没有和父母及其他监护人居住的青少年需要使用网络和手机来完成；二是由于缺少父母的监管和呵护，没有和父母及其他监护人居住的青少年更有可能沉迷于某些有趣的网络娱乐活动，比如看视频、打游戏等，网络和手机的娱乐性应用对缺乏父母监管与呵护的青少年显得更为重要。因此，无论青少年享受的是网络和手机的工具性还是娱乐性，网络使用熟练度和网络使用依赖度悖反规律的出现，都与缺少父母监管和呵护的青少年在现实生活中的无助感有关——在现实生活中的无助让青少年网络使用技能相对较弱，无助也让他们更容易形成对网络和手机的依赖。

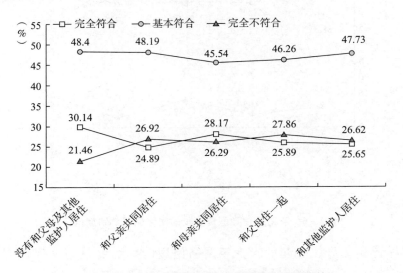

图7-7　不同居住类型青少年的网络使用依赖度情况

二　网络关注情况

1. 和母亲共同居住的青少年偏爱美食/美妆及网络购物

青少年的网络生活丰富多彩，在生活娱乐方面关注最多的是影视、音乐、动漫、游戏等，而对网络搞笑、恶搞、情感、恋爱等方面的关注度不高，特别是当代青少年对追星的关注度较低，出现了与以往代际年轻人不同的特点。或许，这也说明在物质生活得到满足、娱乐生活极为丰富的社会中，以往单一追星的青少年阶段的生活方式将会有较大的改变。

　　追剧/电影/流行音乐以及电玩/动漫/游戏在青少年的生活中仍然占据比较重要的地位，无论何种居住类型的青少年，表示完全不关注追剧/电影/流行音乐的比例都在10%以下，超过七成的青少年会追剧/电影/流行音乐（见图7-8）。

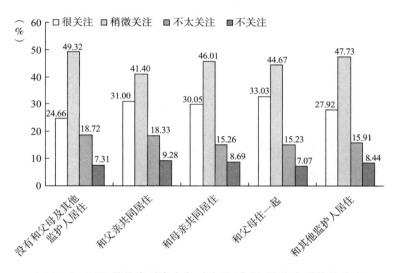

图 7 - 8　不同居住类型青少年对追剧/电影/流行音乐的关注度

　　在对电玩/动漫/游戏的关注方面，只有7.76%没有和父母及其他监护人居住的青少年表示完全不关注（低于10%），其他居住类型的青少年不关注电玩/动漫/游戏的比例都在15%左右（见图7-9）。这说明多数成年人会反对青少年玩电玩/动漫/游戏。访谈中，"游戏"可能是家长最头疼也是监管最严格的娱乐项目，也只有没有和父母及其他监护人居住的青少年能够有更多的时间和精力来关注电玩/动漫/游戏。

　　在调研中我们发现有一些青少年喜欢搞笑/搞恶内容的视频，但是对此类内容的关注度远远不如对追剧/电影/流行音乐、电玩/动漫/游戏的关注度（见图7-10）。其原因可能在于一些搞笑/搞恶的内容

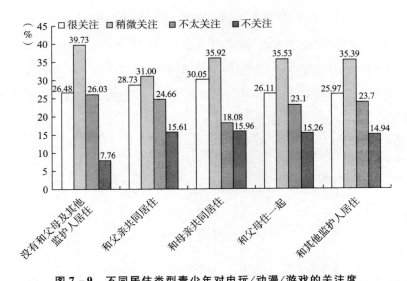

图7-9　不同居住类型青少年对电玩/动漫/游戏的关注度

在传播过程中会受到反感人群的抵制，尤其是老师和家长往往不太认同青少年喜欢的搞笑/搞恶内容。

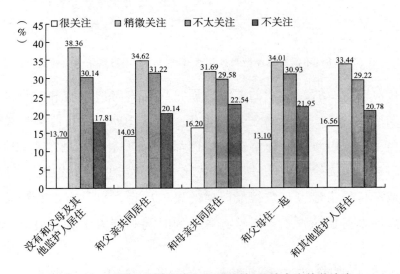

图7-10　不同居住类型青少年对搞笑/恶搞内容的关注度

有一个特别有意思的现象，尽管青少年关注追剧/电影/流行音乐的比例比较高，但是关注粉丝群/追星族的比例却非常低（见图7-11）。比如青少年中关注追剧/电影/流行音乐的比例可能在30%以上，但是很关注粉丝群/追星族的比例最高的也只有12.99%，这种对追剧/电影/流行音乐的关注度与对粉丝群/追星族的关注度之间巨大的差异说明，当代青少年使用互联网已经进入一个追剧不追星的时代。

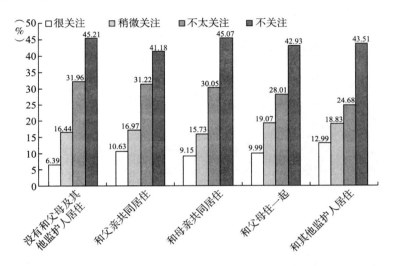

图7-11　不同居住类型青少年对粉丝群/追星族的关注度

另外非常有特点的是，和母亲共同居住的青少年对美食/美妆的关注度要显著高于其他居住类型的青少年，有14.32%的和母亲共同居住的青少年会关注美食/美妆，而和父亲共同居住的青少年关注美妆/美食的比例是最低的，只有11.09%（见图7-12）。这说明，父母的角色不同对青少年网络关注的内容有明显的影响。

没有和父母与其他监护人居住的青少年对情感/恋爱/社交的关注度是最高的（见图7-13），这也反映出他们在这些方面有着比较强烈的需求，尤其是在情感和社交方面，没有父母的照顾，他们在情感方面会感到空虚，而且在不能够与父母进行交流的情况下，需要有其他的社交形式替代。和其他监护人居住的青少年对情感/恋爱/社交的关注度最低。

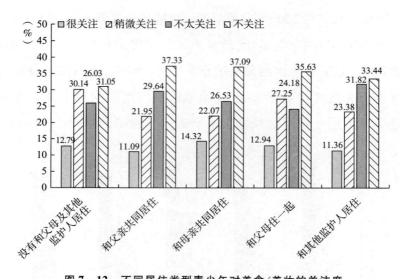

图 7-12　不同居住类型青少年对美食/美妆的关注度

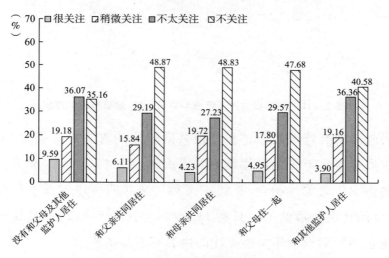

图 7-13　不同居住类型青少年对情感/恋爱/社交的关注度

在网络购物方面，和母亲共同居住的青少年的关注度也是最高的（见图 7-14），同时关注度比较高的还有没有和父母及其他监护人居住的青少年、和其他监护人居住的青少年，但这两类青少年对网络购物的关注度比较高的原因，显然与和母亲共同居住的青少年不一样。前两者关注网络购物的主要原因是他们需要独立完成购物，因此才会去关注网络购物的内容，而和母亲共同居住的青少年关注网络购物更可能是与母亲的角色有一定的关系。

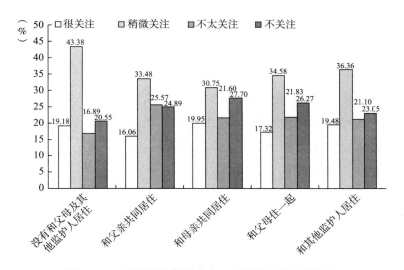

图 7－14　不同居住类型青少年对网络购物的关注度

综合来看，没有和父母及其他监护人居住的青少年对上述几种生活娱乐的关注度显著高于其他居住类型的青少年，其原因与其受到的监管较少、能够有更多的富余时间使用网络、进行娱乐生活有关系。而和母亲共同居住的青少年不关注网络娱乐生活方面的比例最高，关注美食/美妆的比例最高，这说明母亲对网络娱乐的关注与青少年有着直接的联系，多数女性对搞笑/恶搞的内容不太喜欢，却偏爱美食/美妆方面的内容，这直接影响到青少年的关注点。

2. 没有和父母及其他监护人居住的青少年更关注体育运动

互联网内容丰富多彩，几乎所有青少年基于自己的兴趣爱好都能够在网络上找到相应的兴趣群体。互联网包容性和开放性的特点也能够容纳青少年感兴趣的内容，不仅是文化和体育方面的常规活动，也包括青少年特有的活动类型。

　　极限运动/旅游探险虽然属于带有一定风险性的活动，但在青少年群体中却有着非常炫酷的效果，也是青年人喜欢彰显自我个性的一种方式，可以说属于自带光环模式。调查发现，不同居住类型的青少年对极限运动/旅游探险的关注度普遍不高，基本上只有一成多的青少年很关注极限运动/旅游探险内容（见图7-15）。这说明极限运动/旅游探险对青少年而言只是相对小众的活动，尤其是极限运动/旅游探险本身有一定的风险，且其装备也需要比较高的花费，往往得不到家庭的支持。和母亲共同居住的青少年对极限运动/旅游探险的关注度是最低的，这说明女性的小心谨慎特点使其更注重孩子们的安全，也影响到青少年关注点的选择。

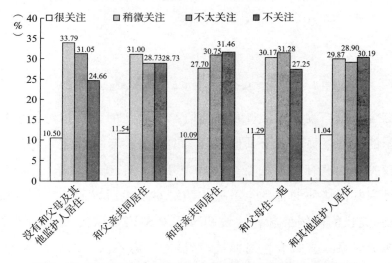

图7-15　不同居住类型青少年对极限运动/旅游探险的关注度

　　调查发现，青少年对体育运动的关注度较高，其中，没有和父母及其他监护人居住的青少年对体育赛事/瘦身/健身的关注度是最高的，有21.46%的青少年表示很关注体育赛事运动/瘦身/健身，这与他们的学习和生活环境有很大关系（见图7-16）。没有和父母及其他监护人居住的青少年人中有一部分是寄宿制学生，一方面，他们在学校能够与其他青少年一起开展集体性的体育活动，比如打篮球、踢足球等，体育活动的参与也引发了他们在网络上对体育运动内容的关注；另一方面，他们在没有父母及其他监护人监护的情况下，会有更多空闲时间和生活空间来关注网络上的体育赛事，尤其是现在很多体育赛事都实现了网络直播，解决了青少年在学校里难以看到电视直播的困扰，甚至有些赛事只有网络直播，没有电视直播。

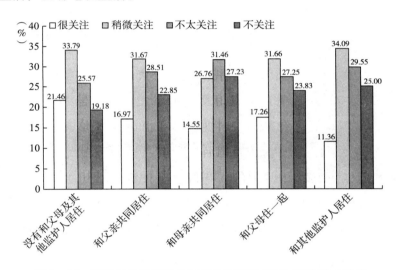

图 7 – 16　不同居住类型青少年对体育赛事/瘦身/健身的关注度

不同居住类型青少年对英语/外语/翻译的关注度差异很大。没有和父母及其他监护人居住的青少年对英语/外语/翻译表示很关注的比例不到一成，和父母住一起的青少年表示很关注英语/外语/翻译的比例达到 17.13%，比前者高出 8 个百分点，这同和父母住一起的青少年家庭的经济社会特点有一定关系。和父母住一起的青少年有可能家庭经济条件相对较好，所以父母知道英语/外语作为一种工具，对孩子未来生活有比较积极的作用；而没有和父母及其他监护人居住的青少年中有一部分是来自农村地区的留守青少年，他们对英语/外语加以工具性使用的可能性比较小，也无法通过父母来了解英语/外语在他们未来生活中会发挥积极作用，所以关注度要低得多。

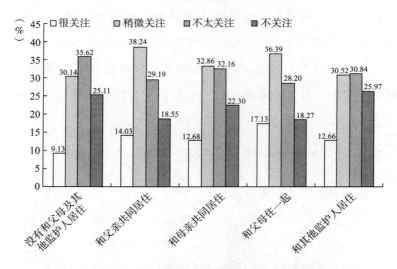

图 7 - 17   不同居住类型青少年对英语/外语/翻译的关注度

青少年对网络小说的关注度略低于对体育运动的关注度。在网络上阅读小说比例最高的青少年居住类型是和母亲共同居住，这说明网络小说作为一种相对安全的生活娱乐方式，较容易受到母亲的青睐。

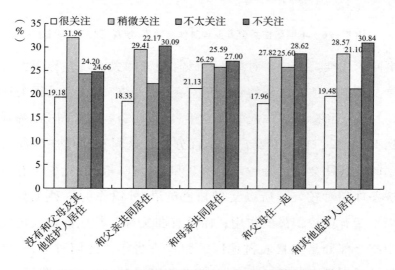

图 7 - 18   不同居住类型青少年对网络小说的关注度

　　Cosplay/汉服也属于近些年容易引起青少年群体关注的内容，但调查发现，青少年对奇装异服标签之下的 Cosplay/汉服的关注度并不高，只有一成左右的青少年会关注 Cosplay/汉服，和母亲共同居住的青少年的关注度尤其低，只有 7.51% 和母亲共同居住的青少年很关注Cosplay/汉服（见图 7 - 19）。

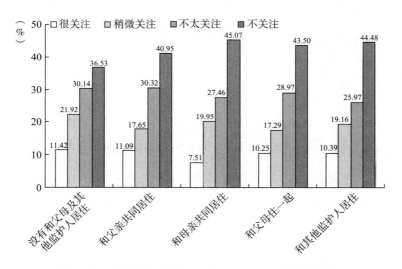

图 7 - 19　不同居住类型青少年对 Cosplay/汉服的关注度

　　3. 和父母住一起的青少年对做作业/解题/科学知识的关注度较高

　　在学习方面，和父母住一起的青少年对网络学习的热情和关注度要高于其他居住类型的青少年，但例外的是，没有和父母及其他监护人居住的青少年也会较为关注公开课/在线课程，但是他们对做作业/解题的关注度比较低。整体来看，父母对引导青少年使用网络提高学业是有所帮助的。

　　在做作业/解题/科学知识方面，和父母住一起的青少年的关注度最高，表示很关注的比例超过了 1/4，而没有和父母及其他监护人居住的青少年的关注度不足 20%（见图 7 - 20）。

　　在诗歌/散文/艺术方面，和父母住一起的青少年表示很关注的比

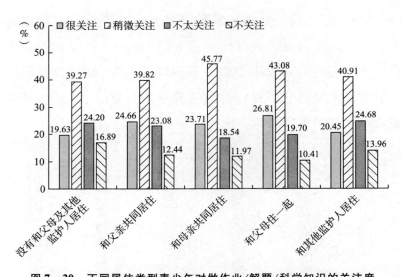

图 7－20　不同居住类型青少年对做作业/解题/科学知识的关注度

例较高，关注度最低的是和其他监护人居住的青少年（见图 7－21）。
作为与学业相关性不大的诗歌/散文/艺术，虽然对提升学业有一定的
作用，但需要家长投入一定的精力进行引导和培育，和其他监护人居

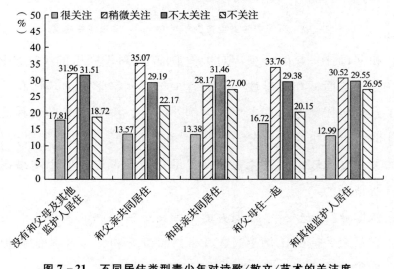

图 7－21　不同居住类型青少年对诗歌/散文/艺术的关注度

住的青少年会受到一定的忽视，因为其他监护人往往只能帮助他们打理基本的日常生活。

　　青少年对公开课/在线课程的关注度基本上在10%左右，只有和父母住一起的青少年表示很关注的比例接近12%，相对较高（见图7－22）。总体而言，青少年对公开课/网络课程的关注度普遍比较低。一方面，可能由于只有和父母住一起的青少年的家庭会使用公开课/在线课程给孩子补习；另一方面，青少年在学校里已经承担了比较重的课业负担，回家还得做作业，他们主要的上网场所是家里，如果再要求他们在家里关注公开课/在线课程，可能会引起他们的抵触心理。

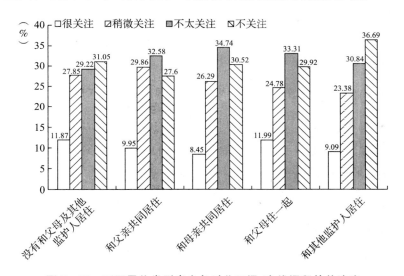

图7－22　不同居住类型青少年对公开课/在线课程的关注度

　　在科学知识方面，和父亲共同居住与和父母住一起青少年的关注度较高，都超过了20%（见图7－23），说明孩子家长，尤其是父亲，可能会有意识地去培养孩子对科学的兴趣。而和其他监护人居住的青少年在科学知识方面的关注度明显要低，说明隔代教育可能忽略的课外内容会比较多，不利于青少年知识面的扩展。

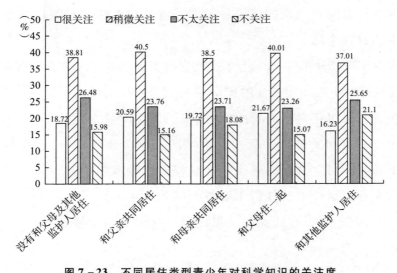

图 7-23 不同居住类型青少年对科学知识的关注度

三 网络活动的强度

1. 和父母住一起的青少年网络的学习性使用率较高

从频率和强度来看，青少年互联网使用已经达到比较高的水平。本研究把青少年网络活动分为四个部分：第一部分是与学习有关的网络活动，第二部分是与购物有关的网络活动，第三部分是与社交有关的网络活动，第四部分是与娱乐有关的网络活动。整体看，青少年与社交有关的网络活动强度最高，没有和父母及其他监护人居住的青少年在与社交有关的网络活动上，强度更是大大高于其他居住类型的青少年。

总体而言，在与学习有关的网络活动中，和父母住一起的青少年的频率是最高的，相对比较低的是和其他监护人居住的青少年。在青少年使用互联网的过程中，如果能够有父母的督导和督促，他们更可能把网络工具用于学习，而不是一味地用于社交和娱乐。在搜索资料和信息方面，青少年的使用频率较高，尤其是和父母住一起的青少年，有60%以上每天至少一次使用互联网搜索资料和信息（见表7-4）。

表7-4 不同居住类型青少年使用互联网搜索资料和信息的频率

单位：%

搜索资料和信息	几乎总是	每天几次	几乎每天一次	至少每周一次	从不
没有和父母及其他监护人居住	13.70	18.72	25.11	35.16	7.31
和父亲共同居住	15.61	18.78	24.43	37.78	3.39
和母亲共同居住	18.08	16.20	18.31	40.85	6.57
和父母住一起	19.16	18.43	22.75	35.56	4.09
和其他监护人居住	13.96	17.53	16.88	39.94	11.69

青少年使用网络写作业/查单词的比例也比较高，尤其是和父母住一起的青少年，有近六成每天至少一次会使用手机帮助写作业和查单词。在调研过程中，能够发现青少年使用网络和手机来写作业/查单词是一个普遍现象，即便是在较为偏远的乡镇，学校里的老师也知道，孩子有时候不认真完成作业，而用手机帮助写作业。用手机帮助写作业的方式通常有两种：第一种是使用各种各样写作业的App，比如作业帮，把作业扫描或者拍照后上传，就可以获取相应的答案；另一种是通过社交工具，比如班级里建了一个写作业的群，每个人负责写一部分作业，甚至完全在群里面抄别人的作业。互联网确实很容易把青少年联系在一起，在写作业上实现"互帮互助"。

表7-5 不同居住类型青少年使用互联网写作业/查单词的频率

单位：%

写作业/查单词	几乎总是	每天几次	几乎每天一次	至少每周一次	从不
没有和父母及其他监护人居住	14.16	13.70	27.40	32.42	12.33
和父亲共同居住	14.48	20.14	26.24	31.90	7.24

续表

写作业/查单词	几乎总是	每天几次	几乎每天一次	至少每周一次	从不
和母亲共同居住	17.61	15.73	19.25	35.68	11.74
和父母住一起	17.04	18.56	23.38	34.01	7.01
和其他监护人居住	11.69	18.83	19.48	34.09	15.91

除了写作业/查单词之外，我们还可以看到青少年在学习之余在互联网上看小说/故事，但看小说/故事的比例比写作业/查单词的比例低（见表7-6）。很多家长会有意识地控制孩子在网络上看小说/故事的次数，原因在于很多父母认为过度使用手机或者电脑会导致孩子视觉疲劳，会对孩子的身体尤其是视力造成不良影响。

表7-6 不同居住类型青少年在互联网上看小说/故事的频率

单位：%

看小说/故事	几乎总是	每天几次	几乎每天一次	至少每周一次	从不
没有和父母及其他监护人居住	15.07	11.87	20.55	34.25	18.26
和父亲共同居住	13.35	12.90	13.12	38.69	21.95
和母亲共同居住	11.97	9.15	13.85	37.32	27.70
和父母住一起	11.83	10.06	13.77	39.18	25.16
和其他监护人居住	12.34	9.42	15.58	34.09	28.57

现在很多学校要求学生关注新闻时事，比如要求学生每周写时政周报，因而这些学生必须去看一些新闻时事。调查发现八成以上的青少年每周至少会看一次新闻时事，其中和其他监护人居住的青少年比例相对较低，而和父亲共同居住的青少年关注新闻时事的比例相对较高（见表7-7）。

表7-7　不同居住类型青少年看新闻时事的频率

单位：%

看新闻时事	几乎总是	每天几次	几乎每天一次	至少每周一次	从不
没有和父母及其他监护人居住	10.05	14.61	28.31	33.79	13.24
和父亲共同居住	9.05	16.52	21.49	40.27	12.67
和母亲共同居住	9.39	9.86	23.24	39.91	17.61
和父母住一起	11.04	13.36	22.56	38.83	14.21
和其他监护人居住	9.42	11.69	19.16	39.29	20.45

　　没有和父母及其他监护人居住的青少年更有可能与他人在网络上评论或与别人讨论时事/社会问题（见表7-8），原因非常简单，因为他们在日常生活中没有办法和父母一起评论或讨论时事/社会问题，只能把评论或讨论的场所转移到网络上。但这种在网络上评论或与别人讨论时事/社会问题的潜在风险是他们可能会受到网络谩骂或其他形式的网络暴力伤害。

表7-8　不同居住类型青少年评论或与别人讨论时事/社会问题的频率

单位：%

评论或与别人讨论时事/社会问题	几乎总是	每天几次	几乎每天一次	至少每周一次	从不
没有和父母及其他监护人居住	9.59	12.33	18.72	35.62	23.74
和父亲共同居住	8.37	13.80	16.97	36.88	23.98
和母亲共同居住	9.15	8.92	16.67	29.58	35.68
和父母住一起	8.91	10.72	16.53	37.98	25.86
和其他监护人居住	4.87	11.69	16.23	33.77	33.44

2. 没有和父母及其他监护人居住的青少年生活性网络应用最多

　　青少年在网络使用过程中，既有家长引导的影响，也有满足自身需要的因素，特别是一些父母不在身边的青少年，不仅要满足自己的需求，可能还需要照顾周围的其他人，比如兄弟姐妹或者爷爷奶奶。在调查中我们曾遇到一个小学五年级的孩子，父母外出务工通过微信往家里转钱，这些钱都保存在孩子的账户上，因此孩子成了家里掌管经济大权的人：既要负责自己和妹妹的开销，还要帮助爷爷奶奶购买生活用品。可见，父母不在身边的青少年，由于需要解决日常生活中的各种问题，使用生活方面的网络应用程序是最多的，但是由于他们自身缺少互联网购物和支付的工具与账号，整体上网络支付水平并不是很高。

没有和父母及其他监护人居住的青少年几乎总是使用导航、查找交通路线的比例为 9.59%，在不同居住类型的青少年中是最高的，而且他们从不使用导航及查找交通线路的比例只有 26.94%，比和母亲共同居住的青少年低了近 18 个百分点，有着非常明显的差距（见表 7 - 9）。这说明在没有父母及其他监护人的帮助之下，青少年必须得依靠自身的能力来满足生活需求。

表 7 - 9　不同居住类型青少年使用导航、查找交通路线的频率

单位：%

使用导航、查找交通路线	几乎总是	每天几次	几乎每天一次	至少每周一次	从不
没有和父母及其他监护人居住	9.59	4.57	12.79	46.12	26.94
和父亲共同居住	6.79	5.88	7.01	47.74	32.58
和母亲共同居住	6.10	5.16	6.57	37.79	44.37
和父母住一起	8.50	4.54	6.12	46.41	34.42
和其他监护人居住	6.17	3.90	6.49	41.56	41.88

网络购物方面也呈现同样的特点。没有和父母及其他监护人居住的青少年几乎总是网络购物的比例达到 13.70%，比和父亲共同居住的青少年高出 5.33 个百分点（见表 7 - 10）。

表 7 – 10   不同居住类型青少年网络购物的频率

单位：%

网络购物	几乎总是	每天几次	几乎每天一次	至少每周一次	从不
没有和父母及其他监护人居住	13.70	7.76	13.70	45.66	19.18
和父亲共同居住	8.37	6.56	6.11	54.52	24.43
和母亲共同居住	10.80	5.63	9.15	39.20	35.21
和父母住一起	9.49	4.70	6.88	49.75	29.19
和其他监护人居住	12.01	3.57	9.42	43.51	31.49

在使用网络支付、理财、转账方面，没有和父母及其他监护人居住的青少年几乎总是使用网络支付、理财、转账的比例达到 17.81%，和父亲共同居住的青少年的这一比例只有 9.73%（见表 7 – 11）。在网络购物和使用网络支付、理财、转账方面，没有和父母及其他监护人居住的青少年的表现极为突出：从好的方面讲，是他们较早地掌握了网络购物及使用网络支付、理财、转账的技能；从不好的方面讲，尚未成熟的他们是冒着上当受骗的风险在生存。

表 7 – 11   不同居住类型青少年使用网络支付、理财、转账的频率

单位：%

使用网络支付、理财、转账	几乎总是	每天几次	几乎每天一次	至少每周一次	从不
没有和父母及其他监护人居住	17.81	10.50	16.44	34.25	21.00
和父亲共同居住	9.73	9.05	8.37	40.95	31.90
和母亲共同居住	11.74	5.16	9.86	30.99	42.25
和父母住一起	11.93	6.63	9.84	36.04	35.56
和其他监护人居住	9.74	6.82	12.66	36.36	34.42

父母不在身边的青少年不仅通过互联网满足自己的生活需要，还能够通过互联网帮父母买东西、帮爷爷奶奶查询医疗信息等，他们在网络上独立行动的能力在前面的分析中已经得到证实。数据分析发现，没有和父母及其他监护人居住的青少年可以实现能力上的反哺，

帮父母买东西、帮爷爷奶奶查询医疗信息的比例高于其他居住类型的青少年（见表 7 - 12）。

表 7 - 12　不同居住类型青少年帮助家人的频率

单位：%

通过互联网帮助家人，如帮父母买东西、帮爷爷奶奶查询医疗信息	几乎总是	每天几次	几乎每天一次	至少每周一次	从不
没有和父母及其他监护人居住	13.24	6.39	14.16	43.38	22.83
和父亲共同居住	10.86	7.69	11.54	44.80	25.11
和母亲共同居住	11.74	4.69	9.62	40.85	33.1
和父母住一起	10.47	6.57	10.03	44.8	28.14
和其他监护人居住	11.69	5.52	9.74	43.51	29.55

3. 没有和父母及其他监护人居住的青少年使用社交应用最频繁

网络社交应用是青少年使用最多的应用类型，不同居住类型的青少年使用微信和 QQ 与同学、朋友和家人联系的比例都超过了 90%。具体来看，几乎总是使用微信和 QQ 与同学、朋友和家人联系的青少年中，没有和父母及其他监护人居住，以及和其他监护人居住的青少年比例要显著高于至少父母中有一方在身边的青少年（见表 7 - 13）。这说明，父母不在身边的时候，青少年会更多地使用社交软件与父母联系。当然，由于父母不在身边，他们也有更多的时间和空间与同学和朋友联系，以满足社交需求。

表 7 - 13　不同居住类型青少年使用社交应用的频率

单位：%

使用微信、QQ 与同学、朋友和家人联系	几乎总是	每天几次	几乎每天一次	至少每周一次	从不
没有和父母及其他监护人居住	43.38	18.26	13.70	21.92	2.74

续表

使用微信、QQ与同学、朋友和家人联系	几乎总是	每天几次	几乎每天一次	至少每周一次	从不
和父亲共同居住	38.24	16.06	18.55	24.89	2.26
和母亲共同居住	38.50	12.91	19.01	23.94	5.63
和父母住一起	39.69	14.63	15.58	26.94	3.17
和其他监护人居住	44.81	12.34	14.61	23.05	5.19

青少年在查看社交网络（如朋友圈、QQ空间）的频率上也存在与使用微信和QQ类似的差异，但差异没有那么显著。虽然父母不在身边的青少年与父母中至少有一方在身边的青少年相比仍然有一定的差异，但相对而言差异较小，而且可以看到，和其他监护人居住的青少年有一成以上从来不查看社交网络（如朋友圈、QQ空间）（见表7-14）。

表7-14　不同居住类型青少年查看社交网络的频率

单位：%

查看社交网络（如朋友圈、QQ空间）	几乎总是	每天几次	几乎每天一次	至少每周一次	从不
没有和父母及其他监护人居住	35.62	21.00	14.61	22.83	5.94
和父亲共同居住	33.94	14.71	18.78	26.92	5.66
和母亲共同居住	33.33	11.50	15.96	29.11	10.09
和父母住一起	34.49	14.40	15.26	28.20	7.65
和其他监护人居住	36.36	14.29	18.83	20.13	10.39

以往比较流行的微博，现在的青少年使用较少，超过1/3的青少年从来不使用微博，可能是因为微博传递的信息和内容与青少年社交的方式不匹配。和父亲共同居住的青少年从不使用微博的比例相对低一些，和母亲共同居住的青少年从不使用微博的比例达到45.77%（见表7-15）。

表 7 – 15   不同居住类型青少年使用微博的频率

单位：%

使用微博	几乎总是	每天几次	几乎每天一次	至少每周一次	从不
没有和父母及其他监护人居住	11.87	6.85	11.87	34.70	34.70
和父亲共同居住	14.71	7.92	10.63	30.54	36.20
和母亲共同居住	13.38	6.10	9.39	25.35	45.77
和父母住一起	15.77	6.63	9.96	29.57	38.07
和其他监护人居住	12.34	4.55	7.79	25.97	49.35

　　近乎过时的网络论坛和 BBS 在青少年中的使用比例也比较低，和母亲共同居住的青少年中有超过一半的人从不上各种论坛和 BBS，但也可以看到没有和父母及其他监护人居住的青少年中，从不上各种论坛和 BBS 的比例是最低的，只有 38.36%（见表 7 – 16），这意味着他们在各种论坛和 BBS 上的社会交往更多。一方面，他们可以在各种论坛和 BBS 上寻找到自己的兴趣点和归属感，或者是结交到知心的朋友；另一方面他们也有可能在各种论坛和 BBS 上遭遇更多的网络风险。

表 7 – 16   不同居住类型青少年上各种论坛和 BBS 的频率

单位：%

上各种论坛和 BBS	几乎总是	每天几次	几乎每天一次	至少每周一次	从不
没有和父母及其他监护人居住	6.39	8.22	11.87	35.16	38.36
和父亲共同居住	8.14	7.69	9.28	33.71	41.18
和母亲共同居住	9.86	4.93	10.09	22.54	52.58
和父母住一起	9.96	5.93	8.95	29.60	45.56
和其他监护人居住	7.79	2.92	6.82	24.35	58.12

　　虽然当前短视频平台非常流行，但是几乎总是制作视频或音乐并上传与他人分享的青少年的比例非常低，除了没有和父母及其他监护人居住的青少年外，其他居住类型的青少年都有四成以上从来不制作视频或音乐并上传与他人分享（见表 7 – 17），这可能与青少年本身

缺乏视频或音乐制作的能力和动力有关。在调研中发现，有一些乡镇的农村学生通过短视频平台成为小有名气的网红，而且乐此不疲，但这种制作视频并上传的行为并不被老师和家长认同。

表 7 – 17　不同居住类型青少年制作视频或音乐并上传与他人分享的频率

单位：%

制作视频或音乐并上传与他人分享	几乎总是	每天几次	几乎每天一次	至少每周一次	从不
没有和父母及其他监护人居住	10.50	5.48	12.33	37.90	33.79
和父亲共同居住	7.92	5.66	11.09	31.67	43.67
和母亲共同居住	7.51	4.93	8.69	30.05	48.83
和父母住一起	9.17	4.12	7.93	34.04	44.73
和其他监护人居住	8.12	3.57	11.36	29.22	47.73

4. 至少有父母一方监护的青少年看短视频的比例最低

娱乐是青少年的天性。问卷中设计了当前比较流行的短视频、直播、音乐、打游戏、看电视剧和电影五种主要的网络娱乐形式。比较而言，听音乐是青少年中最为普及的娱乐形式，看直播的青少年比例相对较低。总体而言，在不同居住类型的青少年中，没有和父母及其他监护人居住的青少年与和其他监护人居住的青少年在娱乐应用的使用方面比例明显要高，特别是在比较流行的短视频和打游戏方面。和父母住一起的青少年，听音乐的比例最高，这说明在不同的家庭环境中，青少年的娱乐选择也存在显著的差异。

具体来看，在看短视频方面，没有和父母及其他监护人居住的青少年与和其他监护人居住的青少年中，分别有 25.11% 和 25.00% 的青少年几乎总是在看短视频（见表 7 – 18），相对而言，和父亲或母共同居住的青少年几乎总是看短视频的比例都在 20% 以下。

表 7 – 18 不同居住类型青少年看短视频的频率

单位：%

看短视频	几乎总是	每天几次	几乎每天一次	至少每周一次	从不
没有和父母及其他监护人居住	25.11	13.24	14.61	23.74	23.29
和父亲共同居住	18.10	10.18	10.86	32.35	28.51
和母亲共同居住	19.72	9.62	11.97	31.22	27.46
和父母住一起	20.08	8.98	11.01	30.30	29.63
和其他监护人居住	25.00	11.04	11.04	28.25	24.68

尽管很多人认为直播是当前比较火的网络平台，但在青少年中的普及应用程度并不高。除了没有和父母及其他监护人居住的青少年之外，其他居住类型的青少年中从不看直播的比例都超过了一半（见表7 – 19），这说明直播对青少年的吸引力还是相对有限的。

表 7 – 19 不同居住类型青少年看直播的频率

单位：%

看直播	几乎总是	每天几次	几乎每天一次	至少每周一次	从不
没有和父母及其他监护人居住	8.22	6.85	11.42	32.42	41.10
和父亲共同居住	6.33	7.69	5.66	29.64	50.68
和母亲共同居住	8.22	2.58	6.81	28.64	53.76
和父母住一起	7.30	3.84	6.66	29.66	52.54
和其他监护人居住	7.14	5.84	7.47	29.22	50.32

音乐本身作为一种轻松、休闲、安全的娱乐方式，容易得到家长和老师的认可。从表 7 – 20 中可以看到，和父母住一起的青少年几乎总是听音乐的比例是最高的，超过了30%，这说明父母在帮助孩子选择娱乐方式方面发挥了一定的作用。

表 7 - 20　不同居住类型青少年听音乐的频率

单位：%

听音乐	几乎总是	每天几次	几乎每天一次	至少每周一次	从不
没有和父母及其他监护人居住	27.85	20.09	15.98	23.29	12.79
和父亲共同居住	26.47	11.76	17.87	30.77	13.12
和母亲共同居住	27.93	9.39	16.43	34.74	11.50
和父母住一起	30.08	13.13	17.07	28.68	11.04
和其他监护人居住	28.57	14.61	15.58	27.92	13.31

尽管在调研中，青少年打游戏是令老师和家长最头疼的问题，但实际上几乎总是打游戏的青少年比例并不高，比较突出的是没有和父母及其他监护人居住的青少年，以及和其他监护人居住的青少年。前者中有超过50%的青少年几乎每天要打一次游戏，后者中的这一比例也超过了40%。相对而言，其他几种居住类型的青少年打游戏的频率要低很多。

表 7 - 21　不同居住类型青少年打游戏的频率

单位：%

打游戏	几乎总是	每天几次	几乎每天一次	至少每周一次	从不
没有和父母及其他监护人居住	21.46	15.07	14.61	34.25	14.61
和父亲共同居住	13.12	8.37	11.54	38.69	28.28
和母亲共同居住	14.08	7.28	12.44	36.62	29.58
和父母住一起	13.52	7.36	11.39	40.01	27.73
和其他监护人居住	18.51	9.74	13.31	32.14	26.30

电视剧/电影作为传统的娱乐形式，在当下的流行程度并没有完全衰减。从表 7 - 22 中可以看到，每天都看电视的青少年的比例基本上在50%上下，其中没有父母和其他监护人居住的青少年每天都看电视的比例接近60%。综合上述分析结果可以看到，没有和父母及其他监护人居住的青少年，在娱乐应用方面的强度要显著高于其他居住类

型的青少年。

表 7 - 22　不同居住类型青少年看电视/电影的频率

单位：%

看电视剧或看电影	几乎总是	每天几次	几乎每天一次	至少每周一次	从不
没有和父母及其他监护人居住	23.29	14.16	21.00	29.68	11.87
和父亲共同居住	17.87	9.73	12.90	42.31	17.19
和母亲共同居住	19.72	7.98	14.55	42.72	15.02
和父母住一起	19.19	9.90	12.82	43.05	15.04
和其他监护人居住	22.08	9.42	14.94	36.04	17.53

四　生活时间安排与网络依赖

1. 没有和父母及其他监护人居住的青少年上网时间最长,写作业时间最短

从数据分析的结果来看，青少年平均每天写作业花费的时间是最多的，除了写作业之外，上网可以说是青少年在课余时间的"第一活动"，其中没有和父母及其他监护人居住的青少年平均每天上网超过了3个小时，即便是与父母住一起的青少年每天上网平均时间也达到2.38个小时，这说明青少年上网时间比较长（见图7-24）。

对于没有和父母及其他监护人居住的青少年而言，他们平均写作业的时间是最短的，只有2.45个小时；和母亲共同居住与和父母住一起的青少年平均每天写作业的时间达到3.26个小时，说明青少年课业负担比较重，但没有和父母及其他监护人居住的青少年可能"自觉"地减少了写作业的时间。

此外，青少年运动、玩耍、做家务、参加集体活动和参加志愿或公益活动的时间都不长，尤其是离开电子设备的玩耍时间平均在 1 个小时左右，运动的时间还不足 1.5 个小时。尤其值得关注的是，和其他人监护人居住的青少年做家务的时间是最长的，平均每天达到 1.47 个小时，同时，参加志愿或公益活动的时间是最短的，只有 0.86 个小时。

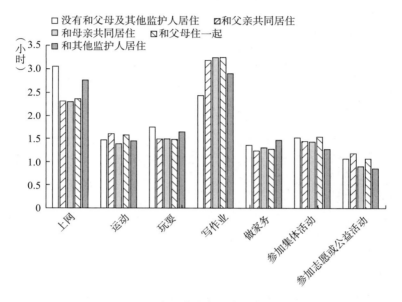

图 7－24　不同居住类型青少年从事不同活动的平均时长

2. 没有和父母及其他监护人居住的青少年网络/手机依赖程度深，成绩下降比例最高

网络/手机对青少年产生的影响会因为家庭环境的不同而产生较大差异。本次调查测量了不同居住类型青少年对网络和手机的依赖程度，以及上网/玩手机对他们学习和生活的影响，发现没有和父母及其他监护人居住的青少年受上网/玩手机影响的比例最高，有 26.03% 曾经因为上网/玩手机忘记吃饭或者睡觉，有 48.40% 的没有和父母及其他监护人居住的青少年曾经因为上网/玩手机使得学习成绩下降。但是值得关注的是，在尝试没事的时候不看微信/QQ 等社交软件但很难的比例中，不同居住类型比较一致，基本上都为 34%～39%（见表 7-23），说明家庭对孩子的监管会有一定的效果，父母或监护人会让孩子不至于忘记吃饭、睡觉，或者导致学习成绩下降，但无法从根本上改变青少年使用手机和依赖网络的影响。当代青少年本身已经很难离开手机或者网络，这与他们本身属于互联网的原住民，以及在所有的生活、学习和社交中普遍使用网络和手机有很大的关系，当然也可以视为当代青少年生活的一种常态。

表 7-23　不同居住类型青少年对上网/玩手机的依赖情况

单位：%

	没有和父母及其他监护人居住	和父亲共同居住	和母亲共同居住	和父母住一起	和其他监护人居住
我曾经因为上网/玩手机忘记吃饭或睡觉	26.03	14.93	23.71	14.85	19.48
我曾经因为上网/玩手机使得学习成绩下降	48.40	36.88	40.14	39.63	45.13
我尝试过没事的时候不看微信/QQ 等社交软件但很难	37.90	34.62	38.97	34.84	37.99

五　网络风险

1. 没有和父母及其他监护人居住的青少年接触网络色情信息比例接近四成

调查发现，没有和父母及其他监护人居住的青少年有接近四成会在网络中接触到色情信息，和父亲共同居住的青少年在网络中接触色情信息的比例最低，为 29.19%（见图 7-25）。这与他们网络活动的频率、强度、内容选择和时长有关。没有和父母及其他监护人居住的青少年使用网络更为频繁，且没有家长的监督、保护，因此，遇到过网络色情信息的比例也最高。

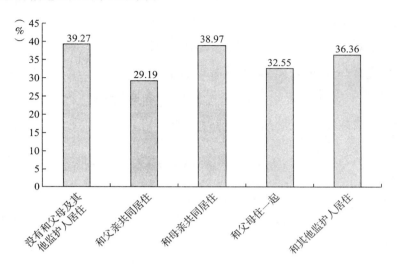

图7-25 不同居住类型青少年遭遇网络色情分布

几乎所有居住类型的青少年接触网络色情信息最多的场景都是网络社区，没有和父母及其他监护人居住的青少年在网络社区接触色情信息的比例最高，超过六成（见表7-24）。调研中发现，青少年接触色情信息的最主要渠道是弹出广告，尤其是隐藏在社区论坛中的弹出广告；其次是社交软件；排名第三的是短视频。

表7-24 不同居住类型青少年遇到网络色情信息的场景

单位：%

	短视频	直播	社交软件	微博	新闻及留言	网络社区
没有和父母及其他监护人居住	53.49	32.56	55.81	18.60	27.91	61.63
和父亲共同居住	44.19	22.48	57.36	14.73	28.68	48.06
和母亲共同居住	54.22	18.67	57.23	10.24	30.12	54.22
和父母住一起	46.98	25.73	56.14	13.94	29.63	52.24
和其他监护人居住	49.11	25.00	54.46	8.04	32.14	53.57

青少年对于色情信息和骚扰并没有很好的应对手段，与母亲共同居住的青少年中有八成多只能当作没看见，不理会，这也是青少年使用最多最无奈的应对策略。而没有和父母及其他监护人居住的青少年中觉得很好奇点开看看的比例最高，达到18.60%，比和父母住一起的青少年很好奇点开看看的比例（8.48%）高出约一倍（见表7-25）。这意味着缺少成年人的保护和教导时，青少年受到好奇心的驱使去接触色情信息的可能性倍增。

表 7-25　不同居住类型青少年遇到网络色情信息的反应

单位：%

	没有和父母及其他监护人居住	和父亲共同居住	和母亲共同居住	和父母住一起	和其他监护人居住
当作没看见，不理会	69.77	73.64	80.12	78.65	70.54
很好奇点开看看	18.60	7.75	11.45	8.48	9.82
觉得可能是开玩笑，不在意	19.77	23.26	20.48	18.13	21.43
告诉父母	5.81	6.98	4.82	6.14	2.68
告诉老师	3.49	2.33	1.20	2.53	0.89
跟同学或者朋友讲	11.63	10.08	13.25	11.21	13.39
跟兄弟姐妹讲	3.49	1.55	3.01	2.53	1.79
跟爷爷奶奶或者外公外婆讲	2.33	1.55	1.20	1.07	0.00
网络投诉或者举报	48.84	45.74	33.13	45.81	50.89
报警	3.49	5.43	2.41	3.90	2.68

2. 没有和父母及其他监护人居住的青少年遭遇网络诈骗时绝大部分不会报警

调查发现，在不同居住类型中，都有超过1/3的青少年曾遭遇网络诈骗，在父母不在身边的青少年，如没有和父母及其他监护人居住及同其他监护人居住两种类型中这一比例均超过四成（见图7-26），可见父母不在身边的青少年遭遇网络诈骗的可能性要更大一些。

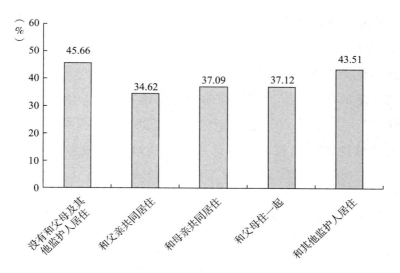

图7-26　不同居住类型青少年遭遇网络诈骗的分布

　　青少年遭遇网络诈骗的场景也主要集中在社交软件、网络社区和新闻及留言（见表7-26）。调研中发现一些青少年遭遇网络诈骗是因为添加陌生人的微信、QQ，或者是进入了不熟悉的微信群、QQ群。而在新闻及留言区里遭遇诈骗的现象尤其值得关注，由于青少年本身缺乏识别能力，对新闻中潜藏的诈骗内容往往无法正确识别，比如有家长反映在孩子看今日头条等新闻客户端时，轻信里面的广告，上当受骗。

表7-26　不同居住类型青少年遭遇网络诈骗的场景

单位：%

	短视频	直播	社交软件	微博	新闻及留言	网络社区
没有和父母及其他监护人居住	22.00	15.00	74.00	12.00	24.00	48.00
和父亲共同居住	24.84	13.73	72.55	15.03	24.84	64.71
和母亲共同居住	18.99	8.23	65.82	12.66	27.22	64.56
和父母住一起	21.97	12.22	72.39	14.70	26.41	58.46
和其他监护人居住	21.64	14.93	72.39	14.18	25.37	54.48

在遭遇网络欺诈的青少年中，当作没看见，不理会和网络投诉或者举报仍然是比较多的选择，但让人惊讶的是，绝大部分青少年都不会选择将遭遇网络欺诈的事情报警（见表 7 - 27）。调查分析发现，在遇到网络欺诈后报警比例最高的是没有和父母及其他监护人居住的青少年，但也仅占 7.00%，这意味着九成以上的青少年都不会使用法律手段来维护自己的权益。这可能与他们遭受诈骗损失的财物较少有关。

表 7 - 27　不同居住类型青少年遭遇网络诈骗的反应

单位：%

	没有和父母及其他监护人居住	和父亲共同居住	和母亲共同居住	和父母住一起	和其他监护人居住
当作没看见，不理会	70.00	71.90	65.82	68.72	64.93
很好奇点开看看	5.00	5.88	8.23	5.13	2.24
觉得可能是开玩笑，不在意	13.00	13.73	13.92	15.47	16.42
告诉父母	16.00	15.03	15.19	15.73	11.19
告诉老师	3.00	3.27	1.27	5.47	4.48
跟同学或者朋友讲	17.00	11.11	12.66	16.41	18.66
跟兄弟姐妹讲	7.00	3.27	3.16	4.53	5.97
跟爷爷奶奶或者外公外婆讲	4.00	2.61	0.63	2.65	4.48
网络投诉或者举报	46.00	48.37	40.51	50.09	51.49
报警	7.00	6.54	6.33	6.32	5.22

3. 和父母住一起的青少年遭遇网络暴力的可能性更小

和父母住一起的青少年遭遇网络暴力的比例为 28.30%，比没有和父母及其他监护人居住的青少年低 12.34 个百分点（见图 7 - 27）。调研中发现，没有和父母及其他监护人居住的青少年不仅在现实生活中容易遭受欺凌，在网络中也会被其他孩子欺负。也有老师反映，没有和父母及其他监护人居住的青少年本身自控能力比较弱，不仅容易受到网络暴力，也容易对别人实施网络暴力。

　　青少年遇到网络暴力的最主要形式是辱骂或者用带有侮辱性的词语，其次是网络嘲笑和讽刺。和母亲共同居住的青少年遭遇辱骂或者用带有侮辱性的词语、恶意图片或者动态图、语言或者文字上的恐吓的比例最低（见表7－28），这与母亲对青少年使用网络的引导有一定关系。

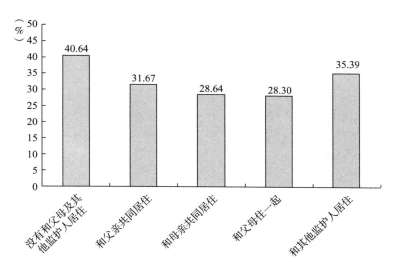

图7－27　不同居住类型青少年遭遇网络暴力的比例

表7－28　不同居住类型青少年遭遇网络暴力的形式

单位：%

	网络嘲笑和讽刺	辱骂或者用带有侮辱性的词语	恶意图片或者动态图	语言或者文字上的恐吓
没有和父母及其他监护人居住	70.79	77.53	59.55	41.57
和父亲共同居住	72.14	74.29	50.71	39.29
和母亲共同居住	73.77	65.57	47.54	36.89
和父母住一起	76.79	78.70	54.60	48.32
和其他监护人居住	69.72	78.90	57.80	44.04

青少年遭遇网络暴力的场景主要集中在社交软件和网络社区中，没有和父母及其他监护人居住的青少年在社交软件中遭遇网络暴力的可能性最大（见表7-29）。在社交软件中多数的网络暴力集中在微信群和QQ群。有的老师甚至发现在同学中存在私下小规模的微信群和QQ群，在群中学生相互谩骂，乐此不疲。由于网络社区的匿名性，在网络社区中青少年也有可能遭到其他人的语言侮辱。

表7-29　不同居住类型青少年遭遇网络暴力的场景

单位：%

	短视频	直播	社交软件	微博	新闻及留言	网络社区
没有和父母及其他监护人居住	37.08	24.72	71.91	19.10	32.58	56.18
和父亲共同居住	33.57	17.86	66.43	27.14	28.57	57.14
和母亲共同居住	27.87	14.75	61.48	18.85	27.05	51.64
和父母住一起	30.16	20.96	68.72	28.14	31.28	56.39
和其他监护人居住	33.03	16.51	72.48	16.51	25.69	50.46

　　青少年遭遇网络暴力之后主要的反应集中在当作没看见，不理会和网络投诉或者举报两个方面，选择这两种措施的比例基本超过了50%（见表7-30）。同时可以看到，没有和父母及其他监护人居住的青少年跟同学或者朋友讲的比例最高，超过了两成，而与母亲共同居住的青少年的这一比例最低，只有9.84%，两者相差一倍多，折射出没有和父母及其他监护人居住的青少年在现实生活中缺乏倾诉渠道。

表7-30　不同居住类型青少年遭遇网络暴力的反应

单位：%

	没有和父母及其他监护人居住	和父亲共同居住	和母亲共同居住	和父母住一起	和其他监护人居住
当作没看见，不理会	52.81	62.86	61.48	62.00	54.13
很好奇点开看看	13.48	7.14	9.84	6.84	7.34
觉得可能是开玩笑，不在意	16.85	17.86	12.30	16.48	22.02

续表

	没有和父母及其他监护人居住	和父亲共同居住	和母亲共同居住	和父母住一起	和其他监护人居住
告诉父母	13.48	7.86	9.02	9.98	8.26
告诉老师	6.74	2.14	3.28	3.81	1.83
跟同学或者朋友讲	21.35	11.43	9.84	16.26	15.60
跟兄弟姐妹讲	3.37	5.71	5.74	4.48	4.59
跟爷爷奶奶或者外公外婆讲	2.25	0.71	0.00	2.13	3.67
网络投诉或者举报	50.56	45.00	45.08	50.67	53.21
报警	8.99	4.29	4.92	6.17	4.59

4. 和父母住一起的青少年更有可能向同学倾诉

与网络色情、网络诈骗和网络暴力相比，青少年遭遇网络性暗示的比例要低很多。遭遇网络性暗示的比例最高的是没有和父母及其他监护人居住的青少年，遭遇网络性暗示的比例最低的是和父母住一起的青少年，两者之差了不到4个百分点（见图7-28）。

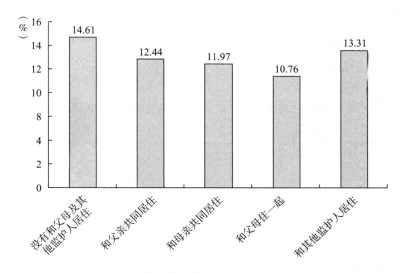

图7-28　不同居住类型青少年遭遇网络性暗示的比例

数据分析发现，社交软件仍然是青少年遭遇网络性暗示的主要场景，和其他监护人居住的青少年在社交软件遭遇网络性暗示的比例居然超过九成。同时，他们在网络社区中遭遇网络性暗示的比例也超过了六成，而和母亲共同居住的青少年在网络社区遭遇网络性暗示的比例不足1/4，两者相差近三倍（见表7-31）。

表7-31　不同居住类型青少年遭遇网络性暗示的场所

单位：%

	短视频	直播	社交软件	微博	新闻及留言	网络社区
没有和父母及其他监护人居住	37.50	18.75	78.13	18.75	15.63	37.50
和父亲共同居住	23.64	9.09	76.36	18.18	14.55	40.00
和母亲共同居住	19.61	7.84	72.55	17.65	19.61	23.53
和父母住一起	17.99	13.57	80.24	19.17	15.04	48.08
和其他监护人居住	17.07	4.88	92.68	2.44	12.20	65.85

　　在遇到网络性暗示之后，和父母住一起的青少年选择跟同学或者朋友讲的比例是最高的，达到18.29%；没有和父母及其他监护人居住的青少年选择跟同学或者朋友讲的比例最低，只有6.25%，两者相差近三倍（见表7-32）。

表7-32　不同居住类型青少年遭遇网络性暗示以后的对策

单位：%

	没有和父母及其他监护人居住	和父亲共同居住	和母亲共同居住	和父母住一起	和其他监护人居住
当作没看见，不理会	65.63	69.09	68.63	63.42	51.22
很好奇点开看看	6.25	5.45	5.88	6.49	7.32
觉得可能是开玩笑，不在意	15.63	32.73	9.80	20.35	26.83
告诉父母	6.25	7.27	7.84	15.34	9.76
告诉老师	3.13	1.82	5.88	7.08	2.44

续表

	没有和父母及其他监护人居住	和父亲共同居住	和母亲共同居住	和父母住一起	和其他监护人居住
跟同学或者朋友讲	6.25	7.27	9.80	18.29	14.63
跟兄弟姐妹讲	3.13	5.45	9.80	4.13	2.44
跟爷爷奶奶或者外公外婆讲	6.25	0.00	1.96	2.06	2.44
网络投诉或者举报	46.88	30.91	43.14	47.49	39.02
报警	3.13	3.64	1.96	6.78	7.32

5. 九成和父母住一起的青少年采用过隐私保护措施

网络隐私是确保青少年网络安全的重要保障。在网络风险日益增加的当下，青少年保护隐私的意识比较强，尤其是和父母住一起的青少年九成以上都采取过保护隐私的措施，即便是没有和父母及其他监护人居住的青少年，采取保护隐私措施的比例也超过85%（见图7-29）。

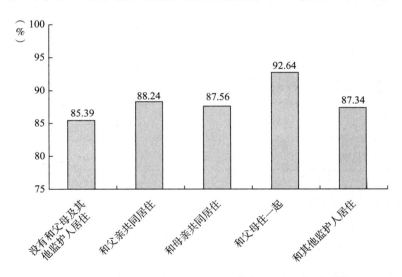

图 7-29　不同居住类型青少年采用网络隐私保护的比例

家庭地址是青少年最为认同的隐私信息，只有没有和父母及其他监护人居住的青少年认同这一点的比例略低于95%，而购物车里的物品被认为是网络隐私的比例最低，和其他监护人居住的青少年认为其是网络隐私的比例不到四成（见表7-33）。而购物车里的物品恰恰是众多网络购物平台推送信息和物品的关键性依据，这说明青少年对网络隐私的理解还相对较浅。

表7-33 不同居住类型青少年认同网络隐私的类型

单位：%

	没有和父母及其他监护人居住	和父亲共同居住	和母亲共同居住	和父母住一起	和其他监护人居住
个人姓名	84.36	83.16	86.30	87.96	81.61
个人头像	49.16	49.74	55.62	52.98	45.59
家庭住址	94.97	95.53	96.71	98.14	95.02
父母收入	81.56	84.21	83.84	86.60	84.29
购物小票	46.37	58.68	55.89	57.77	49.04
金融账户和消费信息	82.12	82.11	80.00	84.42	80.08
网络浏览记录	59.22	61.05	62.74	59.74	57.09
购物车里的物品	41.90	46.58	45.75	45.59	39.85
聊天记录	77.09	76.32	74.25	76.31	78.54
朋友圈照片	56.98	58.42	60.55	62.88	58.24

在保护网络隐私的做法中，绝大多数青少年知道不用真实姓名做用户名或昵称，九成以上和父母住一起的青少年会采用此策略，而购物环节出现隐私泄露的可能性最大，不到五成的没有和父母及其他监护人居住的青少年采用快递单或购物小票破坏之后再扔掉的策略（见表7-34），这意味着青少年在保护隐私方面还有许多工作要做。

表 7 - 34　不同居住类型青少年保护网络隐私的做法

单位：%

	没有和父母及其他监护人居住	和父亲共同居住	和母亲共同居住	和父母住一起	和其他监护人居住
不用真实姓名做用户名或昵称	88.24	88.46	89.54	90.75	86.25
不用自己照片做头像	79.14	80.51	86.06	86.82	84.01
尽可能不绑定银行卡	66.31	73.59	71.05	75.72	72.49
清除浏览痕迹	58.29	57.69	62.73	59.52	59.48
清除聊天记录	55.08	50.26	54.42	54.04	55.51
跟陌生人聊天时不告诉真实个人信息	78.61	86.15	85.52	89.04	84.76
朋友圈或者 QQ 空间设置密码	62.57	68.72	71.31	71.40	64.31
快递单或购物小票破坏之后再扔掉	49.73	56.92	54.96	60.82	51.67

六　父母沟通和行动

1. 不到一成的没有和父母及其他监护居住的青少年的家长完全知晓其网络活动

父母对于不同居住类型青少年的网络活动的知晓程度有所不同，在没有和父母及其他监护人居住的青少年中，家长都知道其网络行为的比例只有 9.59%，不知道的比例高达 22.83%。与之情况相反的是，和父母住一起的青少年，家长都知道他们网络行为的比例为 15.39%，不知道的比例只有 5.14%，两者相差悬殊（见表 7 - 35）。这证明父母的陪伴对青少年网络行为的影响非常大。

表 7 - 35　不同居住类型青少年网络活动父母知晓程度

单位：%

知晓程度	没有和父母及其他监护人居住	和父亲共同居住	和母亲共同居住	和父母住一起	和其他监护人居住
不知道	22.83	6.79	9.62	5.14	11.04
知道一点	33.79	36.65	31.22	33.44	37.99
大部分都知道	33.79	42.31	45.07	46.03	37.34
都知道	9.59	14.25	14.08	15.39	13.64

2. 和母亲共同居住的青少年遭遇网络欺凌、骚扰和诈骗的比例较高

在不同居住类型家庭中，和母亲共同居住的青少年遇到网络风险的比例相对较高，在网络欺凌和网络诈骗几个方面都是比例最高的。和其他监护人居住的青少年遇到网络色情的比例最低（见图 7 - 30）。

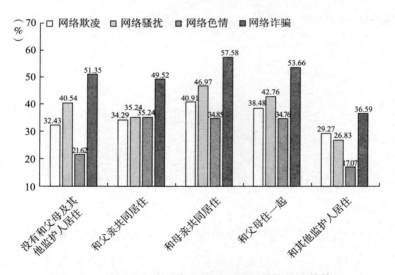

图 7 - 30　不同居住类型青少年遇到不同网络风险的情况

没有和父母及其他监护人居住的青少年遭遇网络色情的比例也较低（见图 7 - 30）。同时，遭遇网络色情告知父母的比例也最低（见图 7 - 31）。青少年遭遇网络诈骗告知父母的可能性最大，其原因在

于遭遇网络诈骗之后有可能产生经济上的损失，而青少年缺乏独立的经济来源，只能够告知父母弥补其经济上的损失。但即便是告知父母比例最高的、与父母住一起的青少年中也有一半以上不会告知父母。这意味着大部分情况下青少年所遭遇的网络风险父母是不知情的。

3. 没有和父母及其他监护人居住的青少年遭遇网络色情告知父母的比例最低

没有和父母及其他监护人居住的青少年在遭遇网络色情信息的仅有 26.03% 的人选择告知父母；和其他监护人居住的青少年选择告知父母的比例稍高，为 26.30%。和父母住一起的青少年中有近 1/3 的人选择告知父母。

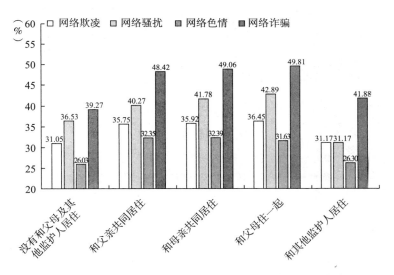

图 7－31　不同居住类型青少年遇到网络风险告知父母的情况

4. 没有和父母及其他监护人居住的青少年将网络欺凌和网络骚扰告知父母后父母采取行动的比例最低

在青少年将其遭遇的网络风险告知父母之后，父母反应最强烈的是网络色情，尤其是和母亲共同居住的青少年把遭遇网络色情风险告知父母后父母采取行动的比例接近九成。但对网络骚扰和网络欺凌的反应并不那么积极，其原因在于网络欺凌和网络骚扰通常难以准确界定，导致父母对孩子的遭遇存在一定的忽视，其中没有和父母及其他监护人居住的青少年遭遇网络骚扰后告知父母后父母采取行动的比例只有 68.75%，这意味着接近 1/3 的父母漠视了青少年遭遇网络骚扰的情况（见图 7-32）。

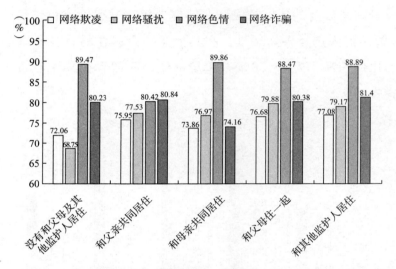

图 7-32 不同居住类型青少年遇到网络风险告知父母后父母采取行动的情况

第三部分

青少年网络使用和网络风险的机制研究

第八章　青少年网络依赖影响因素分析

一　研究背景

随着信息科学技术和互联网的长足发展，互联网的使用逐渐融入了社会生活的方方面面。互联网由于其便利性、快捷性、获得咨询和服务的丰富性和趣味性，在生活中逐渐占据了不可或缺的地位，这也使得我国网民总数在不断上升。根据中国互联网络信息中心（CNN-IC）第 41 次《中国互联网络发展状况统计报告》，截至 2017 年 12 月，我国网民规模达到 7.72 亿人，网络普及率达到 55.8%。其中，20 岁以下和 10 ~ 19 岁网民总量占到了 2017 年全部网民总量的 22.9%。青少年在网民总体中所占比例越来越大，而触网年龄则不断下降。

网络的高速发展带来了新的生活方式、新的社交方式以及新的代际关系，成为新型社会化的主要推动力（多宏宇、康顺利，2014）。这些出生并成长在互联网时代的青少年，被称为"数字原住民"（Digital Natives）。青少年尤其是青少年网民的总量越来越大，随之而来的潜在和显在问题也越来越不容忽视。青少年正处于生理和心理的成长和成熟阶段，缺乏必要的网络使用知识以及自我约束能力，导致其在网络使用过程中出现很多潜在的风险，甚至演变为社会问题。例如，沉迷网络游戏、过度网络社交、遭遇网络色情与暴力或网络诈骗等，都无时无刻不在威胁着青少年的健康成长。当然，青少年的网络使用并非全然负面因素。通过网络学习获得新鲜的资讯和知识，通过网络社交获得线上和线下的同伴群体，通过网络娱乐获得快乐，通过网购获得生活的便利，等等，都是互联网带来的积极因素。

互联网本身就是一个多元的存在，它也成为青少年成长过程中的重要组成部分。因此，不能将青少年群体对于互联网的使用用单一的标准判定为"积极/消极"，而应当从中立的角度看待其网络使用行为，并通过多重因素的分析来把握互联网使用行为的影响因素。

二　文献综述

首先是关于网络使用行为的概念界定。国内研究偏重于青少年互联网使用行为的整体分析（王平，2016），主要侧重于直接测量不同因素对于"网络成瘾"的影响，而忽视了对于一般网络行为的研究（罗盛等，2014；王冠恒，2016；周梦蝶等，2016）。具体的研究和新闻报道倾向于使用"网络成瘾"这个词，来刻画青少年网络使用行为。网络成瘾一词来源于"网络成瘾综合征"（Internet Addition Disorder，IAD），属于于精神病学术语，又称病理性网络使用（Problematic Internet Use，PIU），是指在没有成瘾物质的作用下，仍然表现出一定的行为冲动和失控（Chou et al.，2005）。对网络的过度依赖会导致对生活失去兴趣，使得个人和家庭生活受到严重影响，也会造成一定的社会、心理损害（多宏宇、康顺利，2014）。尽管对于"网络成瘾"的研究及干预体现了社会公众对于青少年成长的关爱，但也忽视了青少年积极使用互联网的行为，忽略了青少年网络使用行为的差异（王平，2016；中国青少年研究中心课题组等，2010）。因此，本文将青少年网络使用的行为界定为"网络依赖"而非"网络成瘾"，这样可以更丰富地测量青少年网络使用行为的维度和差异。

　　青少年的网络使用行为也并非完全同质，而是体现出方方面面的差异。"数字鸿沟"就体现出在不同人群中，互联网使用的巨大差别。而这些差别，体现于不同的地区、城乡、社会阶层、性别、代际等诸多因素中（Helsper & Eynon，2013；Holmes，2011；Jackson et al，2008；Mcmillan & Morrison，2006）。从社会人口学属性来看，男孩网络成瘾的发生比例要高于女孩（侯其锋等，2013），且在网络使用中存在动机的不同，女性倾向于沟通，男性倾向于搜索信息和娱乐行为（Eynon & Malmberg，2011）。此外，经济发达的城市地区的网络使用者也多于农村地区（Kutscher et al.，2005）。家庭条件同样也是影响网络使用的重要因素（Hargittai & Hinnant，2008），不同地域文化会对网络利用行为产生影响（Brosnan & Lee，1998）；正向的父母、家庭、朋友、工作、社区环境关系对互联网利用行为有正向积极影响，包括目的、内容、认知和模式，父母监管对利用频率有直接且主要的影响。但经济条件和社会地位与网络使用频率和利用目的没有必然的联系（王平，2016）。青少年的个体特质也是影响其网络行为的重要因素，较高受教育水平的青少年更倾向于使用互联网提高自己（Eynon & Malmberg，2011），而自尊心和自控能力强的青少年更易于有积极的网络行为（Cheong，2008；侯其锋等，2013；孙易蔓等，2013）。由于网络使用者存在学习、检索资料等行为，因此网络使用时间与网络成瘾并没有必然的关系（林绚晖、阎巩固，2001）。但使用网络搜索进行学习的行为，则主要受到社会支持网络（是否有较强网络使用能力的同伴、父母等）的影响，也受到个体特征、信心以及网络使用能力的影响（Eynon & Malmberg，2011；Cheong，2008）。这些有关网络素养的因素对于网络使用都有积极的促进作用（王国珍，2013）。

三　研究设计

1. 数据及变量操作化

（1）数据

本书所使用数据为中国共青团中央权益部联合中国社会科学院、腾讯公司开展的调查。所采用的方式为电子问卷发放和回收，截至2018年5月24日22:00，回收问卷5839份，回收率为61%。经数据清理之后，分析案例为4832个。问卷覆盖全国不同省份，具有较好的代表性。

（2）变量

因变量为"青少年网络依赖程度"，依照青少年对于网络依赖的程度，分为四个层级，0为不存在网络依赖，3的依赖最强，0~3逐渐递增。

自变量主要分为社会人口学变量、家庭层面变量、个体网络使用行为变量、父母（其他监护人）[①]对子女的网络了解与规训几个部分。

社会人口学变量，主要包括性别、年龄、城乡属性、受教育年限四个变量。家庭层面变量则包括了父母的受教育程度、是否与父母同住。为考察不同家庭类型（如留守青少年等），分析中加入了家庭类

---

① 为便于论述，下文将"父母（其他监护人）"一并论述为"父母"。

型和城乡属性的交互项：农村#不同住、农村#同住、城市#不同住、城市#同住。个体网络使用行为变量则包括触网年龄、网络使用能力、网络学习行为、生活/网购行为、网络社交行为和网络娱乐行为。父母对子女的网络了解与规训则包括父母是否使用网络、父母的网络使用强度、父母知晓子女的上网内容。

2. 研究方法

由于本书使用的因变量为序次变量，因此对应的统计模型为序次logit 回归（ordered logit model）。原理如下：

假设有一个 J 类别的变量作为定序因变量，那么相邻的序次值之间就存在 $J-1$ 个潜在分界值，即门槛值（Threshold）。将各个门槛值的累计发生比定义为：

$$\Omega_j(x) = \frac{Pr(y \leq j \mid x)}{Pr(y > j \mid x)} \quad j = 1, 2, \cdots, J-1 \qquad (8-1)$$

序次回归规定的这些发生比的对数形式与自变量之间存在如下关系：

$$\ln[\Omega_j(x)] = \ln \frac{Pr(y \leq j \mid x)}{Pr(y > j \mid x)} = t_j - \sum b_i x_i \quad j = 1, 2, \cdots, J-1 \qquad (8-2)$$

其中，$\Omega_j(x) = Pr(y \leq j \mid x)$ 为类别序次 j 的累积数。因此，实现模型为：

$$Y = \ln[\Omega_j(x)] = t_j - \sum b_i x_i \qquad (8-3)$$

此外，把序次 logit 的因变量的次序看作一个潜变量 1^*，则在类别为 j 时，存在：

$$J = j, \quad if t_{j-1} \leq 1^* \leq t_j \qquad (8-4)$$

例如，当 $j = 4$（$j = 1$，2，3，4）时，各个类别的累积函数分别为：

$$\ln \frac{P_r(y \leqslant 1 \mid x)}{P_r(y > 1 \mid x)} = t_1 - \sum b_i x_i;$$

$$\ln \frac{P_r(y \leqslant 2 \mid x)}{P_r(y > 2 \mid x)} = t_2 - \sum b_i x_i;$$

$$\ln \frac{P_r(y \leqslant 3 \mid x)}{P_r(y > 3 \mid x)} = t_3 - \sum b_i x_i;$$

当 $1^* \leqslant t_1$ 时，$J = 1$

当 $t_1 \leqslant 1^* \leqslant t_2$ 时，$J = 2$　　　　　（8 – 5）

当 $t_2 \leqslant 1^* \leqslant t_3$ 时，$J = 3$

当 $t_3 \leqslant 1^*$ 时，$J = 4$。

四　主要分析结果

1. 描述性统计分析

表 8 – 1 为本书所用变量的描述性统计分析。其中，网络依赖程度为序次变量，程度从小到大依次变强。性别、城乡属性、是否与父母同住、父母是否使用网络为虚拟变量。根据虚拟变量的数学性质，其均值等于取值为 1 的类别所占比例。其余变量则为连续变量，分别表示连续的数值或者程度。

表 8 – 1　描述性统计分析

变量	均值	标准差	最小值	最大值
网络依赖程度	0.923	0.971	0	3
年龄	15.40	1.786	4	18
男 = 1	0.450	0.498	0	1
城市 = 1	0.690	0.463	0	1

续表

变量	均值	标准差	最小值	最大值
受教育年限	9.303	1.844	1	19
同住 = 1	0.952	0.214	0	1
触网年龄	8.963	2.975	3	18
网络能力	11.00	3.622	0	16
网络学习行为	8.582	4.486	0	20
生活/网购行为	4.750	4.074	0	16
网络社交行为	8.337	5.288	0	20
网络娱乐行为	7.880	5.236	0	20
父母受教育年限	11.58	3.205	0	19
父母网络使用强度	2.885	1.912	0	9
父母知晓子女上网内容	2.669	0.810	1	4
父母使用网络 = 1	0.923	0.267	0	1

2. 青少年网络依赖影响因素

根据前文的综述本章设置了 5 组模型, 表 8 - 2 展示了模型的分析结果。

模型 (1) 为基准模型, 以个人社会人口属性为自变量。尽管年龄对于网络依赖有正向的作用, 亦即年龄越大, 越有可能发生网络依赖, 但这一作用并不显著。性别对于网络依赖有显著的影响, 相比于女性青少年, 男性青少年有更大的可能对互联网产生依赖, 这一比值为 $e^{0.254} = 1.29$, 即男性是女性发生网络依赖的 1.29 倍。相反, 城乡属性则起到了负向的作用, 城市青少年在控制网络依赖方面, 比农村青少年做得更好, 仅相当于农村青少年发生比的 $e^{-0.215} = 0.81$ 倍。受教育年限也对青少年网络依赖产生了正向的影响, 每增加一岁, 网络依赖的发生比就增加 $e^{0.083} - 1 = 0.087$ 倍, 即增加了 8.7%。对应到青少年所属的年级和教育阶段, 可以推论出高年级的青少年更容易产生网络依赖。

模型 (2) 的结果与模型 (1) 接近, 并纳入了 "与父母同住"

这一变量。与父母同住可以显著地降低青少年网络依赖的发生，其发生比降低为参照组的 $e^{-0.241} = 0.786$，即降低到不与父母同住青少年网络依赖发生比的 78.6%。这也表明与父母同住对于青少年网络使用教育乃至家庭教育的重要作用。

模型（3）相应地纳入了与父母同住和城乡属性的交互项，并将青少年的类别分为四类：农村#不同住、农村#同住、城市#不同住、城市#同住。其中以农村不与父母同住的青少年（留守青少年）为参照组。可以看出，尽管其他三个组青少年的网络依赖都在不同程度上低于农村不与父母同住的青少年，但"农村#同住"和"城市#不同住"都不显著。其中"农村#同住"的组别网络依赖发生比为"农村#不同住"组别的 77.7%，"城市#不同住"组别为参照组的 79.8%。城市与父母同住青少年的网络依赖发生比则显著更低，仅为 63.4%。这表明，不仅城乡青少年之间存在网络依赖的程度差异，与家长同住与否的青少年之间存在网络依赖的程度差异，交互分析的细分人群中差异更是存在。交互项也揭示了城乡、同住与否的复杂的内部关系。

模型（4）考察了青少年个体网络使用行为对于其网络依赖的影响。首先，触网年龄并不能影响网络依赖。这可以从网络使用近些年的普遍化加以解释，青少年从生活中的方方面面均可以接触到网络，因此并不能对于其网络依赖产生显著影响。网络能力可以在一定程度上减少网络依赖的发生，较强网络使用能力的青少年对互联网及其产品更为了解，也更少发生网络依赖，但这一作用并不显著。网络学习行为和网络生活行为（如网购等）可以减少网络依赖，青少年通过网络获取所需的学习和生活知识、服务，通过这些积极的正向行为，可以有效减轻网络依赖带来的负面影响。其中，增加一个单位强度的网络学习，可以降低 1.4% 的网络依赖发生比；增加一个单位强度的生活/网购行为，可以降低 1.9% 的网络依赖发生比。但相比之下，网络社交和网络娱乐行为均对网络依赖产生了显著的加强作用。其中网络社交行为增加一个单位强度，网络依赖发生比增加 2.3%；网络娱乐行为增加一个单位强度，网络依赖发生比增加 8.5%。综合来看，网络娱乐行为更容易增加网络依赖的发生。

模型（5）从父母对子女的网络用内容（行为）的了解和规训方面进行了考察。父母是子女的启蒙教师，良好的亲子沟通模式、长久的亲子陪伴，都将对子女的身心发展产生积极影响。因此，父母的个人特质和行为方式都会影响子女的行为特点。从统计结果可以看出，父母受教育年限越高，子女网络依赖的发生比就越低，父母每增加一年的受教育年限，子女的网络依赖发生比就会降低 3.6%。而且，父母通过与子女沟通，掌握子女的上网行为并了解其上网内容之后，可以降低 30% 的网络依赖发生比。相反，父母使用网络会对子女的网络依赖产生负面影响（增加 24.5% 的发生比），尤其是当父母使用网络强度越大时，子女网络依赖发生的可能性也就越大。父母每增加一个单位网络使用强度，子女的网络依赖发生比就会增加 5.7%。

表 8-2　模型估计结果

	模型（1）	模型（2）	模型（3）	模型（4）	模型（5）
年龄	0.042	0.043	0.043	0.044	0.030
	(0.028)	(0.028)	(0.028)	(0.029)	(0.029)
男 = 1	0.254***	0.248***	0.247***	0.181**	0.265***
	(0.055)	(0.055)	(0.055)	(0.058)	(0.058)
城市 = 1	-0.215***	-0.206***		-0.153*	-0.099
	(0.059)	(0.059)		(0.062)	(0.068)
受教育年限	0.083**	0.080**	0.080**	0.028	0.070*
	(0.027)	(0.027)	(0.027)	(0.027)	(0.028)
与父母同住 = 1		-0.241*			
		(0.128)			

	模型（1）	模型（2）	模型（3）	模型（4）	模型（5）
农村#不同住					
（参照组）					
农村#同住			− 0.252		
			（0.182）		
城市#不同住			− 0.226		
			（0.248）		
城市#同住			− 0.456 *		
			（0.178）		
触网年龄				0.000	
				（0.010）	
网络能力				− 0.012	
				（0.009）	
网络学习行为				− 0.014˙	
				（0.008）	
生活/网购行为				− 0.019 *	
				（0.010）	
网络社交行为				0.023 *	
				（0.009）	
网络娱乐行为				0.085 ***	
				（0.008）	
父母教育年限					− 0.036 ***
					（0.010）
父母使用网络 = 1					0.219˙
					（0.126）
父母网络使用强度					0.057 **
					（0.018）
父母知晓子女上网内容					− 0.358 ***
					（0.037）
切点一	1.087 ***	0.852 **	0.842 **	1.113 ***	− 0.142
	（0.278）	（0.304）	（0.326）	（0.294）	（0.339）

续表

	模型（1）	模型（2）	模型（3）	模型（4）	模型（5）
切点二	2.433 ***	2.199 ***	2.189 ***	2.519 ***	1.240 ***
	(0.280)	(0.306)	(0.327)	(0.296)	(0.339)
切点三	3.785 ***	3.552 ***	3.542 ***	3.915 ***	2.620 ***
	(0.283)	(0.309)	(0.330)	(0.300)	(0.342)
Log（likelihood）	−5597.861	−5596.099	−5596.096	−5471.713	−5227.026

括号中呈现的为标准误。

$\hat{}p < 0.1$, $^{*}p < 0.05$, $^{**}p < 0.01$, $^{***}p < 0.001$。

五　结论与讨论

1. 结论

综上所述，影响子女上网行为的因素是多方面的，而且其侧重点也各有不同，发挥的作用也有差异。

从社会人口学代表的个体特征来看，不同年龄的青少年网络依赖的发生比并没有明显差别。而差别主要发生在性别之间和城乡之间：一方面是男女青少年自身的差异，另一方面则是城乡之间互联网接入、使用水平的差异。尽管我国目前互联网的覆盖率非常高，但农村青少年上网比例仅占城乡总体的三成左右。这些宏观的差异最终导致城乡青少年网络使用行为的差别。另外，受教育程度越高的青少年发生网络依赖的可能性越低。这也表明，随着青少年的成长和心智的成熟，使用网络也越来越理性。这也验证了以往关于青少年自尊心和自控力的研究（Cheong，2008；侯其锋等，2013；孙易蔓等，2013），自控力越强的青少年，网络使用越合理。

从家庭层面来看，父母的陪伴无疑可以给子女带来更多的关怀和温暖，更多的亲子互动、更多的交流都有助于减少上网时间，减少降低青少年网络依赖的可能。另外，考虑到我国人口流动的大背景，农村留守青少年和部分不与父母同住的城市青少年缺少父母的陪伴，其亲情在一定程度上缺失，因而更容易沉迷于网络，在网络世界中寻找满足感和认同感。

另外，个体的网络使用行为对于网络依赖的形成会有影响。积极的上网行为并不会产生网络依赖，反之，消极的上网行为会产生网络依赖。由于当代的青少年从小就生活和沉浸在互联网的环境之中，因此，即使他们触网年龄很低也不会与网络依赖产生显著的直接关系。网络能力也是如此。

从父母对子女的网络了解与规训来看，子女的网络依赖也与之密切相关。受教育年限是代表社会经济地位的重要指标之一，它与社会经济地位有密切的正向相关关系。因此，网络依赖行为也代表着某种意义上的社会不平等。而作为子女第一教师的父母，自身的约束和榜样作用同样意义重大，可以从侧面给子女提供一个积极的网络使用环境。父母沉迷网络与子女沉迷网络高度相关。父母对子女的网络行为规训则体现为对于其上网内容的知悉，以及对其行为的约束。这都体现出父母对于子女本身的了解，而这种了解建立在亲子之间的相互信任关系中，而非绝对的要求和控制中。因此，父母规训的本质不是管制，而是沟通和信任。

2. 讨论

青少年网络依赖的发生，并不是一个孤立的行为，而是在其生活成长的环境中逐渐习得、形成的。正如前文所讲，互联网社会的逐渐形成，本质上是形成了一个针对青少年，甚至所有人的新的社会化场域。这个场域中行为的形成并非单独的个体特质决定的，而是由环境中种种关系和规则决定的。因此，要减少青少年网络依赖的发生，最主要的不是关注青少年自身的因素，而是关注他们所处的社会环境和家庭环境。防患于未然，疏胜于堵，而且疏和堵要结合。这个"疏"，亦即在家庭层面的沟通和疏解，通过父母陪伴和亲情的滋养，来给予青少年足够的关怀。毕竟家庭是青少年社会化的第一场所，而在此期间，父母扮演了至关重要的角色。

"堵"则表示社会、国家层面的发力和合力，通过有效的制度和规章的设定，政府与企业、媒体等相关的部门形成合力，创造一个对青少年友好的网络环境，一个有效的监督机制，促使青少年合理科学使用互联网。

第九章 青少年网络娱乐影响因素分析

一 研究背景

从出行、购物到社交、娱乐，互联网已经从单纯的信息分享传输工具变为涵盖了生活的方方面面的"巨无霸"。在这些应用场景中，娱乐产品的提供毫无疑问是互联网的一个重要功能。网络娱乐产品主要包括：短视频、直播、音乐、游戏和影视作品等。上一章介绍了青少年网络依赖的影响因素，其中对于网络依赖产生消极影响的因素就包括青少年的网络娱乐行为。相对于网络学习行为、通过网络进行购物和生活信息查找等生活行为，网络娱乐行为则是完全通过网络进行娱乐和消遣，并借此达到快乐的过程。网络娱乐由于其即时性、趣味性以及互动性，带来了巨大的流量以及用户群体，与此同时，也会耗费使用者的大量时间。

因此，对于青少年而言，在学习之外，如果投入过多的时间进行网络娱乐活动，不仅有网络依赖的发生风险，也会耽误自身的学业，导致成绩下降乃至出现更多的问题。根据中国互联网络信息中心（CNNIC）《2015 年中国青少年上网行为研究报告》，网络娱乐类应用一直是青少年网民群体最主要的互联网应用方式。其中，作为青少年主体的中小学生，网络娱乐类应用使用比例非常高。小学生和中学生在网络游戏类应用的使用率高于网民总体，而中学生的网络音乐使用比例也非常高（见表9-1）。

表 9-1　不同群体青少年网民网络娱乐类应用使用率

单位：%

应用	小学生	中学生	大学生	非学生	青少年总体	网民总体
网络音乐	65.1	82.6	88.9	81.6	80.2	72.8
网络游戏	66.3	70.0	66.1	63.7	66.5	56.9
网络视频	66.0	72.3	89.4	78.2	75.4	73.2
网络文学	29.4	45.5	55.8	46.6	44.6	43.1

资料来源：CNNIC，《2015 年中国青少年上网行为研究报告》。

以往研究主要关注青少年网络娱乐类产品的使用率、使用频率，以及城乡、不同人群、代际的区别，进而做出总体性的结论。但仅是对使用频率和比例进行的分析，缺乏对于网络娱乐类产品使用影响因素的分析，因此也较难进行因素与行为的因果和相关关系的分析。基于此，本章从网络娱乐类产品的使用行为及其影响因素着手，分析不同因素对于网络娱乐行为的影响作用，进而找出关键变量。这样既可以探讨因素之间的相关、因果关系，也可以为未来的政策制定和采取措施提供有针对性的建议。

二　研究设计

1. 数据及变量操作化

（1）数据

同上一章，本章所使用数据为中国共青团中央权益部联合中国社会科学院、腾讯公司开展的调查。所采用的方式为电子问卷发放和回收，截至 2018 年 5 月 24 日 22：00，问卷回收 5839 份，回收率为61%。经数据清理之后，分析案例为 4832 个。问卷覆盖全国不同省份，具有较好的代表性。

（2）变量

本章分析的因变量为"青少年网络娱乐行为"，是对过去一个月中，青少年各种网络娱乐行为的发生频率进行编码产生的。网络娱乐行为分为五个层级：0 为"从不"，1 为"每周至少一次"，2 为"几乎每天一次"，3 为"每天几次"，4 的频率最高，为"几乎总是"。由于网络娱乐行为并不是单一的、同质性的行为，因此，根据问卷设计和数据，本章将网络娱乐行为分为五个类别：看短视频、看直播、听音乐、打游戏和看剧。由于衡量频率的变量并不是连续变量，但仍然体现出一定的次序结构，因此重新编码的数值不具备定距变量的特点，仅能用作定序变量。

采用的自变量仍然分为四个部分：社会人口学变量、家庭层面变量、个体网络使用行为变量、父母对子女的网络了解与规训几个部分。

社会人口学变量，主要包括性别、年龄、城乡属性、受教育年限四个变量。家庭层面变量则包括了父母的受教育年限、是否与父母同住。为考察不同家庭类型（如留守青少年等），分析中加入了家庭类型和城乡属性的交互项：农村#不同住、农村#同住、城市#不同住、城市#同住。个体网络使用行为变量则包括触网年龄、网络使用能力、网络学习行为、生活/网购行为、网络社交行为和网络娱乐行为；此外，由于相关关系，也加入了青少年对于娱乐和学习的关注，借此考察对于网络依赖的"积极"和"消极"因素如何影响网络娱乐行为。

父母对子女的网络了解与规训则包括父母是否使用网络、父母的网络使用强度、父母知晓子女的上网内容。

2. 研究方法

由于本章使用的因变量为一组序次变量，因此对应的统计模型为序次 logit 回归（ordered logit model）。原理如下：

假设有一个 J 类别的变量作为定序因变量，那么相邻的序次值之间就存在 $J-1$ 个潜在分界值，即门槛值（Threshold）。将各个门槛值的累计发生比定义为：

$$\Omega_j(x) = \frac{Pr(y \leqslant j \mid x)}{Pr(y > j \mid x)} \quad j = 1, 2, \cdots, J-1 \tag{9-1}$$

序次回归规定的这些发生比的对数形式与自变量之间存在如下关系：

$$\ln[\Omega_j(x)] = \ln\frac{Pr(y \leqslant j \mid x)}{Pr(y > j \mid x)} = t_j - \sum b_i x_i \quad j = 1, 2, \cdots, J-1 \tag{9-2}$$

其中，$\Omega_j(x) = Pr(y \leqslant j \mid x)$ 为类别序次 j 的累积函数。因此，实证模型为

$$Y = \ln[\Omega_j(x)] = t_j - \sum b_i x_i \tag{9-3}$$

此外，把序次 logit 的因变量的次序看作一个潜变量 1^*，因此，在类别为 j 时，存在：

$$J = j, \; if t_{j-1} \leqslant 1^* \leqslant t_j \tag{9-4}$$

例如，当 $j = 4$（$j = 1, 2, 3, 4, 5$）时，各个类别的累积函数分别为：

$$\ln \frac{P_r \ (y \leqslant 1 \mid x)}{P_r \ (y > 1 \mid x)} = t_1 - \sum b_i x_i;$$

$$\ln \frac{P_r \ (y \leqslant 2 \mid x)}{P_r \ (y > 2 \mid x)} = t_2 - \sum b_i x_i;$$

$$\ln \frac{P_r \ (y \leqslant 3 \mid x)}{P_r \ (y > 3 \mid x)} = t_3 - \sum b_i x_i;$$

当 $1^* \leqslant t_1$ 时，$J = 1$；

当 $t_1 \leqslant 1^* \leqslant t_2$ 时，$J = 2$；

当 $t_2 \leqslant 1^* \leqslant t_3$ 时，$J = 3$；　　　　　　（9 - 5）

当 $t_3 \leqslant 1^* \leqslant t_4$ 时，$J = 4$；

当 $t_4 \leqslant 1^*$ 时，$J = 5$。

三　主要分析结果

1. 描述性统计分析

表 9 - 2 为本章所用变量的描述性统计分析。其中，五种网络行为的参与强度为序次变量，分为五个类别，从小到大程度依次变强。性别、城乡属性、是否与父母同住、父母是否使用网络为虚拟变量。根据虚拟变量的数学性质，其均值等于取值为 1 的类别所占比例。其余变量则为连续变量，分别表示连续的数值或者程度。

表 9 - 2　描述性统计分析

变量	均值	标准差	最小值	最大值
看短视频	1.629	1.491	0	4
看直播	0.858	1.184	0	4
听音乐	2.195	1.421	0	4

续表

变量	均值	标准差	最小值	最大值
打游戏	1.433	1.344	0	4
看剧	1.765	1.361	0	4
对网络娱乐的关注	9.519	4.386	0	21
对网络学习的关注	12.54	5.274	0	27
年龄	15.40	1.786	4	18
男＝1	0.450	0.498	0	1
城市＝1	0.690	0.463	0	1
受教育年限	9.303	1.844	1	19
同住＝1	0.952	0.214	0	1
触网年龄	8.963	2.975	3	18
网络能力	11.00	3.622	0	16
网络学习行为	8.582	4.486	0	20
生活/网购行为	4.750	4.074	0	16
网络社交行为	8.337	5.288	0	20
网络娱乐行为	7.880	5.236	0	20
父母受教育年限	11.58	3.205	0	19
父母网络使用强度	2.885	1.912	0	9
父母知晓子女上网内容	2.669	0.810	1	4
父母使用网络＝1	0.923	0.267	0	1

2. 青少年网络娱乐影响因素

（1）基准模型

表9－3模型（1）为基准模型，以个人社会人口属性为自变量。从表9－3中可以看到，不同的影响因素对于不同的网络娱乐行为起到的作用也是不同的，这也说明不同的人群之间在网络娱乐类产品的使用方面存在异质性。

首先，从年龄的影响作用来看，不同年龄的青少年在看短视频和看直播、打游戏的行为模式中并没有显著的差别，尽管相对低龄的青少年更喜欢看短视频，而相对年长的青少年倾向于看直播和打游戏。年龄变量仅对"听音乐"和"看剧"有显著的正向作用，亦即每增加一岁，听音乐的可能性就会增加 $e^{0.080} - 1 = 8.3\%$，而看剧的可能性则会增加 $e^{0.079} - 1 = 8.2\%$。

从性别的作用来看，男女青少年在看短视频和看剧这两项中没有显著差异。而男性青少年更喜欢看直播和打游戏，女性青少年则更喜欢听音乐。其中，男性看直播的发生比是女性的 $e^{0.694} = 2.00$ 倍，打游戏的发生比是女性的 $e^{1.354} = 3.873$ 倍；而女性听音乐的发生比较男生多出了 $1 - e^{-0.090} = 8.6\%$。这也表明二者在娱乐行为选择方面存在明显的模式差异。

城乡属性对于所有娱乐行为的发生比都有显著的作用。但城乡之间同样体现了明显的娱乐行为选择不同。从"看短视频"的行为发生比来看，城市青少年仅为农村青少年的 $e^{-0.340} = 71.2\%$；看直播的城市青少年为农村青少年的 $e^{-0.174} = 84.0\%$；打游戏的城市青少年是农村青少年的 $e^{-0.097} = 90.8\%$；看剧的城市青少年为农村青少年的 $e^{-0.158} = 85.4\%$。因此，在这些娱乐行为中，农村青少年的投入程度更高。相比之下，仅听音乐的城市青少年高于农村青少年的 $e^{0.147} - 1 = 0.158$ 倍。

受教育年限对于各种娱乐行为都有显著的正向影响，亦即随着受教育年限的上升，青少年更倾向于选择各类娱乐行为。例如，每增加一个单位的受教育年限，看短视频和看直播的发生比都会增加 $e^{0.186} - 1 = 20.4\%$，听音乐的发生比会增加 $e^{0.158} - 1 = 17.1\%$，打游戏增加 $e^{0.181} - 1 = 19.84\%$，看剧增加 $e^{0.182} - 1 = 19.96\%$。

表9-3 模型（1）基准模型

	看短视频	看直播	听音乐	打游戏	看剧
年龄	-0.039	0.005	0.080**	0.042	0.079**
	(0.026)	(0.028)	(0.026)	(0.027)	(0.026)
男=1	-0.084	0.694***	-0.090^	1.354***	0.025
	(0.054)	(0.058)	(0.054)	(0.058)	(0.054)
城市=1	-0.340***	-0.174**	0.147*	-0.097^	-0.158**
	(0.058)	(0.061)	(0.058)	(0.059)	(0.058)
受教育年限	0.186***	0.186***	0.158***	0.181***	0.182***
	(0.025)	(0.027)	(0.026)	(0.026)	(0.026)
切点一	-0.080	2.060***	0.665*	1.757***	1.023***
	(0.261)	(0.280)	(0.262)	(0.266)	(0.262)
切点二	1.219***	3.540***	2.381***	3.623***	3.111***
	(0.262)	(0.283)	(0.263)	(0.270)	(0.266)
切点三	1.728***	4.107***	3.095***	4.283***	3.733***
	(0.262)	(0.285)	(0.265)	(0.272)	(0.268)
切点四	2.253***	4.638***	3.689***	4.872***	4.295***
	(0.263)	(0.288)	(0.266)	(0.274)	(0.269)
Log（likelihood）	-6788.253	-5364.378	-6844.774	-6226.078	-6525.489

括号中呈现的为标准误。
^$p < 0.1$, *$p < 0.05$, **$p < 0.01$, ***$p < 0.001$。

（2）考虑家庭变量的模型

表9-4模型（2）的结果与模型（1）接近，并纳入了"与父母同住"这一变量。与父母同住可以显著地降低青少年大部分网络娱乐的发生，这也表明父母同住对于青少年网络使用教育乃至家庭教育的重要作用。其中，与父母同住可以显著降低$1 - e^{-0.228} = 20.4\%$的看短视频和看直播的发生比，显著降低$1 - e^{-0.484} = 38.4\%$的打游戏的发生比，显著降低$1 - e^{-0.291} = 25.3\%$的看剧的发生比。尽管与父母同住可以降低$1 - e^{-0.039} = 3.8\%$的听音乐的发生比，但并不显著。

表 9 - 4　模型（2）考虑与父母同住因素对于不同网络娱乐行为的影响

	看短视频	看直播	听音乐	打游戏	看剧
年龄	- 0.037	0.005	0.081**	0.044	0.080**
	(0.026)	(0.028)	(0.026)	(0.027)	(0.026)
男 = 1	- 0.091^	0.687***	- 0.091^	1.344***	0.018
	(0.054)	(0.058)	(0.054)	(0.058)	(0.055)
城市 = 1	- 0.329***	- 0.163**	0.149*	- 0.074	- 0.144*
	(0.058)	(0.062)	(0.058)	(0.059)	(0.059)
受教育年限	0.183***	0.184***	0.158***	0.176***	0.179***
	(0.025)	(0.027)	(0.026)	(0.026)	(0.026)
与父母同住 = 1	- 0.228^	- 0.228^	- 0.039	- 0.484***	- 0.291*
	(0.125)	(0.129)	(0.124)	(0.125)	(0.124)
切点一	- 0.297	1.838***	0.629*	1.294***	0.738*
	(0.287)	(0.307)	(0.287)	(0.292)	(0.289)
切点二	1.003***	3.320***	2.345***	3.164***	2.828***
	(0.287)	(0.310)	(0.288)	(0.295)	(0.292)
切点三	1.513***	3.887***	3.059***	3.826***	3.451***
	(0.287)	(0.311)	(0.289)	(0.297)	(0.294)
切点四	2.038***	4.418***	3.653***	4.416***	4.013***
	(0.288)	(0.313)	(0.291)	(0.299)	(0.295)
Log（likelihood）	- 6786.58	- 5362.843	- 6844.726	- 6218.664	- 6522.761

括号中呈现的为标准误。

$^\wedge p < 0.1, ^* p < 0.05, ^{**} p < 0.01, ^{***} p < 0.001$。

（3）考虑交互作用的模型

表 9 - 5 模型（3）相应地纳入了与父母同住和城乡属性的交互项，并将青少年的类别分为四类：农村#不同住、农村#同住、城市#不同住、城市#同住。其中以农村不与父母同住的青少年（留守青少年）为参照组。可以看出，尽管农村#同住和城市#同住青少年的网络娱乐都在不同程度上低于农村#不同住的青少年，但农村#同住青少年在看短视频、听音乐和看剧三个方面的娱乐行为发生比不显著。另外，

"城市#不同住"组也都出现了不显著的结果，这表明，在控制"不同住"这一因素之后，城乡之间的青少年在网络娱乐行为的选择上没有本质区别。城市#同住青少年的网络娱乐发生则显著更低。其中，城市#同住的青少年相对于参照组（农村#不同住）而言，在看短视频的发生比中显著降低 $1-e^{-0.355}=29.9\%$，看直播行为的发生比可以显著降低 $1-e^{-0.451}=36.3\%$，打游戏的发生比显著降低 $1-e^{-0.403}=31.2\%$，看剧的发生比降低 $1-e^{-0.361}=30.3\%$，仅听音乐行为没有发生显著变化。这表明，不仅城乡青少年之间存在网络娱乐的程度差异，同住与否更能体现出网络娱乐行为发生可能性的差异。

表 9 – 5 模型（3）考虑与父母同住与城乡交互因素对于不同网络娱乐行为的影响

	看短视频	看直播	听音乐	打游戏	看剧
男 = 1	– 0.038	0.005	0.081 **	0.044	0.080 **
	(0.026)	(0.028)	(0.026)	(0.027)	(0.026)
城市 = 1	– 0.087	0.686 ***	– 0.092^	1.346 ***	0.019
	(0.054)	(0.058)	(0.054)	(0.058)	(0.055)
受教育年限	0.182 ***	0.184 ***	0.158 ***	0.175 ***	0.179 ***
	(0.026)	(0.027)	(0.026)	(0.026)	(0.026)
农村#不同住					
（参照组）					
农村#同住	0.002	– 0.298^	– 0.156	– 0.308^	– 0.207
	(0.172)	(0.180)	(0.173)	(0.174)	(0.172)
城市#不同住	0.126	– 0.298	– 0.080	0.268	0.020
	(0.242)	(0.251)	(0.240)	(0.242)	(0.240)
城市#同住	– 0.355 *	– 0.451 *	0.007	– 0.403 *	– 0.361 *
	(0.168)	(0.175)	(0.168)	(0.170)	(0.168)
切点一	– 0.098	1.777 ***	0.526^	1.447 ***	0.811 **
	(0.305)	(0.326)	(0.305)	(0.310)	(0.308)
切点二	1.202 ***	3.259 ***	2.243 ***	3.317 ***	2.901 ***
	(0.305)	(0.328)	(0.306)	(0.314)	(0.311)

续表

	看短视频	看直播	听音乐	打游戏	看剧
切点三	1.713 ***	3.826 ***	2.957 ***	3.979 ***	3.525 ***
	(0.305)	(0.329)	(0.307)	(0.315)	(0.312)
切点四	2.238 ***	4.357 ***	3.551 ***	4.570 ***	4.087 ***
	(0.306)	(0.331)	(0.308)	(0.317)	(0.313)
Log（likelihood）	−6784.704	−5362.688	−6844.245	−6217.604	−6522.513

括号中呈现的为标准误。

$^{·}p < 0.1, ^{*}p < 0.05, ^{**}p < 0.01, ^{***}p < 0.001$。

（4）青少年个体行为对于网络娱乐行为的影响

表9-6模型（4）考察了青少年个体网络使用行为对于其网络娱乐行为的影响。

首先，触网年龄对网络娱乐行为的选择有着明显的区别，触网年龄越高越容易选择看短视频和直播。其中，增加一年的触网年龄，看短视频的发生比增加 $e^{0.056} - 1 = 5.8\%$，看直播的发生比增加 $e^{0.023} - 1 = 2.3\%$，但对于其他三类网络娱乐行为没有显著影响。

尽管网络能力可以降低看短视频和看直播、看剧等行为的发生比，可以增加听音乐和打游戏的发生比，但仅对看直播和听音乐有显著作用。分别为降低 $1 - e^{-0.041} = 5.0\%$ 和增加 $e^{0.045} - 1 = 4.6\%$ 的发生比。

网络学习行为、生活/网购行为和网络社交行为均不能有效降低网络娱乐行为的发生比，相反，这些与网络相关的行为都会伴随着网络娱乐行为的发生。换言之，尽管如上一章得到的结论，认为网络学习和生活/购物行为可以降低网络依赖，但在本章中，并不能得出网络使用行为可以降低网络娱乐行为发生比的结论。这也表明，大多数网络使用的行为都会伴随着网络娱乐行为，这与网络行为的多元性和混合性密不可分，网络在赋予了学习和生活的功能之外，也捆绑了娱乐行为。其中，网络学习行为可以显著增加 $e^{0.037}-1=3.8\%$ 的看直播的发生比，增加 $e^{0.056}-1=5.8\%$ 的听音乐的发生比，增加 $e^{0.058}-1=6.0\%$ 的打游戏的发生比，增加 $e^{0.044}-1=4.5\%$ 的看剧的发生比。而生活/网购行为则会增加 $e^{0.083}-1=8.7\%$ 的看短视频的发生比，增加 $e^{0.077}-1=8.0\%$ 的看直播的发生比，增加 $e^{0.041}-1=4.2\%$ 的打游戏的发生比，增加 $e^{0.066}-1=6.8\%$ 的看剧的发生比。相比较而言，网络社交行为增加发生比的程度更高，网络社交更容易伴随网络娱乐行为。网络社交行为可以增加 $e^{0.202}-1=22.4\%$ 的看短视频的发生比，增加 $e^{0.166}-1=18.1\%$ 的看直播的发生比，增加 $e^{0.197}-1=21.8\%$ 的听音乐的发生比，增加 $e^{0.148}-1=16.0\%$ 的打游戏的发生比，增加 $e^{0.183}-1=20.1\%$ 的看剧的发生比。

相比之下，对于学习和娱乐内容的关注则对网络娱乐产生了相反的作用。关注学习内容可以显著降低网络娱乐行为的发生比，相反关注娱乐内容则起到了提高网络娱乐行为发生比的作用。其中关注学习内容可以显著降低 $1-e^{-0.061}=5.9\%$ 的看短视频的发生比，降低 $1-e^{-0.037}=3.6\%$ 的看直播的发生比，降低 $1-e^{-0.014}=1.4\%$ 的听音乐的发生比，降低 $1-e^{-0.075}=7.3\%$ 的打游戏的发生比，降低 $1-e^{-0.043}=4.2\%$ 的看剧的发生比。另外，关注娱乐内容则显著增加了 $e^{0.134}-1=14.3\%$ 的看短视频的发生比，增加了 $e^{0.073}-1=7.6\%$ 的看直播的发生比，增加了 $e^{0.091}-1=9.5\%$ 的听音乐的发生比，增加了 $e^{0.110}-1=11.6\%$ 的打游戏的发生比，增加了 $e^{0.131}-1=14.0\%$ 的看剧的发生比。

表 9-6　模型（4）青少年个体行为对于网络娱乐行为的影响

	看短视频	看直播	听音乐	打游戏	看剧
年龄	-0.124***	-0.044	0.039	0.004	0.023
	(0.028)	(0.030)	(0.028)	(0.028)	(0.028)

续表

	看短视频	看直播	听音乐	打游戏	看剧
男 = 1	0.200 ***	1.130 ***	0.045	1.819 ***	0.291 ***
	(0.058)	(0.065)	(0.058)	(0.063)	(0.059)
城市 = 1	-0.441 ***	-0.294 ***	-0.041	-0.239 ***	-0.336 ***
	(0.063)	(0.068)	(0.063)	(0.064)	(0.064)
受教育年限	-0.004	0.014	-0.005	0.014	0.001
	(0.027)	(0.028)	(0.027)	(0.027)	(0.027)
触网年龄	0.056 ***	0.023 *	-0.003	-0.006	0.006
	(0.010)	(0.011)	(0.010)	(0.010)	(0.010)
网络能力	-0.015	-0.041 ***	0.045 ***	0.014	-0.003
	(0.009)	(0.010)	(0.009)	(0.009)	(0.009)
网络学习行为	-0.000	0.037 ***	0.056 ***	0.058 ***	0.044 ***
	(0.009)	(0.009)	(0.009)	(0.009)	(0.009)
生活/网购行为	0.083 ***	0.077 ***	-0.002	0.041 ***	0.066 ***
	(0.010)	(0.010)	(0.010)	(0.010)	(0.010)
网络社交行为	0.202 ***	0.166 ***	0.197 ***	0.148 ***	0.183 ***
	(0.009)	(0.009)	(0.009)	(0.009)	(0.009)
关注娱乐内容	0.134 ***	0.073 ***	0.091 ***	0.110 ***	0.131 ***
	(0.009)	(0.009)	(0.009)	(0.009)	(0.009)
关注学习内容	-0.061 ***	-0.037 ***	-0.014 *	-0.075 ***	-0.043 ***
	(0.006)	(0.007)	(0.006)	(0.007)	(0.006)
切点一	-0.626 *	1.836 ***	1.051 ***	1.524 ***	0.845 **
	(0.284)	(0.317)	(0.284)	(0.297)	(0.290)
切点二	1.149 ***	3.699 ***	3.218 ***	3.877 ***	3.639 ***
	(0.285)	(0.321)	(0.287)	(0.302)	(0.296)
切点三	1.897 ***	4.413 ***	4.216 ***	4.731 ***	4.539 ***
	(0.286)	(0.323)	(0.290)	(0.305)	(0.298)
切点四	2.661 ***	5.071 ***	5.049 ***	5.477 ***	5.334 ***
	(0.287)	(0.326)	(0.292)	(0.307)	(0.301)
Log（likelihood）	-5731.470	-4674.099	-5854.452	-5453.675	-5464.253

括号中呈现的为标准误。

$^{\char126}p < 0.1, ^{*}p < 0.05, ^{**}p < 0.01, ^{***}p < 0.001$。

（5）父母对子女网络的了解和规训

表9-7模型（5）从父母对子女网络的了解和规训方面进行了考察。家庭是社会化的重要场所，父母在子女成长过程中发挥的作用是难以估量的。他们不仅是子女的启蒙教师，也是子女获得支持的来源。因此良好的亲子沟通模式、长久的亲子陪伴，都将对子女的身心发展产生积极影响。

从统计结果可以看出，父母受教育年限越高，子女网络娱乐行为的发生比就越低。父母受教育年限每增加一年，就能显著降低 $1-e^{-0.091}=8.7\%$ 的看短视频的发生比，降低 $1-e^{-0.049}=4.8\%$ 的看直播和听音乐的发生比，降低 $1-e^{-0.064}=6.2\%$ 的打游戏的发生比，降低 $1-e^{-0.085}=8.1\%$ 的看剧的发生比。相反，父母使用网络会对子女的网络娱乐产生负面影响。父母使用网络，相对于不使用网络的父母，会使子女显著增加看短视频 $e^{0.072}-1=7.5\%$ 的发生比，增加看直播 $e^{0.053}-1=5.4\%$ 的发生比，增加听音乐 $e^{0.109}-1=11.5\%$ 的发生比，增加打游戏 $e^{0.095}-1=10.0\%$ 的发生比，增加看剧 $e^{0.130}-1=13.9\%$ 的发生比。

值得注意的是，父母网络使用强度的增强，反而会降低青少年子女的网络娱乐行为的发生比，能显著降低 $1-e^{-0.170}=15.6\%$ 的看短视频的发生比，降低 $1-e^{-0.189}=17.2\%$ 的看直播的发生比，降低 $1-e^{-0.150}=14.0\%$ 的听音乐的发生比，降低 $1-e^{-0.209}=18.9\%$ 的打游戏的发生比，降低 $1-e^{-0.182}=16.6\%$ 的看剧的发生比。如何解释这个现象？可以从青少年上网工具的使用比例来看。由于青少年上网场所主要是在家中，所使用的上网设备也多为父母的手机、电脑等，因此当父母更多上网的时候，会压缩青少年子女上网的时间和机会。

父母通过与子女沟通，掌握子女的上网行为并了解其上网内容，对不同的娱乐行为的作用是不同的。这可以降低看直播和看剧的发生比，增加打游戏的发生比，但作用并不显著。但沟通之后可以显著增加看短视频和听音乐的发生比。

表 9 - 7　模型（5）父母对子女网络的了解和规训

	看短视频	看直播	听音乐	打游戏	看剧
年龄	- 0.043	- 0.001	0.074 **	0.028	0.067 *
	(0.027)	(0.029)	(0.027)	(0.028)	(0.027)
男 = 1	- 0.077	0.690 ***	- 0.054	1.393 ***	0.051
	(0.056)	(0.060)	(0.056)	(0.060)	(0.056)
城市 = 1	- 0.123^	- 0.007	0.260 ***	0.069	0.065
	(0.067)	(0.071)	(0.067)	(0.068)	(0.068)
受教育年限	0.172 ***	0.186 ***	0.152 ***	0.173 ***	0.178 ***
	(0.026)	(0.028)	(0.027)	(0.027)	(0.027)
父母受教育年限	- 0.091 ***	- 0.049 ***	- 0.049 ***	- 0.064 ***	- 0.085 ***
	(0.010)	(0.011)	(0.010)	(0.010)	(0.010)
父母使用网络 = 1	0.072 ***	0.053 **	0.109 ***	0.095 ***	0.130 ***
	(0.017)	(0.019)	(0.017)	(0.018)	(0.018)
父母网络 使用强度	- 0.170 ***	- 0.189 ***	- 0.150 ***	- 0.209 ***	- 0.182 ***
	(0.036)	(0.038)	(0.035)	(0.036)	(0.036)
父母知晓子女 上网内容 = 1	0.222^	- 0.105	0.237 *	0.048	- 0.067
	(0.119)	(0.128)	(0.120)	(0.121)	(0.121)
切点一	- 1.230 ***	1.100 **	0.164	0.631^	- 0.222
	(0.319)	(0.339)	(0.318)	(0.324)	(0.321)
切点二	0.112	2.601 ***	1.919 ***	2.529 ***	1.936 ***
	(0.319)	(0.341)	(0.319)	(0.327)	(0.323)
切点三	0.627 *	3.158 ***	2.646 ***	3.202 ***	2.559 ***
	(0.319)	(0.343)	(0.320)	(0.328)	(0.324)
切点四	1.155 ***	3.685 ***	3.232 ***	3.787 ***	3.122 ***
	(0.319)	(0.345)	(0.321)	(0.329)	(0.325)
Log（likelihood）	- 6352.284	- 5015.964	- 6431.651	- 5825.887	- 6086.607

括号中呈现的为标准误。

$^\wedge p < 0.1, ^* p < 0.05, ^{**} p < 0.01, ^{***} p < 0.001$。

四　结论与讨论

1. 结论

通过几组不同的模型对不同网络娱乐行为的分析，我们可以大致得出以下结论。

从横向的模型设定（变量取向）来看，年龄可以正向促进看剧和听音乐的行为。另外，受教育年限可以作为另一个衡量年龄和队列的指标，随着受教育年限的上升，青少年对各种网络娱乐方式的了解更多，因此也会花更多时间在这些娱乐方式中。性别之间也有不同的行为模式，男性青少年主要的行为特点体现为对游戏和直播更为关注，也会采取更多的相关娱乐行为，女生则倾向于听音乐。

城乡之间的模式分化更为明显，城市青少年除听音乐的发生比更高之外，其他网络娱乐行为的发生比都低于农村青少年。城乡之间的差异也说明城市青少年的网络娱乐行为受到更多约束，这与城乡之间教育、经济和文化等差异有很大关联。在加入是否与父母同住这一变量之后，可以发现，同住可以有效降低网络依赖程度，降低各项网络娱乐行为的发生。考虑到城乡之间的发展差异，农村中存在较多的留守青少年，因此考虑交互项之后，可以发现城市、农村与父母同住的青少年仍然比参照组（农村不与父母同住的青少年）的网络娱乐行为发生比低；同时，城市不与父母同住的青少年与参照组相比则没有显著差异。这些证据充分表明：城乡之间存在显著差异；无论是农村还是城市，父母陪伴都是有效缓解网络依赖和降低网络娱乐行为发生的有效途径。

从青少年个体行为类别来看，除个别选项之外，一旦增加网络使用频率和强度，就会增加各项网络娱乐行为的发生比。这表明，无论是网络学习、网络购物、生活还是网络社交，各种上网的行为都与网络娱乐行为有着密切的关联。换言之，网络娱乐应用和选项已经融入网络生活的方方面面，很难绝对地区分开。当然，青少年的网络注意力对于网络娱乐行为有着显著且截然不同的影响。例如，主要关注学习内容，就会减少对网络娱乐内容的关注和使用，反之亦然。因此，在管理青少年网络使用的过程中，应主要采取转移其注意力的措施，使之能把更多精力和注意力投入娱乐之外的因素。

父母的言传身教也是非常重要的。首先，父母受教育年限越长，则意味着其自控力以及对子女的教育更为有效，可以降低子女对于网络娱乐应用的关注和使用。但父母使用网络会给子女做出同样的示范作用，促使其接触和使用网络，进而使用娱乐应用和内容。当父母了解、知悉子女的上网内容之后，通常对其行为不会做过多干涉，给予其一定的自主权。

从纵向的模型设定（嵌套模型取向）来看，多数网络娱乐行为的影响因素的影响都比较接近，而听音乐这一行为不同点更多一些。比如，在性别和城乡视角之下，听音乐的群际差异体现得更为明显。本书推断，听音乐这一行为相对于其他网络娱乐应用项目而言，属于网络依赖属性较低的，因此也得到了某些相对于其他网络娱乐行为不同的解释。

2. 讨论

青少年网络娱乐行为的发生体现了城乡间的明显差异，而且是否与父母同住也对其网络娱乐行为产生了显著的差异化影响。父母的受教育年限对于子女成长也有显著的正向影响。这一方面从侧面反映出城乡之间在子女教育方面存在的差距，另一方面也说明在青少年成长过程中父母陪伴以及榜样的作用。这有助于青少年更好地完成社会化过程，形成合理的网络使用方式，乃至更广义的行为方式。

　　另外，不得不注意的是，网络已经渗透到生活的方方面面，成为日常生活的重要组成部分。与此同时，网络娱乐应用和其他应用在相当大的程度上存在重合。这也表明，不同网络应用的使用不存在严格的"排他性"，换言之，在使用某种网络应用的过程中，不可避免地会接触到或者使用到另一种/几种网络应用。另一个重要的因素就是"注意力"，即青少年上网主要关注什么，以及能够关注什么。因此，对于青少年而言，这个群体由于缺少足够的生活经验，他们的注意力往往容易发散，难以聚焦于某个特定的目的，如学习。

　　因此，在青少年使用互联网的过程中，仍然需要父母的陪伴与指导，在父母的知悉下合理地使用互联网。这样方能有效地减少网络使用过程中的依赖和其他风险的发生。

第十章　青少年网络风险影响因素

一　研究背景

网络的使用给人们的日常生活带来了极大的便利，也丰富了人们的物质、精神生活。但网络的使用并非全是积极影响，它同样是一柄双刃剑，便利性与风险性并存。互联网世界往往忽略了用户的年龄、性别、地理位置、性格特性等，也难以区分虚拟和现实之间的界限。伴随着互联网与手机的普及，网民的触网行为也趋于多元化和碎片化，网络世界与现实世界进一步融合、整合，网络世界越来越深刻地影响我们生活的方方面面，甚至成为生活中主要的组成部分。

对于青少年来讲，网络世界除了带来娱乐、社交和精神满足，其带来的网络暴力、网络色情信息、网络霸凌、网络诈骗等内容也无时无刻不在威胁着青少年的健康成长。但由于当下可触网终端越来越多，可触网途径越发多元化，家长（监护人）对于青少年网络使用及监管也愈加困难。这些网络风险因素都给青少年网络使用安全带来消极影响。

二　文献综述

以往研究中并没有专门针对"网络风险"的界定，而只是对一些相对具体的风险行为的描述。因此应首先界定一下"网络风险因素"这一概念。结合所使用的数据和调研材料，在本章中，网络风险因素主要包含几方面内容：网络暴力（欺凌、辱骂和霸凌等）、网络色情信息、网络诈骗以及基于网络的各种形式的性骚扰。

1. 国内研究

在国内已有研究中，对网络风险因素主要关注两个方面：一个是对青少年网络犯罪、网络暴力（包括欺凌等）行为本身的研究（陈钢，2011；高中建、杨月，2017；江根源，2012），以及对这些行为的影响因素、发生场景（张凯、吴守宝，2017）、行为后果（唐冰寒，2015；杨奎臣、章辉美，2002）等的研究。例如，电子邮件、即时通信、聊天室、社交网站等都是网络欺凌的高发区域（张凯、吴守宝，2017），部分新媒体亚文化也在某种程度上成为犯罪的温床，需要进一步加以探讨和管控（徐彦泰，2013）。部分研究则侧重于网络欺凌与传统欺凌方式的比较（张野等，2015），青少年网络暴力、网络欺凌行为的法律管控和社会管控等（陈美华、陈祥雨，2016；李岩、高焕静，2014；宋笑年，2016）。在网络犯罪的研究中，学者主要侧重于青少年实施犯罪行为，对于青少年遭受网络犯罪侵害的研究相对较少。

另外，学者主要关注的一个重点就是网络色情信息对青少年身心方面的负面影响、作用机制以及对青少年犯罪的潜在作用等（贺金波等，2010；刘亚丽，2015；王娟等，2010；杨智平，2011）。部分研究则关注如何通过家庭、社会、学校等提供帮助措施，降低网络色情信息对青少年心理健康的危害（王小荣，2017）。此外，除了关注这些行为和影响因素，以往研究对青少年保护措施也有诸多关注，包括国内外经验，国内外相应的政策和法律法规的制定等（高中建、杨月，2017）。以往研究的主要研究思路也遵循了"风险行为—作用机制—影响因素—政策规训"这一路径（贺金波等，2010；张乐，2010）。

但以往国内研究对于部分主题研究的缺失也是显而易见的，其中，对青少年遭遇网络性骚扰缺少相应的研究文献。一方面，由于社会中对于"性"的禁忌，相关话题较为敏感，青少年家长谈性色变，对此问题讳莫如深，增加了研究难度；另一方面，由于缺少足够的性安全教育，青少年遭遇网络性骚扰的认知存在偏误，对于可能的性骚扰行为缺乏清晰的辨识能力。因此，青少年遭遇网络性骚扰的调查难度较大，难以取证，因此对于研究人员而言，很难对受害青少年进行深度访谈或取得大规模数据。另外，既有研究对网络诈骗的关注，也主要集中于青少年通过网络诈骗方式犯罪，缺少对青少年遭遇诈骗的研究。

2. 国外研究

国外针对青少年网络风险的研究主要从以下几个方面出发。第一是互联网作为新型媒介如何与其他社会媒介进行连接（Valkenburg & Peter，2011），进而影响青少年出现网络暴力、欺凌等行为（Patton et al.，2014；Ybarra et al.，2008；Ybarra & Mitchell，2004）。对于具体的社会媒体因素，如电视、视频、电子游戏等，也有诸多探讨（Funk et al.，2004）。第二是从青少年作为各种形式网络风险的受害者来探讨其在不同的时期和年龄队列之间的区别（Jones et al.，2012）。第三是具体的网络风险因素，如网络暴力和色情等内容，对于青少年心理健康的影响和社会危害（Barak，2005；Mitchell et al.，2007；Ybarra et al. ，2007）。这些线上网络风险因素基于线下的社会网络，有可能出现蔓延和扩散，进一步强化网络色情信息和网络性骚扰之间的连带作用（Ybarra & Mitchell，2008）。第四是在青少年遇到网络风险的同时，也存在其自我调整、完善心智和社会整合的机遇（Guan & Subrahmanyam，2009）。

针对青少年网络风险，各国政府也都推出了各种保护措施，如通过相应教育政策的修订来提升青少年的网络素养，降低网络使用和网络暴力、色情信息之间的关联程度（Worthen，2007；方伟，2017；冯姣，2018）。美国则通过网络立法，明确了欺凌者的法律责任、受害者的救济权利、学校的安全教育和管理责任以及网络服务提供商的责任；并约束网络使用行为，降低网络色情信息对青少年的侵害（谢永江、袁媛，2017；姚建平，2011）。澳大利亚政府则建立了一套以儿童网络安全专员办公室为核心，以传播和媒体管理局、各级警察局以及互联网热线国际协会为辅助的政府监管体系；为学校开发各类网络安全教育课程，从源头防范网络欺凌的发生；建立了针对网络欺凌事件的投诉机制、针对网络服务提供商的监管机制、针对儿童网络行为的引导机制和针对家庭、学校的培训机制，以此来防范与应对网络欺凌（杜海清，2013；肖婉、张舒予，2015）。

三　研究设计

1. 数据及变量操作化

（1）数据

同上一章，本章所使用数据为中国共青团中央权益部联合中国社会科学院、腾讯公司开展的调查。所采用的方式为电子问卷发放和回收，截至 2018 年 5 月 24 日 22：00，问卷回收 5839 份，回收率为 61%。经数据清理之后，分析案例为 4832 个。问卷覆盖全国不同省份，具有较好的代表性。

（2）变量

本章分析的因变量为"网络风险"，是由四个问题汇总编码而成的。这四个问题分别为：是否遇到过网络色情信息、是否遇到过网络暴力、是否遭受过各种形式的骚扰、是否遇到过网络诈骗。这四个问题都是"是/否"的二分变量，其中"是"被编码为 1，"否"被编码为 0，因此在汇总之后，"网络风险"这一变量的值域为 [0-4]。进而网络风险可分为五个层级，0 为没有遇到过网络风险因素，4 的频率最高，表示遇到过的风险因素最多。尽管衡量网络风险频率的变量并不是连续变量，但仍然体现出一定的次序结构，因此重新编码的数值不具备定距变量的特点，仅能用作定序变量。

采用的自变量仍然分为四个部分：社会人口学变量、家庭层面变量、个体网络使用行为变量、父母对子女的网络了解与规训几个部分。

社会人口学变量，主要包括性别、年龄、城乡属性、受教育年限四个变量。家庭层面变量则包括了父母的受教育年限、是否与父母同住。为考察不同家庭类型（如留守青少年等），分析中加入了家庭类型和城乡属性的交互项：农村#不同住、农村#同住、城市#不同住、城市#同住。个体网络使用行为变量则包括触网年龄、网络使用能力、网络学习行为、生活/网购行为、网络社交行为和网络娱乐行为；此外，由于相关关系，也加入了青少年对于娱乐和学习的关注，借此考察对于网络风险的"积极"和"消极"因素如何影响网络娱乐行为。父母对子女的网络了解与规训则包括父母是否使用网络、父母的网络使用强度、父母是否知晓子女的上网内容。

2. 研究方法

由于本章使用的因变量为一组序次变量，因此对应的统计模型为序次 logit 回归（ordered logit model）。原理如下：

假设有一个 J 类别的变量作为定序因变量，那么相邻的序次值之间就存在 $J-1$ 个潜在分界值，即门槛值（Threshold）。将各个门槛值的累积发生比定义为：

$$\Omega_j(x) = \frac{Pr(y \leq j \mid x)}{Pr(y > j \mid x)} \quad j = 1,\ 2,\ \cdots,\ J-1 \qquad (10-1)$$

序次回归规定的这些发生比的对数形式与自变量之间存在如下关系：

$$\ln[\Omega_j(x)] = \ln\frac{Pr(y \leq j \mid x)}{Pr(y > j \mid x)} = t_j - \sum b_i x_i \quad j = 1,\ 2,\ \cdots,\ J-1 \qquad (10-2)$$

其中，$\Omega_j(x) = Pr(y \leq j \mid x)$ 为类别序次 j 的累积函数。因此，实证模型为

$$Y = \ln[\Omega_j(x)] = t_j - \sum b_i x_i \qquad (10-3)$$

此外，把序次 logit 的因变量的次序看作一个潜变量 1^*，因此，在类别为 j 时，存在：

$$J = j,\ \text{if}\ t_{j-1} \leq 1^* \leq t_j \qquad (10-4)$$

例如，当 $j=4$（$j=1,\ 2,\ 3,\ 4,\ 5$）时，各个类别的累积函数分别为：

$$\ln\frac{P_r(y \leq 1 \mid x)}{P_r(y > 1 \mid x)} = t_1 - \sum b_i x_i;$$

$$\ln\frac{P_r(y \leq 2 \mid x)}{P_r(y > 2 \mid x)} = t_2 - \sum b_i x_i;$$

$$\ln\frac{P_r(y \leq 3 \mid x)}{P_r(y > 3 \mid x)} = t_3 - \sum b_i x_i;$$

$$当\ 1^* \leq t_1\ 时，J = 1;$$
$$当\ t_1 \leq 1^* \leq t_2\ 时，J = 2;$$
$$当\ t_2 \leq 1^* \leq t_3\ 时，J = 3; \qquad (10-5)$$
$$当\ t_3 \leq 1^* \leq t_4\ 时，J = 4;$$
$$当\ t_4 \leq 1^*\ 时，J = 5。$$

四　主要分析结果

1. 描述性统计分析

表 10 - 1 为本章所用变量的描述性统计分析。其中，五种网络行为的参与强度为序次变量，分为五个类别，从小到大程度依次变强。性别、城乡属性、是否与父母同住、父母是否使用网络为虚拟变量。根据虚拟变量的数学性质，其均值等于取值为 1 的类别所占比例。其余变量则为连续变量，分别表示连续的数值或者程度。

表 10 - 1　描述性统计分析

变量	均值	标准差	最小值	最大值
网络风险	1.122	1.192	0	4
年龄	15.40	1.786	4	18
男 = 1	0.450	0.498	0	1
城市 = 1	0.690	0.463	0	1
受教育年限	9.303	1.844	1	19
同住 = 1	0.952	0.214	0	1
触网年龄	8.963	2.975	3	18
网络能力	11.00	3.622	0	16
网络学习行为	8.582	4.486	0	20
生活/网购行为	4.750	4.074	0	16

变量	均值	标准差	最小值	最大值
网络社交行为	8.337	5.288	0	20
网络娱乐行为	7.880	5.236	0	20
父母受教育年限	11.58	3.205	0	19
父母使用网络 = 1	2.885	1.912	0	9
父母知晓子女上网内容 = 1	2.669	0.810	1	4
父母网络使用强度	0.923	0.267	0	⋮
网络保护行为 = 1	0.910	0.286	0	⋮

2. 实证结果

表 10 - 2 模型（1）讨论了基准模型中社会人口属性的自变量对于遭遇网络风险的影响。首先，年龄对于网络风险有显著的正向作用，亦即年龄越大，越有可能发生网络风险，青少年每增加一岁，上网遇到风险的可能性便增加 $e^{0.104} - 1 = 11.0\%$。这也与较大年龄的青少年从时长、服务内容等方面更多地使用互联网有直接的关系。性别对于网络风险发生有显著的影响，相比于女性青少年，男性青少年在使用互联网时有更大的可能性遭遇网络风险，这一比值为 $e^{0.372} = 14.5\%$，即男性是女性发生网络风险的 14.5%。城乡属性则起到了负向的作用，城市青少年遭遇网络风险的可能性较农村青少年更低。这表明城市在控制网络风险方面做得更好，但城乡之间的差距并不显著。受教育年限与青少年网络风险有正向的关系，每增加一年，网络风险的发生比就增加 $e^{0.134} - 1 = 14.3\%$，即增加了 14.3%。对应到青少年所属的年级和受教育阶段，可以推论出高年级的青少年更容易产生网络风险。

模型（2）纳入的变量与分析结果与模型（1）接近，模型（2）纳入了"与父母同住"这一变量，考察父母同住对于青少年网络风险发生概率的影响。与父母同住，在父母的干预之下，青少年可以显著地降低网络风险的发生，其发生比降低为 $e^{-0.264} = 0.768$ 倍，即降低到不与父母同住青少年网络风险发生比的 76.8%。

模型（3）进一步纳入了与父母同住和城乡属性的交互项，并将青少年的类别分为四类：农村#不同住、农村#同住、城市#不同住、城市#同住，这样可以考察不同分组青少年遭遇网络风险的情况。其中以农村#不同住的青少年（留守青少年）为参照组。可以看出，尽管其他三个组青少年遭遇网络风险的可能性都在不同程度上低于农村不与父母同住的青少年，但仅有"城市#同住"的青少年网络风险发生可能性显著低于参照组，而"农村#同住"和"城市#不同住"都不显著。其中"农村#同住"的组别网络风险发生比为"农村#不同住"组别的 76.6%，"城市#不同住"组别为参照组的 92.8%。"城市#同住"的青少年的网络风险发生比则显著更低，仅为 71.5%。这表明，与前文对"城乡"和"同住"两个主效应的分析相比，交互分析揭示了更多的细分人群中存在的差异。同时交互项也揭示了城乡、同住与否的复杂的内部关系。对比而言，交互项中揭示的差异更多存在于是否与父母同住，而非城乡，因而与父母同住是减少网络风险发生的可靠途径。

模型（4）考察了青少年个体网络使用行为对于其遭遇网络风险的影响。首先，提高青少年触网年龄可以有效降低网络风险发生，每提升一岁的触网年龄，就可以降低 $1 - e^{-0.038} = 3.7\%$ 的发生风险。近些年网络发展日新月异，网民接触到网络的途径越来越多，触网年龄越来越小。但过早接触互联网可能同时导致青少年过早遭遇网络世界中的负面信息，这也是不利于青少年身心健康发展的。与常识相反，较高的网络能力并不能降低网络风险的发生，相反会显著增加网络风险（增加可能性为 $e^{0.049} - 1 = 0.05$ 倍）。网络学习行为可以轻微地减少网络风险，但影响作用不显著。网络生活行为（如生活/网购行为等）也并不显著。相比之下，涉及人与人之间的社交活动和娱乐活动，网络风险发生的可能性就会显著加大。网络社交行为和网络娱乐行为均对网络风险产生了显著的加强作用。其中网络社交增加一个单位强度，网络风险发生比增加1.6%；网络娱乐行为增加一个单位强度，网络风险发生比增加3.4%。比较来看，网络娱乐行为更容易增加网络风险的发生。值得注意的是，青少年个人的网络保护行为与网络风险的发生息息相关，有网络保护行为的青少年遇到网络风险的可能性为没有网络保护行为的 $e^{1.156} - 1 = 2.18$ 倍。为何会出现这个结果？这并非说，网络风险是由网络保护行为带来的，而是存在更为复杂的因果关系，即由于存在网络风险（或者身边发生过网络风险），青少年才会有网络保护行为。

模型（5）进一步从父母自身特质，以及父母对子女网络的了解和规训方面进行了考察。根据社会化理论，父母对子女在早年的教育，父母与子女有亲密的沟通模式、稳定的家庭关系和长久的陪伴，都将对子女的身心发展产生积极影响，有助于子女较好地完成早期的社会化进程，扮演恰当的社会角色。从表10-2分析结果中可以看出，父母受教育年限与子女的网络风险发生比呈负相关。父母受教育年限越长，子女依赖网络的发生比就越低，父母每增加一年的受教育年限，子女的网络风险发生比就会降低2.5%。父母使用网络则会提高子女的网络风险（增加7.4%的发生比）；但当父母使用网络强度越强时，子女上网时间出现被挤压的状态，其网络风险发生的可能性就会降低。父母每增加一个单位的上网强度，就可以降低子女21.1%的网络风险发生。另外，父母与子女沟通，与子女遭受的网络风险同样存在反向因果关系。父母知晓子女的上网行为并了解其上网内容与网络风险的发生比有着正向的关系，说明子女在遭受网络风险之后，更倾向于与父母沟通。

表 10 - 2　模型分析结果

	模型（1）	模型（2）	模型（3）	模型（4）	模型（5）
年龄	0.104***	0.104***	0.104***	0.090**	0.095***
	(0.027)	(0.027)	(0.027)	(0.029)	(0.029)
男=1	0.372***	0.364***	0.364***	0.356***	0.396***
	(0.055)	(0.055)	(0.055)	(0.058)	(0.057)
城市=1	-0.082	-0.069		-0.231***	-0.031
	(0.059)	(0.059)		(0.063)	(0.068)
受教育年限	0.134***	0.132***	0.132***	0.106***	0.124***
	(0.026)	(0.026)	(0.026)	(0.027)	(0.027)
与父母同住=1		-0.264*			
		(0.126)			
农村#不同住					
（参照组）					
农村#同住			-0.267		
			(0.174)		
城市#不同住			-0.075		
			(0.244)		
城市#同住			-0.335*		
			(0.170)		
触网年龄				-0.038***	
				(0.010)	
网络能力				0.049***	
				(0.009)	
网络学习行为				-0.001	
				(0.008)	
生活/网购行为				0.006	
				(0.010)	
网络社交行为				0.016^	
				(0.009)	

续表

	模型 (1)	模型 (2)	模型 (3)	模型 (4)	模型 (5)
网络娱乐行为				0.034 ***	
				(0.008)	
网络保护行为 = 1				1.156 ***	
				(0.112)	
父母受教育年限					−0.025 *
					(0.010)
父母使用网络 = 1					0.071 ***
					(0.018)
父母网络使用强度					−0.211 ***
					(0.036)
父母知晓子女上网内容 = 1					0.330 **
					(0.125)
切点一	2.590 ***	2.332 ***	2.328 ***	3.658 ***	2.064 ***
	(0.273)	(0.300)	(0.318)	(0.308)	(0.336)
切点二	3.662 ***	3.404 ***	3.401 ***	4.787 ***	3.162 ***
	(0.276)	(0.303)	(0.321)	(0.311)	(0.338)
切点三	4.727 ***	4.471 ***	4.467 ***	5.896 ***	4.233 ***
	(0.279)	(0.305)	(0.323)	(0.315)	(0.340)
切点四	6.114 ***	5.859 ***	5.856 ***	7.314 ***	5.618 ***
	(0.287)	(0.312)	(0.329)	(0.322)	(0.346)
Log (likelihood)	−6240.049	−6237.885	−6237.885	−6078.814	−5853.822

括号中呈现的为标准误。
$^{+} p < 0.1, ^{*} p < 0.05, ^{**} p < 0.01, ^{***} p < 0.001$。

五　结论与讨论

1. 结论

综上所述，影响青少年遭遇网络风险的因素是多方面的，而且由于测算的网络风险的变量是已发生的变量，故而也存在若干变量与之有更复杂的因果关系的情况，但在本章中不做进一步讨论。

从社会人口学代表的个体特征来看，城乡之间的青少年网络风险的发生比并没有显著的差别。而差别主要发生于性别之间和年龄之间，其中男生网络风险发生比要高于女生，同时年龄更大的青少年也更容易遇到网络风险。这一方面是因为男女青少年自身的差异，男女青少年网络使用行为有所不同；另一方面则是因为随着年龄增长、网络使用强度的提高，遭遇网络风险的概率也就越来越高。另外，受教育年限越长的青少年发生网络风险的可能性越高，但触网年龄越高，则越有可能规避网络风险的发生。这进一步表明，随着青少年的成长，其心智逐渐成熟。但由于其使用网络强度越来越高，因而越来越难以避免潜在的网络风险的发生。个体的网络使用行为对于网络风险的形成也是如此，积极的上网行为并不会产生网络风险。由于当代的青少年从小就生活和沉浸在互联网的环境之中，即使他们网络使用能力很强，也不能规避网络风险的产生。

从家庭层面来看，家庭的完整和父母的陪伴无疑是子女健康成长的必要条件。父母陪伴和互动可以给子女带来更多的关怀和温暖。而亲子之间更多的交流互动有助于减少青少年上网的时间，进而降低青少年网络风险发生的可能性。因此，考虑到农村留守青少年和部分与父母不同住的城市青少年由于缺少父母的陪伴，导致亲情在一定程度上缺失，更容易使他们在网络世界中被风险因素侵害。

父母对子女网络的了解与规训与子女面临的网络风险也密切相关。受教育年限是代表社会经济地位的重要指标之一，它与社会经济地位有密切的正相关关系。研究结果表明，父母受过更高教育的青少年，更少发生网络风险。同样可以推断，网络风险的发生也代表着某种意义上的社会不平等：社会地位更高的人则更少发生网络风险。而作为子女第一任教师的父母，自身的约束和榜样作用同样意义重大，可以从侧面给子女一个积极的网络使用环境。父母使用或者沉迷网络，会给子女的网络使用带来巨大的负面作用。

2. 讨论

青少年网络风险的发生，是在其生活成长的环境中逐渐习得、形成的，也是在较多的影响因素共同作用下形成的，还与青少年的社会化进程相伴随。正如前文所讲，互联网社会的逐渐形成，本质上是形成了一个针对青少年，甚至所有人的新的社会化场域。值得注意的是，在这些影响因素中，体现出一个共性：青少年网络风险与网络使用的强度和深度密切相关，也与家庭陪伴、父母素质密切相关。为降低青少年网络风险的发生率，可以采取几个方面的具体措施：一方面是从青少年网络使用着手，尽可能约束其网络使用时间，将更多时间用于学习等积极方面，从减少网络娱乐等方面的使用；另一方面是从互联网内容生产的角度着手，尽可能实现网络清晰分级，限制网络娱乐（如短视频、影视作品等）和网络社交（网络社群、贴吧、社交软件）中可能暗含的色情、暴力等不良信息。另外，家庭层面的教育和规训也是必不可少的条件，良好的家庭教育和成长环境，更有利于青少年规避互联网中的风险因素，从而促进其健康成长。

随着青少年年龄的增长，其所学知识增多，需要使用互联网进行学习、生活、社交、娱乐的情况也越多。在这个过程中，青少年要不断与外界、与整个互联网世界进行接触和互动，因而青少年难免会遭受各种网络风险因素的侵害。但本次调查作为单次的截面调查，而且由于测算的变量是已发生的变量，对某些更复杂的因果关系，尚无法对此做更全面的探讨。这也有待于在未来的调查和研究中进一步讨论。

第十一章　研究结论和政策建议

一　主要研究发现

1. 青少年网络使用的主要问题

当前，青少年被称作"数字一代"和"网络一代"，他们的成长伴随着互联网的蓬勃发展。作为我国互联网用户中最年轻的群体，完整地把握他们的互联网使用状况，深入了解其在使用过程中存在的问题，具有重要的现实意义。

本研究从青少年线上线下的活动时间分配、家长的管控情况、青少年首次触网年龄、上网的主要途径和场所、上网的兴趣点、网上进行的主要活动及网络使用能力等方面对青少年网络使用的情况进行了分析，研究发现青少年的网络使用主要存在以下特征。

第一，青少年网络使用时间长。就青少年日常生活的时间分配来看，除去必需的学习时间，上网时间已经在其日常生活时间的安排上占据第一位，并且随着网络日常生活的承载功能逐渐增强，青少年的上网的时间占比呈现逐渐增加的趋势。从各类城市青少年的上网时间来看，除了二线城市青少年上网时长为 2 小时外，一、三、四线城市的青少年上网时长都在 2 小时以上。从不同年龄段来看，高中生上网时长在 2 小时以上的占比要远超初中生。

第二，未与父母同住的青少年上网缺少监管。从调查结果看，未与父母同住的青少年每天上网时长在 6 小时以上的人数要明显多于与父母同住的青少年。青少年正处于成长的关键时期，其自制力相对较弱，一旦脱离父母的管控和限制，很有可能沉迷于网络无法自拔。

第三，首次触网低龄化。就调查整体情况来看，5 岁以下就开始接触互联网的青少年占比已经超过 10%，而 6～10 岁接触网络的青少年的占比则已经超过六成。从不同的城市类型来看，一线和准一线城市的青少年普遍更早地接触网络。从不同年龄段青少年首次触网的年龄来看，青少年首次触网年龄主要集中在 4～10 岁之间。目前中国已经进入人人互联的时代，几乎每个家庭的日常生活都与互联网密不可分，首次触网低龄化问题对青少年的人生发展利弊如何，现在还很难下定论。在当前互联网监管政策法规尚不够健全、网络信息泥沙俱下、不适宜青少年的内容（如暴力、血腥、色情等）未被有效屏蔽与管理，同时又缺乏监护人照料的情况下，我们认为青少年过早接触互联网存在较大风险。

第四，家庭是青少年上网的主要地点。从调查结果来看，九成以上青少年经常上网的地点是家庭。家庭作为青少年生活的主要场所，承担着其社会化的重要职责。因此，需要利用好家庭社会化的功能，对青少年的上网行为进行合理的调整和规范。从不同的城市类型来看，虽然从一线到四线城市在家中上网的青少年占比逐渐下降，但其占比均超过九成。从不同年龄段来看，初中生在家中上网的人数比例要超过高中生。从不同的居住类型来看，与父母同住的青少年在家里上网的比例要高于未与父母同住的青少年。

第五，青少年网络娱乐的关注点主要是影视音乐和游戏动漫。调查表明，绝大多数青少年在网络娱乐方面关注的内容集中在以下两个方面：对影视音乐关注的青少年占比超过七成，而对游戏动漫关注的占比超过了六成。此外，不同性别青少年的网络兴趣点存在明显差异，女性青少年对影视音乐、追星、美食、美妆感兴趣，而男性青少年则更多地关注游戏动漫和搞笑/恶搞内容。从不同的城市类型来看，身处不同城市的青少年在这几个方面的喜好并没有太大差异。从不同年龄段来看，影视音乐和游戏动漫是多数初中生和高中生上网的主要关注点，但相较于初中生，高中生对网络购物、美食美妆和情感恋爱的关注度更高。从不同的居住类型来看，各居住类型的青少年关注点较为一致，但未与父母同住的青少年对娱乐的关注度要显著高于与父母共同居住的青少年。

第六，青少年在体育、文化和学习方面的关注点在于做作业、解题和获取科学知识。调查结果显示，青少年关注度最高的是做作业、解题和获取科学知识，关注度均在六成以上，而对体育、文化方面的关注度则相对偏低。从不同年龄段来看，高中生对体育内容、文化内容的关注度要高于初中生，而对学习内容的关注度则比初中生低。从不同居住类型来看，没有与父母共同居住的青少年对体育的关注度要高于与父母同住的青少年，而与父母同住的青少年对做作业、解题和获取科学知识的关注度则更高。

第七，网络学习聚焦搜索信息、写作业和看新闻。总体来看，青少年每天通过网络进行上述学习活动的比例均在六成以上。从不同城市类型来看，学习活动体现出明显的级别差异：城市级别越高，青少年从事学习活动的就越多。从不同的年龄段来看，相较于初中生，高中生在网上"看新闻时事"及"评论或与别人讨论时事/社会问题"的占比更高。从不同的居住类型来看，与父母共同居住的青少年网络学习频率比其他居住类型的青少年更高。未与父母共同居住的青少年

"评论或与别人讨论时事/社会问题"的占比较其他居住类型的青少年更高。

第八，网络购物和支付与青少年日常生活紧密结合。从调查结果来看，七成左右的青少年会在日常生活中进行网络购物和支付。从不同的年龄段来看，高中生进行生活网络购物的占比要远高于初中生。从不同的居住类型来看，未与父母共同居住的青少年生活网络购物的比例高于与父母一起生活的青少年。

第九，青少年的线上社交活动频繁。从调查来看，微信、QQ与青少年的日常社交紧密相联。数据显示，超过三成的青少年几乎总是刷着微信和QQ。从不同城市类型来看，青少年进行的线上社交活动差异并不明显。从不同年龄段来看，高中生的网络社交更为活跃，其在各个维度网络社交活动上的占比均高于初中生。从不同的居住类型来看，未与父母同住的青少年线上社交更为频繁。

第十，青少年的网上娱乐活动非常丰富。综合调查结果，超过八成的青少年会在上网的时候听音乐或者看电视剧、电影，听音乐、打游戏和看短视频也是青少年线上的主要娱乐活动，而看直播的青少年较少。从不同城市类型来看，城市级别的差异与娱乐上的差别具有规律性，城市级别越高，其娱乐应用使用者所占比重越小。从不同年龄段来看，无论是初中生还是高中生主要进行的网络娱乐活动是看电视剧、听音乐、打游戏和看短视频，此外，高中生进行各种网上娱乐活动的占比均高于初中生。从不同的居住类型来看，未与父母共同生活的青少年在各种网络娱乐活动上的占比更高。

第十一，较强的网络使用能力与网络依赖性共存。九成左右的青少年网络使用能力较强，同时，有七成的青少年表示自己的日常生活已经离不开互联网。从不同城市类型来看，一线城市和准一线城市的信息甄别能力要更强，其余城市则随着城市级别的降低而递减。从不同年龄段来看，初中生和高中生的网络使用能力不分伯仲。从不同居住类型来看，与父母共同居住的青少年的网络使用能力要强于未与父母共同居住的青少年。

2. 青少年网络使用的潜在风险

随着互联网的迅猛发展，青少年对互联网的使用程度也在逐渐加深。互联网为青少年获取信息和知识提供了广泛的来源，培养了青少年更为多元化的知识结构体系。与此同时，网络信息的复杂化，特别是一些不良信息（如血腥、色情、暴力等）以及网络环境的低监管等问题也给青少年的身心健康和价值观的形成带来一定的负面影响，青少年触网低龄化这一现象的出现，引起了社会各界的广泛关注。因此，加强对青少年网络使用风险的研究，对于规范青少年网络使用环境、营造绿色健康的网络氛围具有重要意义。综合调查报告结果，青少年在网络使用中的潜在风险如下。

第一，青少年网络依赖现象加剧。调查显示，超四成的青少年因上网导致学习成绩下降，超三成的青少年表示离不开微信、QQ 等社交软件。从不同城市类型来看，青少年网络依赖程度与城市级别呈负相关关系，一、二线城市青少年网络依赖程度低，而三、四线城市青少年网络依赖程度相对较高。从不同年龄段来看，高中生依赖网络的比例要高于初中生。从不同居住类型来看，没有与父母共同居住的青少年依赖网络的占比更高。

第二，色情、诈骗、暴力和辱骂等信息充斥青少年网络使用环境。调查结果显示，三成左右的青少年在网上遭遇过色情信息和诈骗信息的骚扰；七成青少年在网上遭遇过暴力和辱骂。而就遭遇过这些信息的场景来看，社交软件、网络社区和短视频是青少年遭遇色情信息的主要场景；社交软件也是诈骗信息横行的重灾区；社交软件、网络社区和新闻留言是青少年遭遇暴力和辱骂信息的主要场景。就对这些骚扰信息的处理方式而言，针对色情信息，超过七成的青少年选择不理会，超过四成的青少年选择网络投诉或举报；针对诈骗信息，有近七成的青少年选择不理会，半数青少年会选择网络投诉或举报；针对暴力和辱骂信息，六成左右的青少年选择不理会，半数青少年选择网络投诉或举报。

从不同城市类型来看，青少年遭遇色情、诈骗、暴力和辱骂信息的比例均随着城市级别的下降而整体呈上升趋势。就遭遇场所而言，各类城市并没有太大差异。而就对这些信息的处理方式来看，一线城市和准一线城市的青少年应对措施较强，三、四线城市的青少年应对措施相对较弱。

从不同年龄段来看，高中生遭遇色情、诈骗、暴力和辱骂信息的比例高于初中生。就遭遇这些信息的场所而言，初中生和高中生并没有太大的差别。就针对这些信息的处理方式来看，多数高中生和初中生会选择不理会，或选择网络投诉或举报，二者没有太大差异。但值得注意的是，选择告诉父母这一处理方式的高中生占比要低于初中生。另外，由于父母学历不同，初中生和高中生处理这些信息的方式也存在一定的差异。举例来说，低学历父母的初、高中生选择网络投诉或举报的比例要高于高学历父母的初、高中生。

从不同居住类型来看，未与父母共同居住的青少年遭遇色情、诈骗、暴力和辱骂信息骚扰的比例要更高。就遭遇这些信息的场景来看，不同居住类型的青少年之间并不存在明显差异。而就对这些信息的处理方式来看，不同居住类型青少年的处理方式并没有太大差异，多数采用不理会和网络投诉或举报的方式。值得关注的是，针对色情信息，没有与父母同住的青少年中觉得很好奇、点开看看的比例最高。另外，针对暴力和辱骂信息，没有与父母同住的青少年向同学倾诉的比例最高，超过了两成，而与母亲共同居住的青少年向同学倾诉的比例最低。

第三，青少年上网活动时会遇到骚扰、暗示或者陌生人约见面的情况。整体来看，有一成左右的青少年在网上遇到过骚扰、暗示或者陌生人约见面的情况，同时女性青少年遇到骚扰的比例高于男性青少年。社交软件和网络社区依旧是发生骚扰的主要场景，值得关注的是，青少年在近年来火爆的短视频上遇到骚扰的比例也达到两成。而就处理方式来看，多数青少年依旧选择不理会和网络投诉或举报，另外选择告诉同学和朋友的人也占一定比例，但选择报警的比例很低。

从不同城市类型来看，青少年遭遇骚扰的比例随着城市级别的下降而上升。就骚扰发生的场景来看，差异并不明显。而就处理方式来看，各类城市青少年主要的处理方式依旧是不理会或网络投诉和举报。

从不同年龄段来看，高中生遭遇骚扰、暗示、陌生人约见面的比例要高于初中生。就发生的场景来看，初中生和高中生并没有显著差异。而就处理方式来看，多数初、高中生依旧选择不理会或选择网络投诉或举报，但值得注意的是，初中生觉得好奇、点开看的比例要高于高中生，并且初中生选择告诉他人（如老师、同学、父母、兄弟姐妹、警察等）的比例均要高于高中生。另外，父母学历不同的青少年，其处理方式也存在一定差异，举例来说，父母是高学历的初中生选择网络投诉或举报的比例要高于父母是低学历的初中生。

从不同居住类型来看，与父母共同居住的青少年遭遇网络性暗示的比例最低。就发生场景来看，不同居住类型青少年的差异并不明显。就处理方式来看，与父母共同居住的青少年选择和同学讲的比例最高，而没有和父母及其他监护人居住的青少年选择与父母讲的比例最低。

第四，部分青少年的网络隐私保护意识有待增强。综合而言，尽管多数青少年的网络隐私保护意识较强，但仍有近两成的青少年认为在上网的时候没有必要保护个人隐私。在需要保护的信息中，选择家庭住址、个人姓名、父母收入、金融账户和消费信息的青少年比例相对较高，均在八成以上。多数青少年有个人隐私保护的行为，但依旧有近两成的青少年在网上没有任何隐私保护行为。就主要采取的隐私保护行为来看，不使用自己的真实信息的青少年比例相对较高，均在八成以上。

从不同城市类型来看，各个城市青少年的网络隐私保护行为没有显著差异。但从具体的隐私保护行为得分来看，一、二线城市要明显高于三、四线城市。

从不同年龄段来看，高中生的隐私保护意识要高于初中生，此外有近两成的初、高中生认为没有必要保护个人隐私。从上网需要保护的信息类型来看，初中生和高中生的差异并不明显。而从父母学历不同的初、高中生来看，父母是高学历的初、高中生认为需要保护个人姓名、个人头像、家庭住址、父母收入等信息的比例均要高于父母是低学历的初、高中生。此外，高中生中有网络个人隐私保护行为的占比要高于初中生，但不可忽视的是，依旧有超出一成的初、高中生并没有任何个人隐私保护行为。另外，从个人信息保护的行为来看，初中生中有各项真实个人信息保护行为的占比要高于高中生。

从不同居住类型来看，与父母共同居住的青少年采取保护隐私措施的超过九成，但未与父母共同居住的青少年中依旧有15%的人没有采取保护隐私的措施。而就需要保护的网络隐私类型来看，不同居住类型的青少年的差异并不明显。在保护网络隐私的做法中，绝大多数青少年知道不用真实姓名做用户名或昵称，九成以上与父母共同居住的青少年会采用此策略。购物环节出现隐私泄露的可能性最大，但仅有不到一半的未与父母同住的青少年会选择将快递或购物单破坏后扔掉。

3. 青少年网络使用方面的主要不足

互联网大潮冲击着生活的方方面面，从吃饭、穿衣到起居住行，从儿童到老人，无不受到其深刻的影响。与成年人相比，青少年年龄较小、世界观尚未形成或成熟。对他们而言，网络是上一代人在青少年时期未曾遇到的新生事物，因此网络方面的问题往往是青少年难以独立解决的，而相关的规避办法、保护措施又时常"缺位"。这些缺位和不足，使得青少年在面对网络风险时缺乏行之有效的保护措施，也缺乏有效的应对措施。

结合数据分析报告，我们从社交网络使用和网络暴力规避，支付手段的多样化和低龄化，风险应对保护措施，地区之间发展不平衡导致的网络能力不平衡，学习、娱乐和网络社交活动之间的平衡等多个方面，来分析青少年网络使用方面的不足。

第一，社交网络的使用与网络暴力规避问题。目前，相关保护措施做得并不够。社交软件，尤其是即时社交软件与我们每个人的日常生活息息相关。从分析报告可知，社交软件、网络社区是色情信息、诈骗信息等各类骚扰信息的集中爆发地。超过一半的青少年在社交网络中遇到过色情信息，超过 1/3 的青少年遇到过诈骗信息，超过 1/4 的青少年遇到过网络暴力，超过 1/10 的青少年遇到过各种形式不良信息的骚扰。尽管我们也看到相当大的一部分青少年及时进行举报，并寻求家长、老师和相关部门的帮助，社交网站也都留有举报入口等保护渠道，但作为日常生活的重要一部分，我们仍然不能忽略社交网络作为风险聚集地的这一特性，以及青少年网络保护工作的严峻性。因此，如何化解社交网络、社交软件中蕴含的巨大风险，仍然有待相应互联网服务与监管部门进一步研究和推进。

第二，支付手段的多样化和低龄化趋势，与父母的监督和引导的相对缺失有一定关系。我们可以看到，超过12%的青少年"几乎总是"使用网络支付，有超过70%的青少年经常网络购物。统计数据告诉我们，超过九成的青少年与父母同住，95%以上的青少年在家中上网，87%以上的青少年的上网终端是手机，并且与父母同住的青少年触网时间更早。但是，近年来，青少年花巨款打赏网络主播的新闻屡屡见诸报端，这表明父母对子女的网络使用习惯和方式的引导令人担忧。可以说，在青少年网络使用的过程中，家庭的教育和引导相对不足，需要进一步加强。

第三，对于无监护人共同居住的青少年面对的风险问题，应对保护措施仍然不足。这部分青少年主要包括：无监护人共同居住的青少年、残缺家庭青少年和留守青少年等。无监护人共同居住的青少年，在同等的网络环境下，面临更多的风险。这部分青少年接触网络色情信息的比例、遭遇网络诈骗的比例均超过四成，而且遇到网络诈骗时，绝大多数青少年并不会报警。此外，无监护人共同居住的青少年中，只有不到一成的家长完全知道其网络活动，单独与母亲居住的青少年遭遇网络欺凌和诈骗的比例也非常高。因此，保护这部分青少年，不仅需要互联网设施层面保障的加强，也需要政府和社会承担起部分无监护人共同居住的青少年的各项保障责任。

第四，地区之间发展不平衡导致的网络能力不平衡。这种不平衡首先体现为城市经济发展水平、基础设施等方面的不平衡，这种不平衡使得一、二线城市的青少年比三、四线城市同辈群体的触网时间提前了0.5~1年。其次体现为父母自身素质的差异，一、二线城市青少年父母的受教育年限比三、四线城市多出了1.6~2.0年。而更高的素质意味着更好的教育能力与更强的约束力，对子女的保护、教育也就更加到位。统计数据显示，青少年具体保护行为得分有明显的地区差异，一、二线城市明显高于三、四线城市。另外，这种不平衡还体现为三、四线城市（以及农村）家庭陪伴的缺失。对子女疏于管理导致这部分青少年在多项指标上远逊于一、二线城市的青少年。因此，三、四线城市的青少年有着更高的网络依赖比例，而色情信息、诈骗信息、网络暴力信息等也在三、四线城市的青少年中有更大的出现比例。因此，这种不平衡导致青少年网络保护存在空间上的不足，不同地区、不同级别城市存在着程度不同的问题。

第五，青少年难以在学习、娱乐和网络社交活动之间达到平衡。尽管学习在青少年的网络使用过程中占重要的地位，但每天学习之外上网的时间超过 2 小时的青少年比例接近 50%，高中生的比例甚至超过 60%。这说明，青少年每天有大量时间从事各类网络活动，他们已经习惯了网络使用、娱乐、社交和学习共存的情境。具体来看，超过 1/3 的青少年"几乎总是"刷微信和 QQ，在社交软件上寻求与朋友的即时联系；近三成青少年"几乎总是"听音乐，两成青少年"几乎总是"看短视频。尽管超过八成的青少年有较好的互联网使用能力，但过度使用网络的后果也非常严重：青少年普遍有网络依赖的倾向，四成青少年玩手机导致学习成绩下降；在三、四线城市中，青少年有着更高的成瘾风险和更大的成瘾概率。而且，尽管父母会对青少年的网络使用行为加以规约，但效果不甚理想，仅有 56% 的初中生和 73% 的高中生听从父母在网络方面的管教。

二　青少年网络保护的政策建议和具体措施

基于青少年互联网使用中的问题和风险，我们认为最重要的是净化网络空间、构建安全和健康的互联网环境。首先，必须在源头上加以控制和预防，需要互联网平台、宽带网络服务商、电脑和手机制造商等企业和政府共同努力，主要措施包括建立常态化的网络平台自审自查机制、加强互联网广告审查机制建设、建立和完善互联网行业自律机制、建立健全网络信息的分类分级制度、加强家庭的网络接入服务管理工作、加强公共场所的网络接入服务管理工作、促使手机制造商开发青少年适用的手机使用模式或 App、保护青少年个人隐私并加强传播伦理和法律监管、严厉打击侵害青少年合法权益的行为。此外，还应当创新青少年学习和娱乐模式，给青少年娱乐提供多样化选择，并营造开放、宽容的社会环境，以平等、尊重的姿态引导青少年的上网行为。

1. 建立常态化的网络平台自审自查机制

督促网络平台建立常态化自审自查机制，建立网络内容筛查机制，对有害的内容进行实时技术性筛查；促使网络平台定期开展网络内容自查活动，及时删除含有色情、暴力、欺诈等信息的文字、图片和视频；督促网络平台建立网络内容投诉举报机制，主动接受群众监督，对投诉和举报的内容进行严格审查核实，核实无误的应立即开展信息清理活动，追究网络信息发布者的责任，并对相关责任人采取封号或移交司法机关等惩罚方式。

2. 加强互联网广告审查机制建设

研究发现，在游戏、浏览器或软件中植入的色情和暴力广告，是互联网监管的漏洞之一。为此，一是加强互联网广告审查机制，完善互联网广告发布的审查程序，建立初审、再审、复审和终审的四级审核体系；二是建立广告发布审查追责机制，落实责任，对发布低俗、虚假、违法等问题广告的公司、网络平台及相关责任人，给予严肃处理；三是针对网络已经存在的问题广告，要及时采用删除、屏蔽等技术手段，防止问题广告对青少年造成进一步伤害；四是督促广告公司提升广告质量，制作和发布有利于青少年审美能力提高和艺术素养培育的广告。

3. 建立和完善互联网行业自律机制

应将互联网行业自律机制纳入法律体系，督促互联网企业遵守《中国互联网行业自律公约》；努力形成自主规范、互相监督、严格自律的互联网行业自律机制，进行自律自查，促进互联网行业公平有序竞争秩序的形成；建立互联网行业自律组织，定期不定期地在互联网行业内部开展自律大检查，对违反《中国互联网行业自律公约》的企业进行严肃处理；互联网龙头企业要发挥带头表率作用，以身作则，自觉遵守《中国互联网行业自律公约》。

4. 建立健全网络信息的分类分级制度

要加快建立健全网络信息的分类分级制度，避免青少年过多接触网络色情、暴力等信息。一是在行政层面上，政府应当加快出台关于网络信息分类分级的相关政策文件，为建立网络信息的分类分级制度提供法律上的指导；二是明确分类分级的内容标准，根据不同年龄段青少年的身心特点，明确哪些网络信息适合该年龄段的青少年，哪些不适合；三是针对不同类别、不同级别的网络信息设定不同的访问权限，尤其是对色情、暴力等网络信息，务必要严格设定访问权限；四是对发布的具体网络信息，各网络平台要事先做一标签性说明，介绍网络信息的基本内容、属于哪一类别和级别、适合哪一个年龄段的人群观看；等等。

5. 加强家庭的网络接入服务管理工作

家庭是青少年上网的主要地点，为使青少年养成安全、文明的上网行为和上网习惯，应当加强对家庭网络接入服务的管理工作。一是倡导家长在网络接入时要设置上网权限；二是加快开发家庭网络接入服务的不同模式，尤其是开发适合青少年特征的网络接入服务模式，针对家长和孩子分别接入不同的家庭网络服务；三是建立青少年上网的实名信息验证机制，并设置上网时段和上网时长，保证青少年合理上网；四是促进家庭信息过虑软件和青少年上网保护软件的安装，屏蔽色情、暴力和欺诈等网络信息。

6. 加强公共场所的网络接入服务管理工作

随着我国无线基础设施的不断发展，公共场所的无线服务也逐渐增加。许多公共场所开通了免费无线上网的服务，这给公共场所的网络管理带来了困难。政府应当加强公共场所网络接入服务管理工作。可借鉴发达国家设置"友好 Wi-Fi 标志"的做法；"友好 Wi-Fi 标志"说明 Wi-Fi 过滤了青少年不宜浏览的内容，帮助父母识别青少年适用的公共 Wi-Fi。

7. 促使手机制造商开发青少年适用的手机使用模式或 App

应当促使手机制造商加紧开发青少年适用的手机使用模式或 App，针对不同年龄段的青少年，开发不同功能的手机使用模式或 App，要鼓励并支持各企业研发和推广青少年上网保护软件。

8. 保护青少年个人隐私并加强传播伦理和法律监管

网络实名制的积极作用在于加强对青少年上网活动和内容的监管，但网络实名制也容易导致青少年隐私泄露，给不法分子以可乘之机。互联网平台要做好青少年个人信息数据的保护工作，采取措施防止信息泄露。企业和媒体在使用和传播青少年相关信息时，要尊重青少年的隐私权，特别是在使用被伤害青少年的相关信息时，不使用被伤害青少年的真实姓名，对被伤害青少年的声音和图像做适当处理。注重女性青少年的隐私保护工作，女性青少年往往是网络风险的主要受害者，网络平台和企业要注意保护女性青少年的个人信息，防范针对女性青少年的网络骚扰和暴力侵害。

9. 严厉打击侵害青少年合法权益的行为

青少年的网络风险也体现为针对青少年的骚扰、陌生人约见面、网络欺凌、诈骗等，对这些侵害青少年合法权益的违法犯罪行为要予以严厉打击。中共中央、国务院印发的《中长期青年发展规划（2016～2025年）》提出，贯彻落实涉及青少年权益保护的法律法规，严厉打击拐卖、性侵害、遗弃、虐待等侵害青少年合法权益的违法犯罪行为，加强网络领域的综合执法，严厉打击各类青少年网络违法犯罪。

10. 创新青少年学习和娱乐的新模式

企业可与学校、政府合作加强青少年娱乐内容的建设，避免低俗和暴力的娱乐内容对青少年造成伤害，将价值观和历史文化教育融入游戏、影视等娱乐形式中。督促相关企业加快研发健康的网络游戏及开发有益于青少年身心健康的 App，如益智类的 App 游戏以及其他功能性游戏，培养青少年的审美情趣和思考能力，并通过游戏助力青少年素质和能力的提高。

11. 营造开放、宽容的社会环境

针对有网络沉迷倾向或其他问题的青少年，家庭、学校、政府和社会应当适当予以包容，为其营造开放、宽松的社会环境，并构建容错机制。家长应当通过平等真诚的沟通理解互联网对孩子的意义，转变教育理念，并以身作则，为孩子划定互联网行为的边界。学校应当以发展和理性的态度对待有行为偏差的学生，切忌给学生贴标签，并通过组织集体活动和娱乐活动等丰富学生的兴趣爱好。针对贫困、留守、孤儿、单亲和残疾等弱势青少年，学校、政府和社会不能片面地认为对其给予生活关怀就够了，而应当以平等、尊重的态度，同样注重提高弱势青少年的互联网使用技能，这在互联网社会是基本的生活技能。

三 关于家庭和学校在青少年网络保护中角色的讨论

需要说明的是，本书主要阐述了青少年网络使用中的信息风险和

接触风险，而较少讨论青少年网络使用中的偏差行为和越轨行为风险，这样的研究关注点主要出于研究周期和研究方法方面的考虑。就偏差行为和越轨行为来讲，问卷调查可能并不是有效的研究方法，学术界普遍使用个案访谈的方法，这可能需要以后进一步研究。

政策建议部分主要讨论了平台在青少年网络保护中的责任和作用，主要目的在于净化网络空间、营造安全健康的网络环境，以及通过预防性和创新性的努力来提升青少年网络素养。家庭、学校需要从代际沟通、日常规范、课程设置以及提高自律等方面提升青少年网络保护的意识和能力，从而综合提升青少年网络素养。

1. 完善学校课程设置，将网络素养教育纳入课程体系

在信息化社会，网络教育应当成为学校教育体系中重要的一环。应当完善学校的基本课程设置，将网络素养教育纳入学校的正规课程体系。一是提高学生的网络技能和知识，并将其作为网络素养教育的基础；二是提高学生对网络信息的辨别能力和自我保护能力，促使学生合理、正确地使用网络，养成文明的上网习惯，这是网络素养教育的主要内容；三是注重培育学生的综合素质，利用网络助力培养学生的审美情趣、审美能力和兴趣爱好；四是针对不同年龄段青少年的身心特点，结合其自身兴趣，开发青少年网络素养教育的教材。

2. 提高家长网络素养，积极发挥家长的引导作用

在信息化社会，家长自身的网络素养可能会影响孩子的上网行为和上网习惯。为了更好地提升家长的网络素养，增强广大家长获取、辨别、传播和运用网络信息的能力，要从以下几点入手：一是提升家长网络的使用技能，并促使家长重视网络素养的重要性；二是转变家长的观念，家长要以身作则，在使用手机等移动终端时做到理性节制；三是针对一些贫困家庭和弱势家庭，政府应当采取积极的措施提高家长的网络素养，包括网络知识、网络技能、网络信息辨别能力的

提高，加深对网络使用伦理的认知，等等。

3. 促进代际沟通，营造良好的家庭氛围

要切实加强代际沟通，促进父母与孩子之间的交流，营造良好的家庭氛围，从而形成青少年网络保护的积极预防和应对机制。首先，应当转变家长对网络等新媒体的态度，促使其采取一种平等、理性的态度审视网络等新媒体对孩子的影响；其次，应当转变家长的教育模式，促使家长关注孩子的学习和生活，与孩子共同分享、面对和解决网络带来的进步及问题；最后，应当建立家校的联动机制，促进家长与学校沟通交流，彼此交换想法，比如定期举办家长会、开展亲子活动等，以促进孩子健康成长。

4. 加强青少年自身行为规范的培养和自律

青少年作为网络原生代，日常生活、学习和娱乐都离不开互联网，应当注重对青少年自身行为规范的培养和自律。《中长期青年发展规划（2016～2025年）》提出，应当加强网络舆情分析，提升其引导能力，疏导青少年情绪，澄清误解和谣言，引导青少年形成正确认知。在青少年群体中广泛开展网络素养教育，引导青少年科学、依法、文明、理性用网。广泛开展青少年网络文明志愿者行动，组织动员广大青少年注册成为网络文明志愿者，参与监督和遏制网上各种违法和不良信息的传播，为构建清朗网络空间做贡献。具体来讲，一是从小就要注重青少年良好行为习惯的养成，让其学会自我控制，形成自律的意识；二是家长和学校要积极教育、引导，注重青少年德育建设，使其自觉遵守相关法律规范和公共道德规范；三是促使青少年树立自尊、自律和自强的意识，要有积极向上的进取心和远大理想。

5. 学校和政府合作，提升弱势青少年网络素养

伴随信息化时代的到来，"数字鸿沟"问题容易使贫困和留守青少年在信息化社会处于弱势地位。应当加强对贫困和留守青少年的网

络素养培育。各中小学校应当加强对贫困和留守青少年网络素养培育的重视，提高贫困和留守青少年的网络知识和网络技能，同时提高他们的互联网自我保护知识；通过推行科技下乡等志愿服务活动，将网络素养教育普及到偏远贫困的地区，以上课和讲座等形式，增加偏远地区青少年的网络知识，开阔他们的视野，提升他们的网络素养。

参考文献

安秋玲，2012，《国外特殊儿童权益保护及其对我国青少年社会工作的启发》，《青少年犯罪问题》第 6 期。

陈钢，2011，《网络欺凌：青少年网民的新困境》，《青少年犯罪问题》第 4 期。

陈美华、陈祥雨，2016，《网络欺凌现象与青少年网络欺凌的法律预防》，《南京师大学报》（社会科学版）第 3 期。

陈苇、王鸥，2007，《澳大利亚儿童权益保护立法评介及其对我国立法的启示——以家庭法和子女抚养（评估）法为研究对象》，《甘肃政法学院学报》第 3 期。

陈媛，2014，《监狱、惩罚与权力——福柯〈规训与惩罚〉中的政治技术学》，《人大法律评论》第 1 期。

杜海清，2013，《澳大利亚、欧美国家应对网络欺凌的策略及启示》，《外国中小学教育》第 4 期。

多宏宇、康顺利，2014，《城镇未成年人互联网运用状况分析》，《北京青年研究》第 3 期。

方伟，2017，《青少年网络欺凌及干预——英国的经验及启示》，《中国德育》第 12 期。

冯姣，2018，《未成年人网络色情信息传播的法律规制》，《中国青年社会科学》第 4 期。

福柯，2012，《规训与惩罚：监狱的诞生》，刘北成、杨远婴译，三联书店。

高中建、杨月，2017，《青少年网络欺凌的历史回放及现实预防》，《青年发展论坛》第 2 期。

关盛梅，2009，《结构功能主义视野下的家庭变迁与青少年社会化》，《学术交流》第 2 期。

贺金波、李兵兵、郭永玉、江光荣，2010，《青少年网络色情成瘾研究进展》，《中国临床心理学杂志》第 6 期。

侯其锋、张芝、杨锆，2013，《不同网络成瘾状态大学生上网行为、人格心理特征及自我控制能力差异研究》，《浙江大学学报》（理学版）第 1 期。

侯仕军，2011，《社会嵌入概念与结构的整合性解析》，《江苏社会科学》第 2 期。

黄桂萍、苏婉，2017，《网络社会的规训与惩罚》，《广州大学学报》（社会科学版）第 1 期。

黄少华、武玉鹏，2007，《网络行为研究现状：一个文献综述》，《兰州大学学报》（社会科学版）第 2 期。

黄晓京，1984，《符号互动理论——库利、米德、布鲁默》，《国外社会科学》第 12 期。

江根源，2012，《青少年网络暴力：一种网络社区与个体生活环境的互动建构行为》，《新闻大学》第 1 期。

李春华，2006，《试论网络环境下我国儿童权益的保护》，浙江师范大学法政与公共管理学院硕士学位论文。

李琦，2008，《从惩罚到规训：权力的技术与权力的演化——以"权力—肉体"关系为切入点的〈规训与惩罚〉》，《厦门大学法律评论》第 1 期。

李乾坤，2018，《生命政治与犬儒主义：福柯对新自由主义治理术的批判》，《国外理论动态》第 4 期。

李盛之，2012，《美国大众传播法律规制问题研究》，大连海事大学法学院博士学位论文。

李岩、高焕静，2014，《网络素养教育与青少年网络暴力治理》，《新闻界》第 22 期。

林绚晖、阎巩固，2001，《大学生上网行为及网络成瘾探讨》，《中国心理卫生杂志》第 4 期。

刘亚丽，2015，《网络色情对青少年的不良影响及对策研究》，昆明理工大学社会科学学院硕士学位论文。

罗盛、郭继志、胡善菊、庄立辉、王洪婧，2014，《大学生网络成瘾者上网行为及影响因素分析》，《中国卫生统计》第 3 期。

马克·格兰诺维特、理查德·斯威德伯格，2014，《经济生活中的社会学》，瞿铁鹏、姜志辉译，上海人民出版社。

毛晓光，2001，《20 世纪符号互动论的新视野探析》，《国外社会科学》第 3 期。

乔治·赫伯特·米德，1992，《心灵、自我与社会》，赵月瑟译，上海译文出版社。

邱泽奇、张樹沁、刘世定、许英康，2016，《从数字鸿沟到红利差异——互联网资本的视角》，《中国社会科学》第 10 期。

宋笑年，2016，《青少年的网络暴力行为的法律建议》，《法制与社会》第 35 期。

苏婉，2016，《网络社会"规训与惩罚"研究综述》，《东南传播》第 7 期。

苏振东，2011，《网络情境下的符号互动理论》，《新闻传播》第

4 期。

孙易蔓 、胡晓斌 、赵笑颜、张梦菡，2013，《大学生上网行为及其网络成瘾对自尊心影响分析》，《中华疾病控制杂志》第 3 期。

唐冰寒，2015，《网络暴力对青少年越轨行为的影响：以风险社会理论为考察视角》，《中国青年研究》第 4 期。

托马斯·雷姆科、梁承宇，2013，《超越福柯——从生命政治到对生命的政府管理》，《国际社会科学杂志》（中文版）第 3 期。

王葆莳，2013，《"儿童最大利益原则"在德国家庭法中的实现》，《德国研究》第 4 期。

王冬梅，2016，《网络化时代青少年社会化模式的转向》，《中国青年社会科学》第 1 期。

王冠恒，2016，《初中生网络成瘾倾向调查及对策研究》南昌大学体育与教育学院硕士学位论文。

王桂艳，2015，《福柯"生命政治"中的核心概念》，《国外社会科学》第 2 期。

王国珍，2013，《网络素养教育视角下的未成年人网瘾防治机制探究》，《新闻与传播研究》第 9 期。

王娟、李莉、林文娟、王枫、陈端颖、聂秀、况成云，2010，《网络色情对青少年心理健康影响的心理社会分析》，《中国卫生事业管理》第 6 期。

王平，2016，《国外未成年人互联网利用行为差异研究进展》，《图书情报工作》第 15 期。

王小荣，2017，《亲子性话题沟通、青少年性心理健康与青少年网络色情偏差行为的关系》，山东师范大学心理学院硕士学位论文。

韦路、张明新，2006，《第三道数字鸿沟：互联网上的知识沟》，《新闻与传播研究》第 4 期。

肖婉、张舒予，2015，《澳大利亚反网络欺凌政府监管机制及启示》，《中国青年研究》第 11 期。

谢永江、袁媛，2017，《美国网络欺凌立法及其启示》，《重庆邮电大学学报》（社会科学版）第 3 期。

辛自强、池丽萍，2008，《社会变迁背景下的青少年社会化》，《青年研究》第 6 期。

徐彦泰，2013，《新媒体亚文化与青少年犯罪关系研究》，安徽大学法学院硕士学位论文。

许传新、许若兰，2007，《近十年网络与青少年社会化研究述评》，《辽宁师范大学学报》（社会科学版）第 6 期。

杨奎臣、章辉美，2002，《网络暴力亚文化对青少年侵犯行为的助长及对策》，《长沙铁道学院学报》（社会科学版）第 2 期。

杨银霞，2013，《在国际人权法背景下看中国的儿童权益保护》，《人民论坛》第 14 期。

杨智平，2011，《青少年网络色情犯罪缺陷人格生成分析》，《青年探索》第 2 期。

姚建平，2011，《国际青少年网络伤害及其应对策略》，《山东警察学院学报》第 1 期。

臧得顺，2010，《格兰诺维特的"嵌入理论"与新经济社会学的最新进展》，《中国社会科学院研究生院学报》第 1 期。

张华，2012，《英国儿童权益保护工作：凸显三大特色》，《社会福利》第 4 期。

张凯、吴守宝，2017，《青少年网络欺凌：类型、影响因素及干预》，《淮北师范大学学报》（哲学社会科学版）第 2 期。

张乐，2010，《青少年网络欺凌研究综述》，《中国青年研究》第 12 期。

张野、张珊珊、刘琳、吕晓敏，2015，《中学生传统与网络欺凌结构特征的比较研究》，《现代中小学教育》第 8 期。

张一兵，2015，《政治肉体控制：作为知识—权力存在的效应机制出场的灵魂——福柯〈规训与惩罚〉解读》，《山东社会科学》第 3 期。

张兆曙，2006，《非常规行动与社会变迁》，华中师范大学社会学系博士学位论文。

张之沧，2004，《论福柯的"规训与惩罚"》，《江苏社会科学》第 4 期。

赵万里、李路彬，2009，《情境知识与社会互动——符号互动论的知识社会学思想评析》，《科学技术哲学研究》第 5 期。

支运波，2015，《生命政治：技术时代艺术的新机制》，《厦门大学学报（哲学社会科学版）》，第 2 期。

中国青少年研究中心课题组、孙宏艳、杨守建、赵霞、陈卫东、王丽霞、朱松、郭开元、郗杰英、孙云晓，2010，《关于未成年人网络成瘾状况及对策的调查研究》，《中国青年研究》第 6 期。

钟红艳，2007，《福柯《规训与惩罚》的理论基础与终极关怀》，《西南政法大学学报》第 4 期。

周梦蝶、胡杰、杨文，2016，《未成年网络成瘾者的行为特点与原因分析及其对学前教育的启示》，《学前教育研究》第 3 期。

Alston, Philip. 1994. "The best interests principle: Towards a reconciliation of culture and human rights." *International Journal of Law, Policy and the Family* (1).

Ayim, Maryann. 1986. "The need for legal protection of children's rights in Canada." *Canadian Journal of Education/Revue canadienne de l'education* 11 (3).

Barak, Azy. 2005. "Sexual harassment on the Internet." *Social Sci-*

ence Computer Review （1）.

Brosnan, Mark & Lee Wanbil. 1998. "A cross-cultural comparison of gender differences in computer attitudes and anxieties: The United Kingdom and Hong Kong." *Computers in Human Behavior* （4）: 559 – 577.

Brown, Karen, Margaret Jackson, & Wanda Cassidy. 2006. "Cyber-bullying: Developing policy to direct responses that are equitable and effective in addressing this special form of bullying." *Canadian Journal of Educational Administration and Policy* （57）.

Chen, Y. , Zhou Y. , Zhu S. , & Xu H. 2012. "Detecting offensive language in social media to protect adolescent online safety." 2012 International Conference on Privacy, Security, Risk and Trust and 2012 International Confernece on Social Computing.

Cheong, Hope Pauline. 2008. "The young and techless? Investigating internet use and problem-solving behaviors of young adults in Singapore." *New Media & Society* （5）: 771 – 791.

Chou Chien, Condron Linda, & Belland John C. 2005. "A review of the research on internet addiction." *Educational Psychology Review* （4）: 363 – 388.

Eynon, R. & Malmberg, L. E. 2011. "Understanding the online information-seeking behaviours of young people: The role of networks of support." *Journal of Computer Assisted Learning* （6）: 514 – 529.

Fuchs, Eckhardt. 2007. "Children's rights and global civil society." *Comparative Education* （3）.

Funk, Jeanne B. , Baldacci Heidi Bechtoldt, Pasold Tracie, & Baumgardner Jennifer. 2004. "Violence exposure in real-life, video games, television, movies, and the internet: Is there desensitization?"

参考文献

Journal of Adolescence （1）： 23 – 39.

Guan, Shu-Sha Angie & Subrahmanyam Kaveri. 2009. "Youth Internet use: risks and opportunities. " *Current Opinion in Psychiatry* （4）： 351 – 356.

Guerrón-Montero, María & Carla Guerrón-Montero. 2002. "En familia y comunidad: Children's rights and parent's discourses on corporal punishment in Urban Chile. " *Practicing Anthropology* （4） .

Hargittai, Eszter & Hinnant Amanda. 2008. "Digital inequality: differences in young adults' use of the internet. " *Communication Research* （5）： 602 – 621.

Helsper, Ellen Johanna & Eynon Rebecca. 2013. "Digital natives: Where is the evidence?" *British Educational Research Journal* （3）： 503 – 520.

Holmes, John. 2011. "Cyberkids or divided generations? Characterising young people's internet use in the UK with generic, continuum or typological models. " *New Media & Society* （7）： 1104 – 1122.

Jackson, Linda A. , Zhao Yong, Qiu Wei, Kolenic Anthony, Fitzgerald Hiram E. , Harold Rena, & von Eye Alexander. 2008. "Culture, gender and information technology use: A comparison of Chinese and US children. " *Computers in Human Behavior* （6）： 2817 – 2829.

Jones, Lisa M. , Mitchell Kimberly J. , & Finkelhor David. 2012. "Trends in youth internet victimization: Findings from three youth internet safety surveys 2000 – 2010. " *Journal of Adolescent Health* （2）： 179 – 186.

Kutscher, Nadia, Dipl Päd Alexandra Klein, & Dipl Päd Stefan Iske. 2005. "Social inequality in the virtual space: How do young people use the internet?", https://medienbildung. ovgu. de/lpm/wp-content/uploads/2011/03/Social_Inequality-KIB. pdf.

Liau, Albert Kienfie, Angeline Khoo, & Peng Hwa Ang. 2008. "Parental awareness and monitoring of adolescent internet use. " *Current Psychology* (4) .

Mcmillan, Sally J. & Morrison Margaret. 2006. "Coming of age with the internet: A qualitative exploration of how the internet has become an integral part of young people's lives. " *New Media & Society* (1): 73 – 95.

Mitchell, Kimberly J. , Janis Wolak, & David Finkelhor. 2007. "Trends in youth reports of sexual solicitations, harassment and unwanted exposure to pornography on the Internet. " *Journal of adolescent health* (2) .

Monaghan, Sally, Jeffrey Derevensky, & Alyssa Sklar. 2008. "Impact of gambling advertisements and marketing on children and adolescents: Policy recommendations to minimise harm. " *Journal of gambling issues* (22) .

Naito, Ayumi. 2007. "Internet suicide in Japan: Implications for child and adolescent mental health. " *Clinical Child Psychology and Psychiatry* (4) .

Patton, Desmond Upton, Hong Jun Sung, Ranney Megan, Patel Sadiq, Kelley Caitlin, Eschmann Rob, & Washington Tyreasa. 2014. "Social media as a vector for youth violence: A review of the literature. " *Computers in Human Behavior* (35): 548 – 553.

Rogers, Maryanna, C. Barr Taylor, Darby Cunning, Megan Jones, & Katie Taylor. 2006. "Parental restrictions on adolescent internet use. " *Pediatrics* (4) .

Salazar, Guadalupe. 2008. "Second-class citizens in the making: The rights of street children in Chile. " *Latin American Perspectives* (4) .

Steiner, Henry J. , Philip Alston, & Ryan Goodman. 2008. *International human rights in context: Law, politics, morals: text and materials.* Oxford University Press, USA.

Valkenburg, Patti M. & Peter Jochen. 2011. "Online communication among adolescents: An integrated model of its attraction, opportunities, and risks." *Journal of adolescent health* (2): 121 – 127.

Van Bueren, Geraldine. 1998. *The international law on the rights of the child.* Martinus Nijhoff Publishers.

Whitlock, Janis L. , Jane L. Powers, & John Eckenrode. 2006. "The virtual cutting edge: The internet and adolescent self-injury." *Developmental psychology* (3).

Worthen, Maria R. 2007. "Education policy implications from the expert panel on electronic media and youth violence." *Journal of Adolescent Health* (6): S61 – S63.

Ybarra, Michele L. , Diener-West Marie, Markow Dana, Leaf Philip J. , Hamburger Merle, & Boxer Paul. 2008. "Linkages between Internet and other media violence with seriously violent behavior by youth." *Pediatrics* (5): 929 – 937.

Ybarra, Michele L. , Espelage Dorothy L. , & Mitchell Kimberly J. 2007. "The co-occurrence of Internet harassment and unwanted sexual solicitation victimization and perpetration: Associations with psychosocial indicators." *Journal of Adolescent Health* (6): S31 – S41.

Ybarra, Michele L. & Mitchell, Kimberly J. 2004. "Youth engaging in online harassment: Associations with caregiver-child relationships, internet use, and personal characteristics." *Journal of Adolescence* (3): 319 – 336.

Ybarra, Michele L. & Mitchell, Kimberly J. 2008. "How risky are social networking sites? A comparison of places online where youth sexual solicitation and harassment occurs." *Pediatrics* (2): e350 – e357.

图书在版编目（CIP）数据

互联网与中国青少年：多维视角下的网络使用与网
络安全 / 郭冉，田丰，朱迪著. -- 北京：社会科学文
献出版社，2018.11
（上海研究院智库报告系列）
ISBN 978 - 7 - 5201 - 3972 - 4

Ⅰ.①互… Ⅱ.①郭… ②田… ③朱… Ⅲ.①互联网
络 - 影响 - 青少年 - 研究 - 中国 Ⅳ.①D669.5

中国版本图书馆 CIP 数据核字（2018）第 268162 号

·上海研究院智库报告系列·
互联网与中国青少年：多维视角下的网络使用与网络安全

著　　者 / 郭　冉　田　丰　朱　迪

出 版 人 / 谢寿光
项目统筹 / 杨桂凤
责任编辑 / 杨桂凤　隋嘉滨　胡庆英

出　　版 / 社会科学文献出版社·社会学出版中心（010）59367159
　　　　　　地址：北京市北三环中路甲29号院华龙大厦　邮编：100029
　　　　　　网址：www. ssap. com. cn
发　　行 / 市场营销中心（010）59367081　59367083
印　　装 / 三河市龙林印务有限公司

规　　格 / 开　本：787mm × 1092mm　1/16
　　　　　　印　张：18.5　字　数：237千字
版　　次 / 2018 年 11 月第 1 版　2018 年 11 月第 1 次印刷
书　　号 / ISBN 978 - 7 - 5201 - 3972 - 4
定　　价 / 89.00 元